U0500123

国家社科基金重大项目“丝路审美文化中外互通问题研究”（项目编号：17ZDA272）阶段性成果

广东省普通高校人文社会科学研究重点项目“比较诗学与跨文化研究”（项目编号：2018WZDXM007）阶段性成果

国外文化研究前沿译丛

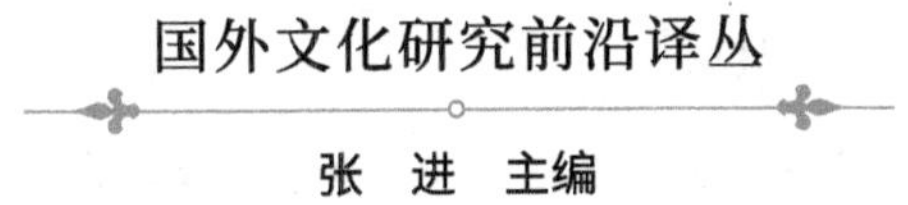

张　进　主编

文化与日常生活

Culture and Everyday Life

［澳］安迪·本尼特（Andy Bennett）著

张丹旸　译

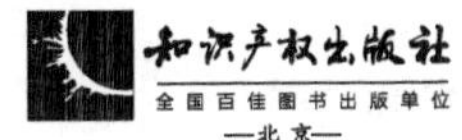

本书英文版由 SAGE 于 2005 年在美国、英国、印度出版，其中文简体版授权知识产权出版社在中国（港、澳、台除外）出版和发行。

图书在版编目（CIP）数据

文化与日常生活/（澳）安迪·本尼特（Andy Bennett）著；张丹旸译. —北京：知识产权出版社，2021.11（2022.11 重印）
（国外文化研究前沿译丛／张进主编）
书名原文：Culture and Everyday Life
ISBN 978-7-5130-7647-0

Ⅰ.①文… Ⅱ.①安… ②张… Ⅲ.①文化研究②日常生活社会学—研究 Ⅳ.①G0 ②C913.3

中国版本图书馆 CIP 数据核字（2021）第 157640 号

责任编辑： 刘 睿 刘 江　　**责任校对：** 潘凤越
封面设计： 杨杨工作室·张冀　　**责任印制：** 刘译文

文化与日常生活
［澳］安迪·本尼特（Andy Bennett）著
张丹旸 译

出版发行：	知识产权出版社有限责任公司	**网　　址：**	http：//www.ipph.cn
社　　址：	北京市海淀区气象路 50 号院	**邮　　编：**	100081
责编电话：	010-82000860 转 8344	**责编邮箱：**	liujiang@cnipr.com
发行电话：	010-82000860 转 8101/8102	**发行传真：**	010-82000893/82005070/82000270
印　　刷：	北京建宏印刷有限公司	**经　　销：**	新华书店、各大网上书店及相关专业书店
开　　本：	880mm×1230mm 1/32	**印　　张：**	10.375
版　　次：	2021 年 11 月第 1 版	**印　　次：**	2022 年 11 月第 2 次印刷
字　　数：	242 千字	**定　　价：**	68.00 元

ISBN 978-7-5130-7647-0
京权图字：01-2021-4830

献给丹尼尔

致　谢

本书写作受到自2000年以来我在萨里大学开设的当代文化与媒介课程启发。感谢所有参与课程的学生，感谢萨里大学和其他机构学术同人对我所作研究的支持。

目　　录

导 论 日常生活的难题

事实证明，“日常生活”比大多数社会学概念更难界定。

——费瑟斯通（Featherstone）[1]

也许对社会学家、媒体与文化研究者来说，处理“日常生活”问题最根本的一点在于其概念的多义性。正如费瑟斯通观察到的，日常生活“似乎是一个剩余范畴，可以将一切脱离有序思维的恼人碎片归入此类”。[2] 理论家在试图将“日常生活”概念化时所面临的第二个迫切问题在于其表面上所呈现出的“普通”性，也就是说，日常生活不可避免地与熟知的、理所应当的、普遍感受的等特点相联系。因此，日常生活研究需要“使个人活动符合实践知识与规则的必然要求，而这些日常活动多元的异质性与系统性的缺乏使其很少能够在理论上获得明确说明”。[3] 不过，也正是由于日常生活的内在合理性，才使它能够成为社会研究的对象。在关于社会创建中“文化”与“结构”之间相互作用的持续性论争中，日常生活作为这种交互影

[1] Mike Featherstone. Undoing Culture：Globalization，Postmodernism and Identity [M]. London：Sage，1995：55.

[2] Mike Featherstone. Undoing Culture：Globalization，Postmodernism and Identity [M]. London：Sage，1995：55.

[3] Mike Featherstone. Undoing Culture：Globalization，Postmodernism and Identity [M]. London：Sage，1995：55.

响发生的现实场所变得重要起来。如此一来，社会理论家越来越多地将日常生活作为一种分析模型，尝试对社会形成进程作出巧妙理解。

对于早期的社会理论家来说，文化在很大程度上被视作一种巩固社会的结构性力量的“副产品”。在领悟社会的早期方法形成中具有重要意义的一点，是理解 18～19 世纪的工业革命以及随之而来的城市化对社会生活的影响。面对这种飞速的社会变化，理论家初步运用系统方法论对日常生活的理所应当性作出论争，例如，社会互动的单调形式和常识性知识，是社会行动者意识之外的一种结构性力量作用的产物。通过提出一种复杂的理论模型，系统方法论试图指出，社会行为是潜在结构过程的结果，这一社会过程对个人主体的影响简直与自然界中决定客体行为的法则规律的影响相当。

这两种原则体系的方法与创立社会理论的两位思想家爱弥尔·涂尔干（Emile Durkheim）和卡尔·马克思（Karl Marx）的论著相关。对涂尔干来说，建立社会制度的目的是通过形成共识来创造秩序。他认为，共识体系的规范和价值是通过“集体表征”来维持的，也就是说，集体性知识体系是一种特殊的存在（对他们自己而言），并且独立于个体行为者。而马克思认为，由于资本主义社会财富与权力的分配不均，社会制度建立的目的是抑制社会阶级之间的冲突。工业资本主义的生存仰赖于它建立的一种“自然秩序”，这种秩序使被压迫的工人阶级无法感知和理解其社会经济环境的真正本质。

从系统论的角度来看，日常生活领域被视作一种受到个人主体支配和利用的空间。因此，正如加德纳（Gardiner）所看到的：

> ……社会行动者实际上是文化的受骗者……他们被动地将现存的社会角色和行为规范（无论是自愿的还是特定阶级利益的反映）内在化，从而以一种基本上是无意识的和不知不觉的方式再现了社会结构和制度。[1]

19 世纪末期，新的理论观点开始对系统方法论提出质疑，认为它把社会行为理解为潜在的结构性力量的产物，没有考虑到个人在社会机构中的能动性。事实上，正是在这一点上，“日常生活”虽然还不被作为社会科学术语经常使用，但逐渐被视为可以连通个体因素与社会结构的潜在性中介。这场社会理论家之间新辩论的焦点人物是马克斯·韦伯（Max Weber）和乔治·赫伯特·米德（George Herbert Mead）。韦伯和米德都认为，个人对社会规范的内化不仅导致被动的服从，还为个人提供了一种激励自我行动的潜力。例如在审查社会地位思想时，韦伯指出，一方面这一认识在资本主义的社会关系中根深蒂固，但另一方面，这一认识在社会关系层面上的实际表现，则取决于个人在寻找表达其地位的方式上所体现的创造力。

另一种试图将个人重塑为日常生活中意义建构积极动因的观点，是由诸如舒茨（Schütz）、伯杰（Berger）和卢克曼（Luckman）等理论家，在研究工作中得出的现象学方法。根据这种方法，日常生活的意义与个体行为者赋予它的指引性意义

[1] Michael E. Gardiner. Critiques of Everyday Life [M]. London: Routledge, 2000: 4.

密不可分。[1] 欧文·戈夫曼（Erving Goffman）将戏剧化模型应用到日常互动分析中，进一步发展了对日常生活的这种解读。戈夫曼（1959）认为，通过获得以社会角色内在化为特征的日常生活的“实践经验”，个人也学会了创造“台前”和“幕后”的自我区分来管理与协商不同的社会角色。这样一来，个人富有创造性地控制着日常生活，通过营造不同的空间打破对社会规则秩序的遵守，并接受这样一种社会生活。正如海默尔（Highmore）所注：

> ……戈夫曼认识到自我就是一个在特定地点产生与交叉的表演聚集体。通过使用一系列与戏剧和游戏相关的比喻（诸如剧目、舞台、布景等），戈夫曼的日常生活研究方法表明，日常生活地理学进行空间安排的表演具有创造性。[2]

然而，根据加德纳的说法，这种方法虽然将与日常生活相关的个体视为更加积极和自愿的角色，但仍然相信日常生活本身“作为一种相对同质的、一成不变的实践认知结构”而存在。[3] 个人与日常生活之间的对话过程，只有在它能使一系列被禁止的角色得到更具反思性的重新设定，或者可以为小规模的颠覆性事件提供空间时才能获得考虑。

---

[1] Michael E. Gardiner. Critiques of Everyday Life［M］. London: Routledge, 2000: 4.

[2] Ben Highmore. Everyday Life and Cultural Theory: An Introduction［M］. London: Routledge, 2002: 4.

[3] Michael E. Gardiner. Critiques of Everyday Life［M］. London: Routledge, 2000: 5.

在20世纪末向21世纪的时光流转中，社会与文化研究者已经开始将日常生活概念化为一个更具活力和更具有争议性的理论领域。因此，有人认为，日常生活不能再被描述为一个同质的整体，而必须被理解为一个高度多元和富有争议的领域。有人指出，日常生活的这种转变在根源上受到一些相互关联因素的影响。首先，是现代性的破裂以及由此而来的现代主义基于阶级、性别、种族或职业等因素的身份概念重要性的下降。其次是媒体和文化产业的日益兴盛与普及。有人认为，这些产业围绕消费和休闲模式在提出新的社会认同方面发挥了重要作用。[1] 钱尼（Chaney）认为，这种后现代社会特征逐渐累积形成一种“文化碎片”效应（具体见第三章）。因为在现代性晚期，个人越来越多地通过文化媒体产业中的形象，以及对物品的占有来塑造自己的社会身份。文化概念作为一种同质性实体，或者说作为一种“整体生活方式”[2] 巩固对日常生活世界的共识理解，变得越来越难。相反，文化成为一个高度多元和支离破碎的术语，可以容纳不同形式的身份认同方式。这并不是说地方性的、残余的文化元素在构成身份的方式中不再发挥任何作用，而是它们的影响被外部生成资源所削弱。对于后现代人来说，身份是根据各种不同的参照点建构而成的，这些参照点一部分嵌入当地文化背景中，而另一部分则源于全球媒介和文化产业的影响。[3]

---

[1] David Chaney. Lifestyles [M]. London: Routledge, 1996; David Chaney. Cultural Change and Everyday Life [M]. Basingstoke: Palgrave, 2002.

[2] Raymond Williams. Culture and Society 1780 - 1950 [M]. London: Chatto & Windus, 1958.

[3] James Lull. Media, Communication, Culture: A Global Approach [M]. Cambridge: Polity Press, 1995.

这种地方性与全球性的融合也对日常生活体验产生了重大影响，在后现代的文化背景下，日常生活体验也同样变得支离破碎和特殊化。与“文化”一样，“日常生活”不再被视为一个具有同一性本质的术语，可以展现出个人如何体验周遭世界的一些基本真理。确切来说，“日常生活”成为一个文化建构的竞争激烈的领域。日益加强的全球流通以及对空间和地点概念的强调，使得日常生活的碎片化体验进一步加剧。曾经相对静态的同族群共同体所明确界定的日常生活“空间”和“场所”，如今充满争议并高度多元化，通过迁移和文化杂糅的过程被不断地重新定义。这一现象也许在城市和其他人口集中的地区最容易被注意到。随着一个特定地方的当地人口变得更加多民族与多文化，其自然地形便越来越多地被临时群体（如游客）所交叠和占用，❶ 导致该地区的人口身份变得更加分裂破碎。正如马赛（Massey）观察到的：

> 如果现在认识到人可以拥有多重身份，那么同样的观点也适用于相关研究。此外，这种多重身份既可以被视为财富的源泉，也可以成为冲突的根源，或者两者兼而有之。❷

在当时的后现代语境中，文化与日常生活都是高度复杂和

---

❶ Arjun Appadurai. Disjuncture and Difference in the Global Cultural Economy ［C］//M. Featherstone. Global Culture：Nationalism，Globalisation and Modernity. London：Sage，1990.

❷ Doreen Massey. Power – Geometry and a Progressive Sense of Place ［C］//J. Bird，B. Curtis，T. Putnam，G. Robertson，L. Tickner. Mapping the Futures：Local Cultures，Global Change. London：Routledge，1993：65.

分裂的概念。它们不具有某一单一的本质性理解，而是表达了一系列高度分化和富有争议性的内涵，其意义是由日益异质性的社会中的冲突性知识和情感构成的。本书关注的正是后一种文化和日常生活理解及其对当代文化实践的影响。本书的第一部分简要概述了相关的理论论辩，使读者了解研究和解释当代社会文化以及日常生活的一些理论方法。

第一章讨论为何晚期资本主义媒体和文化产业对文化的最初解读总是采取一种基本负面的观点：自法兰克福学派开始的大众文化批判认为，文化工业的发展和影响以大众休闲娱乐为幌子大规模欺骗和剥削工人阶级——这相当于一种更为隐蔽的资本主义控制形式。该章还考察20世纪60年代英国文化研究的理论发展，以及这种研究方法如何吸收借鉴诸如雷蒙德·威廉斯（Raymond Williams）和理查德·霍加特（Richard Hoggart）等理论家观点，试图重新评估大众生产的流行文化物品、图像的社会意义，思考大众文化作为一种个人抵御手段如何在某些方面颠覆了主导的霸权统治秩序。

第二章探讨后现代主义理论思想对当代社会文化与日常生活理解的影响。如果受结构主义著作思想影响，将个人主体定位为“被困”在一个他们无法影响或控制的社会系统中，那么后现代主义理论就具有一种颠覆性倾向，呈现出一幅完全相反的图景。因此，通过抛弃现代主义理论叙事，后现代主义拆解了社会行为，正如后现代景观一般，其效果是使得社会主体他/她成为具有后现代主义特征的去语境化的一种反映图像和对象。

第三章关注的是，面对结构主义与后现代主义解构理论对文化与日常生活不尽如人意的解释，一部分理论家试图调和二者，并逐渐形成一种新的文化理论思想纲领。在被称为“文化转向”的研究中，这些研究著作将日常生活重塑为一个动态交互过程，通过围绕个人对媒介和消费品的创造性使用来构建一种表达身份和生活方式的反思性方法。

本书第二部分考察“文化转向”在理论上和经验方法上对理解当代社会文化与日常生活的影响。

第四章探讨媒介和“新”媒介形式对当代日常生活文化实践的影响。本章借鉴莫利（Morley）、菲斯克（Fiske）等理论家的“积极受众”思想，并以此基本前提为出发点指出：媒介受众不是文化的受骗者，而是积极的参与者，他们本能地从媒介中提取文本和图像，并在媒介中为其赋予新的文化意义。本章首先思考了流行电视节目诸如肥皂剧、游戏节目等的文化意义，以及它们是如何吸引人群并对受众的日常生活经验产生影响的。其次关注各种形式的印刷媒介，包括男性杂志、女性杂志以及一些发烧友杂志。随后，该章研讨了这些印刷媒介形式是如何以其独特的方式，作为一种身份界定与日常生活协商的社会资源对个人产生影响。该章的最后一部分探讨互联网对日常生活的文化影响，尤其是网络的便捷性如何使得对音乐、体育、政治等活动拥有共同兴趣的个人之间形成一种全新形式的跨地区、跨时间交流。

第五章关注时尚在日常生活中的意义。该章从西美尔（Simmel）和凡勃伦（Veblen）的开创性研究工作入手，探讨他们对时尚的理解，思考时尚作为一种社会地位象征在社会身份建构中所扮演的角色，并且反思时尚如何连续性地影响物品的生产与消费过程。正如该章所述，时尚在近现代个人的政治认同中扮演着重要角色，无论是性别身份、民族身份，还是在亚文化领域或其他形式的身份选择中，时尚都具有一定的影响力。

该章还关注到时装产业如何认识到时尚与生活方式之间的紧密联系，自从20世纪80年代中期服装设计市场出现以来，衣着作为一种展现生活方式的时尚观念获得了广泛宣传。

第六章探讨音乐在日常生活中的作用。正如该章所述，音乐，特别是第二次世界大战后的流行音乐，对一系列反抗行动和身份政治产生影响，在年轻一代身上表现得尤其明显。音乐对日常生活的影响也可以在一些更加世俗化的环境中观察到。音乐经常出现在公共场所，如酒吧、商场、健身中心等。此外，由于私人立体音响的发展，个人可以创造自己的私人化音响景观，从而产生了布尔（Bull，2000）[1] 所描述的日常生活电影化体验。类似地，音乐现在也是广告的核心资源，从汽车、服装到酒精饮品，音乐为一系列时尚精致的产品营销提供配乐服务。

第七章着眼于旅游业，并讨论不同性质的旅游“体验”如何映射出对生活方式的偏好与选择。有人认为，多种“类型”的旅游项目选择，如“冒险”类或“非传统”类项目选择，往往与个人广泛的生活方式及文化偏好相对应。同样，人们注意到最近的“后现代旅游业”发展趋势，在满足游客对异国情调的渴望的同时，也为游客提供了如家般舒适的旅游体验。该章还讨论了旅游体验如何越来越倾向于游客内心预先形成的消费期望，他们对空间地点等旅游感觉的媒介体验启发厄里（Urry，1990）[2] 提出“观光客的凝视”（tourist gaze）。

第八章探讨了反主流文化抗争在当代日常生活中日益凸显

---

[1] Michael Bull. Sounding Out the City：Personal Stereos and the Management of Everyday Life［M］. Oxford：Berg，2000.

[2] John Urry. The Tourist Gaze：Leisure and Travel in Contemporary Societies［M］. London：Sage，1990.

的问题。正如该章所述，近代社会日益强调的技术化，以及与之相关的对理性思维与科学知识的依赖，在许多人的内心引起相当大的怀疑与不信任感，特别是在环境与个人健康发展层面上产生许多负面影响。这表现在各种反主流文化情感以及反主流文化的生活方式上，他们试图以自己独特的方式颠覆晚期现代性对技术进步的强调。在某种程度上，这种颠覆是通过复兴与重新关注绿色生态主义问题和回归土地运动实现的。同样，人们对植物和草药的自然治愈能力越来越感兴趣，这表现在草药的普及和对化学药剂的抗拒以及对巫术和新异教徒信仰与宗教行动的追捧。在一个受科学技术驱动的世界中，越来越多人所经历的恐惧感与疏离感，导致人们对超出理性科学解释的神秘和超自然知识领域的兴趣逐渐浓厚。

第一部分　日常生活与社会理论

第一章 大众文化论争

大众文化概念是由上层阶级强加的。它由资本家所雇佣的科技人员编造而成，其受众是那些被动的消费者。消费者对文化的参与仅限于是否购买商品的决策。简而言之，媚俗的统领者利用大众的文化需求来谋取利益，同时维持他们的阶级统治。

——麦克唐纳（Macdonald）[1]

本书所探讨的大众文化论争思想植根于20世纪早期资本主义社会中逐渐增长的休闲娱乐与消费主义思想。随着工人获得更多的权利，工资增加，工作日变短，人们对休闲娱乐的需求也在增长。与此同时，媒体和科学技术的突破性进展催生了全新的大众文化传播形式和休闲娱乐商品的大规模生产。到了20世纪中叶，休闲娱乐活动已经具有相当程度的重要性，成为晚期资本主义社会日常活动的主要方面。劳作曾经是一种保障生存的手段，现在却变成了一种达到完全不同目的的行为。工资不再仅仅用于获取诸如食品、衣物等生活必需品，还成为获取与休闲娱乐市场相关的商品与服务的一种手段。消费产品与传媒产品现在与那些维持生活的必需品一样重要，对体现生活品

[1] Dwight Macdonald. A Theory of Mass Culture［C］//B. Rosenberg, D. White. Mass Culture: The Popular Arts in America. Glencoe. IL: The Free Press, 1953: 60.

质具有重大影响。换言之，资本主义晚期的日常生活不再只关注物品的“实用”价值，也注意到一些更具有审美价值的产品与活动——诸如音乐、时尚、影视节目、体育活动以及旅游业等。

从工作中心向休闲中心的资本主义社会文化转变，使得关注资本主义下社会秩序本质的社会学论争进入到一个新的阶段。这一论争的核心关注促进文化消费的资本主义工业与全新的休闲娱乐消费形式之间的关系。一些理论家，特别是马克思·韦伯（1978［1919］）、本雅明（Benjamin）（巴克·莫尔斯，1989）、西美尔（弗里希比和费瑟斯通，1997）以及凡勃仑（1994［1924］）都认为，休闲娱乐消费为新形式的群体性表达和创造力发挥开辟了空间（见第三章），不过一种更为消极的解释认为，晚期资本主义社会明显更加“文明化”的空间下，掩盖了一种先进的、在许多方面更为残酷的资本主义压迫形式，这种压迫利用新形式的大众休闲娱乐消费以达到自己的剥削目的。本章讨论20世纪社会学理论家针对资本主义社会内日益处于核心地位的大众文化所作出的一些批判性回应，关注大众文化与资本主义意识形态和权力之间的关系，以及其在文化再生产中的基本角色。

一、孕育了一种变化无常的文化？

大众文化批判在很大程度上受到了马克思思想的启发，特别是马克思针对维持资本主义制度所必需的体系化、高度复杂的意识形态和社会控制进程所作出的系列解释。根据马克思的论述，18世纪中叶工业革命带来的重大社会动荡——从农村到城市生活的迅速转变，以及一种新形式的资本性关联，即工人被迫向资本主义企业家出售他们的劳动力——极大地改变了社会关系的性质。马克思认为，工业资本主义的生存依赖于一种“自然秩序”的建立，这种社会秩序通过一种强迫性的社会等级制度实现，并使得工人阶级无法感知和理解资产阶级对社会经济的剥削本质。因此，正如洛维特（Löwith）所指出的：

> 因为商品的生产者（能够生产具有商品形式或结构的物品生产者）只通过商品交换而进入社会人际关系，因此在作为“物”的商品的掩盖下，社会关系在生产者看来并不体现社会劳动过程的人际关系。相反，在生产者看来，这种受到隐藏的真正社会关系似乎是纯粹“客观”的，作为物的商品之间的“客观”关系呈现出一种类主体性特征，在有其自身规律的商品市场中进行独立的运作。[1]

马克思认为，由于工人阶级在社会经济上的从属地位，工人阶级也受制于资本主义意识形态的统治。这一统治依赖于资产阶级建立一种独特的资本运营形式社会现实的能力，在这种社会现实中，工人被认为，并相信自己应该服从于资本主义社会的需要。正如莫里森（Morrison）所观察到的那样，“个人成为资本主义社会功能的产物，似乎进入经济活动就好像是他们的本性一样”。[2] 因此，工人阶级的日常文化经验被认为仅仅是他们遭到经济剥削的副产品，根据马克思的说法，是社会经济核心或“基础”，在文化制度或“上层建筑”中的反映。根据

[1] Karl Löwith. Max Weber and Karl Marx [M]. London: Routledge, 1993: 101.

[2] Ken Morrison. Marx, Durkheim, Weber [M]. London: Sage, 1995: 77.

马克思主义观点：

> 一种文化的建立与表达受到社会内部一系列利益关系影响，而利益的主导是社会权力的象征与表达。反过来，权力也是……经过现有的社会分层系统中介（社会分层与阶级、性别、种族、能力、年龄等因素相关），权力被大多数人在大多数时间视为具有天然的合理性。❶

对马克思来说，资本主义社会的“日常文化”不过是一种精心设计的幻觉把戏，是统治阶级对工人阶级进行经济和思想剥削的工具。这就是统治阶级的经济和意识形态操纵力所形成的幻象力量，根据马克思的观点，工人阶级无法有效并正确、整体性地理解其社会经济存在的真实情况，因为这种对资本主义社会剥削本质的洞悉是会造成工人阶级社会革命的一个必要因素。

许多理论家认为，20世纪资本主义社会的科学技术日臻复杂巧妙，为马克思针对资本主义权力控制下的社会本质和权力所有权分析增添了分量。特别是，有人认为，大众传播技术在发达资本主义社会中的日益普及，导致上层阶级更加无孔不入的社会操控，因为这些技术更易于操纵工人阶级的思想意识与观点看法。这场大众文化论争的主要理论家是德国新马克思主义思想家阿多诺（Adorno）、霍克海默（Horkheimer）和马尔库塞（Marcuse），他们都是法兰克福学派的领军思想者。法兰克福学派认为，“通过媒体操纵大众思想观念的这一可能性具有

❶ Chris Jenks. Culture [M]. London: Routledge, 1993: 72.

相当大的威胁”。[1] 法兰克福学派理论家对大众文化的批判，受到20世纪30年代德国发生的现实事件的影响，当时希特勒领导的纳粹党在全国宣传运动中广泛、高效地利用了大众传媒。

1933～1950年阿多诺和霍克海默在美国流亡期间，他们通过对在美国生活中占有中心地位的一系列媒体和其他大众娱乐形式的观察，对大众文化进行了更为复杂的批判。他们声称，大众文化代表了一种新的、技术上增强的社会控制形式，它超越了马克思所说的作为社会控制工具的统治意识形态观念，因为大众文化能够操控休闲娱乐活动作为一种分散大众注意力的形式。具有讽刺意味的是，阿多诺和霍克海默认为，尽管大众文化作为一种远离工作的自由空间和休闲娱乐放松的途径，在日常生活中意义非凡，但实际上休闲娱乐活动仍旧通过保持工作场所之外的常规化工作生活模式，以一种非常有效的方式服务于资本主义进程：

> 在晚期资本主义下娱乐就是工作的延长。它被视作对机械化工作过程的一种逃避，并通过休闲积累力量，以便人们能够再次投入到工作中。但与此同时，机械化对人的休闲娱乐与幸福生活有着如此大的影响力，进而深刻地影响与决定了娱乐产品的生产制造，因此娱乐体验无可避免地表现为工作过程本身的一种残影。[2]

[1] Robert J. Holton, Bryan S. Turner. Max Weber on Economy and Society [M]. London: Routledge, 1989: 22.

[2] Theodore W. Adorno, Max Horkheimer. The Dialectic of Enlightenment [M]. London: Allen Lane, 1969: 137.

霍克海默和阿多诺指出，这方面特别优秀的典型例证是好莱坞电影工厂，好莱坞电影的格式化性质加强了其规范性的工作体验。[1] 无论是哪种类型的电影，浪漫、惊悚、恐怖或喜剧，电影都是对平凡而且可预测的工作生活的一种映射，结果是，即使在人们认为是为了休闲而去看电影的时候，也无法逃避单调乏味的工作常规。有人认为，电影体验的合理性也延伸到儿童卡通影片中。这种本应生机勃勃的儿童电影中刻画了一些适应于社会的动画角色，或者一些在可接受行为和不可接受行为之间界限被跨越时，年轻观众所期待出现的那种榜样性角色：

> 动画片所做的仅仅是让感官适应新的节奏，它们把一种老教训不断灌输给大脑，无休止的争执以及个体抵抗的瓦解，就是这个社会的生存状态。卡通中的唐老鸭和现实生活中的不幸者都遭受了这种痛击，通过观看，大众文化让观众学会承担自己的过错并接受惩罚。[2]

阿多诺还对大众创作的流行音乐进行了大量批评，他认为，这是资本主义侵入艺术世界的最糟糕的例证之一。[3] 阿多诺作为一位音乐家，排斥被视为商品形式的标准化音乐。在一篇题

---

[1] 事实上，正如斯特里纳蒂（Strinati，1995）所指出的，好莱坞制片厂系统的建立是在20世纪获得完善的其他大规模生产形式的基础上，并与之高度一致的，其中包括电影制作不同阶段之间的严格区分和制作团队内非常专业的分工。——作者注

[2] Theodore W. Adorno，Max Horkheimer. The Dialectic of Enlightenment [M]. London：Allen Lane，1969：138.

[3] Martin Jay. The Dialectical Imagination：A History of the Frankfurt School and the Institute of Social Research 1923 - 1950 [M]. London：Heinemann Educational Books，1973.

为《论流行音乐》的文章中，阿多诺将严肃的“艺术”音乐和“流行”音乐作了区分。根据阿多诺的说法，这些音乐形式的关键区别在于它们对听众提出了截然不同的要求。阿多诺表明，艺术音乐的主要目的是向听众传达一种特定的意义，对听众来说，与欣赏一幅画作时向观众传达艺术家的意图一样，音乐传达作曲家的意图。此外，根据阿多诺的说法，只有在学习和具备了相当程度的音乐欣赏技巧之后，音乐的意义才会变得明显。因此，聆听艺术音乐是一种教育体验；“准确的”聆听成为掌握音乐作品“具体整体”意义的音乐性训练。[1] 一旦这种整体性意义能够获得理解，一扇通往全新内在体验世界的大门就此打开，听者得以超越日常经验的世俗世界。

阿多诺认为，在大量生产的流行音乐中，音乐没有传达出这种个人的意义，因此不需要任何倾听技巧。对阿多诺来说，流行音乐本质上具有标准化形式。这也反过来保证了流行音乐具有预先规定好的社会接受度。音乐的创作和生产遵循严格的指导方针，从而使听众产生特定的一致反应：

> 提供给听众聆听的创作曲目……不仅需要尽力跟上具体的制作流程，其实际上为听众给予了一个模型，在这种模型下任何存在的具体音乐内容都可以包含进去。图式章法的建立决定了听众必需的聆听方式，同时也使得任何自由聆听的个人努力都变得毫无必要。流行音乐的“前理

[1] Theodore W. Adorno. On Popular Music［C］//S. Frith，A. Goodwin. On Record：Rock，Pop and the Written Word. London：Routledge，1990：303.

解”在一定程度上与印刷材料的“摘要”极为相似。[1]

正如法兰克福学派对好莱坞电影和其他大众文化形式的批判一样，阿多诺认为，流行音乐的公式化性质及其对听众的弱智化影响，有助于资本主义社会对休闲时间的模式化与规范化管理。根据阿多诺的说法，流行音乐的“模式化和前理解”特性可以把民众“同时从无聊状态和费神理解中解脱出来”，其结果是可以专门抽出一段休闲时光来获得最大程度的放松与提神。[2]

对阿多诺与霍克海默来说，大众文化生产传播所内在的技术官僚化和合理化标准，使其有效地构成了一个“文化工业”，以越来越诱人的方式渗透于晚期资本主义社会的日常生活空间。他们认为，文化工业的诱惑力在美国社会背景下得到了完美的体现。借助新兴的大众传播媒介技术，一个像美国这样规模的国家，每天都能被强制性地填喂一份由图像、信息和消费商品组成的统一套餐，从而使人们对休闲和娱乐的追求变得标准化，个人可以在媒体和文化工业严格控制的范围内选择休闲娱乐活动。有人认为，随着媒体和消费品生产商的合作，产品广告以无情的、按部就班的形式源源不断地播放，充斥日常生活，从而保证人们对休闲和娱乐的恋物崇拜。阿多诺和霍克海默认为，通过这种方式，文化工业日益“俘虏了观众的欲望”，并获得对最终命运的控制。正如英格利斯（Inglis）和休斯（Hughson）

[1] Theodore W. Adorno. On Popular Music ［C］ //S. Frith, A. Goodwin. On Record: Rock, Pop and the Written Word. London: Routledge, 1990: 306.

[2] Theodore W. Adorno. On Popular Music ［C］ //S. Frith, A. Goodwin. On Record: Rock, Pop and the Written Word. London: Routledge, 1990: 306.

参照阿多诺与霍克海默对大众文化的解读所认识到的：

> 大型媒体公司对文化生活的垄断是通过官僚有组织的分配实现的，这种方式确保了特定人群中的每一个人都能买到所出售的产品……正如希特勒统治时期的德国，所有的通信手段都受到某些强大的利益集团的控制，民主美国的广播电台和电影制片厂也笼罩在强权者的统治之下。[1]

结果，资本主义的逻辑变成了一种无孔不入的控制方式，不仅在工作场所起支配作用，而且影响家庭内部的生活和休闲娱乐。正如马克思所说，在工业资本主义时期，资产阶级的力量，取决于他们通过工人阶级的日常生活强制推行一种特殊现实形式的能力，因此，法兰克福学派认为，晚期资本主义利用大众文化产品的诱人愉悦感来完善这一控制体系，诱骗大众接受资本主义的消费体系。正如史蒂文森（Stevenson）特别提到的：

> 文化工业的有效性不是通过一种欺骗性意识形态来保证的，而是通过从大众的意识中排除资本主义以外的其他任何选择来保证的。晚期资本主义的主导文化推动文化领域内对各种其他冲突性、异质性和特殊性形式的镇压。这种形式的“肯定性文化”既迷恋使用价值的交换（比如音乐会的价值是通过门票的成本而不是演出的质量来保证

[1] David Inglis，John Hughson. Confronting Culture：Sociological Vistas［M］. Cambridge：Polity，2003：49.

的），又在观众内心一次又一次地激起同样的欲望。[1]

在法兰克福学派早期理论家中，只有马尔库塞对晚期资本主义社会大众文化在日常生活中的支配性影响表现出一定程度的乐观态度。马尔库塞最初赞同阿多诺与霍克海默对大众文化的批评观点[2]，随后他见证了嬉皮士反主流文化在20世纪60年代后期的兴起，重新思考了他对大众文化的诠释。[3]马尔库塞感到尤其震惊的是，反主流文化似乎在利用晚期资本主义的休闲娱乐和消费产业产品，特别是大规模生产的音乐和时装，以此直接反抗占据主导地位的资本主义机构，诸如工作、教育、家庭和主流政治。马尔库塞的观点在西奥多·罗斯扎克（Theodore Roszak）的著作中得到了呼应，他指出，反主流的文化“革命”似乎是由中产阶级青年推动的，这一事实表明，在新马克思主义理论家们认定的意识形态权力基础内部，正在发生一场彻底的解构运动，反抗资本主义在技术先进社会以消费者为基础的持续性统治。罗斯扎克观察到：

> ……经由一种马克思也无法想象的辩证法，技术官僚统治下的美国年轻人中间产生了潜在的革命性因素。资产阶级并没有在工厂里发现阶级敌人，而是在早餐桌对面自己娇生惯养的孩子身上发现了阶级敌人。[4]

---

[1] Nick Stevenson. Understanding Media Cultures [M]. London: Sage, 1995: 53.

[2] Herbert Marcuse. One – Dimensional Man [M]. Boston: Beacon Press, 1964.

[3] Tom Bottomore. The Frankfurt School [M]. London: Tavistock Publications Ltd., 1984.

[4] Theodore Roszak. The Making of a Counter Culture: Reflections on the Technocratic Society and its Youthful Opposition [M]. London: Faber and Faber, 1969: 34.

然而，相对短暂的反主流文化时期，以及随后受音乐和风格驱动的青年文化运动，例如朋克摇滚，为许多人证实了法兰克福学派大众文化批判的基本准确性。因此，根据巴特摩尔（Bottomore）的说法："反主流文化的有限范围和迅速消失或同化，实际上（可以被认为）彰显了文化工业的力量。"[1]

对于法兰克福学派来说，大众传媒和"文化工业"的兴起以及它们在20世纪对日常生活的稳步渗透，标志着从19世纪"自我调节的自由资本主义"向有计划和管理完善的"有组织的资本主义"的转变。[2] 法兰克福学派理论的追随者哈贝马斯（Habermas）认为，资本主义性质和功能的这种转变将永久性地决定大众的命运。因此，大众日常生活，或者哈贝马斯所说的"生活世界"，从根本上被中介化运行进程所塑造，并且受其进程的影响，中介信息成为日常知识的基础。由于媒体无处不在、包罗万象的性质，个人本身没有形成表达批判性思想或行动的途径。所有形式的日常生活知识理解和交流，都受到有组织的管理维持资本主义的上层官僚以及行政总体系统的有效掌控。个人的意愿和欲望受到如此严格的管控，导致生活世界被操纵它的资本主义制度"合理化"。与此同时，群众仍然完全未察觉控制其意识和决定其需要的总体系统。正如哈贝马斯所观察到的，生活世界：

> ……具有欺骗的特征，客观上是一种错误的意识。它

[1] Tom Bottomore. The Frankfurt School [M]. London: Tavistock Publications Ltd, 1984: 46.

[2] Alan Swingewood. The Myth of Mass Culture [M]. London: Macmillan, 1977: 77.

> 改变了社会统一群体行动语境结构的总体系统，因此只能隐藏起来。可以说，在不削弱生活世界自给自足幻想的情况下，生活世界工具化的增殖限制不得不隐藏在交流活动的缝隙内。这就产生了一种结构性暴力，这种暴力在没有特别明显的情况下，把握住了理解主体间性的可能形式。❶

哈贝马斯认为，这种生活世界殖民化的最终影响，是个人批判性思维和集体行动能力的衰退，其后果是导致生活世界无法对塑造它的系统作出回应。这形成了哈贝马斯所说的系统与生活世界的“脱节”。主体在被剥夺了批判性参与的能力综合的知识与运用上层知识信息的能力之后，个人继续以一种不受约束的状态存在于生活中，不假思索地接受他们的日常生活，并将其视为纯粹的第二天性。

二、法兰克福学派的理论遗产

法兰克福学派针对大众文化的社会分析及其高度批判性的解读，持续不断地产生强大的后续影响。这种影响的关键在于，法兰克福学派辨识出大众文化社会效应中具有一种明显不可改变的二元双重性，使之成为保证资本主义经济形式存活的高效策略，也成为一种强有力的意识形态控制手段。法兰克福学派认为，作为有组织的资本主义的主要分支，大众文化可以被算作对民众经济和意识形态层面的双重剥削。这种对大众文化及其对日常生活影响的解读已经被各种理论家所接受并发展。他

❶ Jürgen Habermas. The Theory of Communicative Action (Vol. 2) [M]. Cambridge: Polity, 1987: 187.

们形成了一个普遍性共识，即大众文化对消费品的拜物教崇拜和其强大的虚假意识，对将日常生活转变为更自由和反思性的发生领域构成了相当大的阻碍。不过通过日常生活领域，个人可能通过愉悦，从晚期资本主义令人压抑窒息的状况下获得一定解脱。

而海勒（Heller）对大众文化在这方面的影响态度十分悲观。海勒认为，晚期资本主义社会的媒介化导致了“人的人格碎片化”。[1] 海勒认为，对物和图像的迷恋，在个体中形成一种期待不断受到信息轰炸的欲望。事实上，根据海勒的说法，即使是像“见多识广”这样自然的日常表达，也在一个更深的层次上预示着个人只能作为一个“接受者”，接收从上而下传递给大众的信息这一命运。海勒认为，在当代社会人们强调的是信息接受，而不是信息处理，对叙述与事件进行批判性研讨和评估的能力已经被经由大众传媒“直接给予”而接收信息的方式所取代。海勒认为，这在另一个方面表明，资本主义晚期媒体驱动的社会中，个人如何被剥夺了对自我生活采取行动和作出改变的任何能力：“如果获取更多信息的渴望完全盖过了根据得到的信息采取行动的强烈冲动，那么人类知识往往就是被动的，而不是主动的，不会再在生活结构中扮演重要的角色（这是日常知识本该做的）。”[2] 在海勒看来，被剥夺了对话互动能力的个体变得越来越内向，只关注自己和自己眼前的日常生活。海勒认为，正是近代社会的这一特点最有效地阻止了激进的集体行动。由于缺乏批判性思考能力，个人陶醉于一种由媒

[1] Agnes Heller. Everyday Life [M]. London: Routledge and Kegan Paul, 1984: 223.

[2] Agnes Heller. Everyday Life [M]. London: Routledge and Kegan Paul, 1984: 223.

体和文化工业合力创造的伪个人主义状态，媒体进一步分裂了基于阶级、团体和传统信仰形成的集体意识。如此的碎片化社会具有强烈的病态效果，侵蚀了社会凝聚力和激进集体行动倾向所最终依赖的共同道德力量。因此，正如加德纳所观察到的：

> 对海勒来说，现代性的日常生活……是一种异化的生存形式，因为工具性思维和行为支配着我们的生活，而作为真正对话伙伴的具体的“他者”消失了。陶醉于唯我论的独特信念给我们带来了自主自由的幻觉，但一种真正的道德态度必须与更普遍的人类责任和自由观念相适应，这种观念需要首先考虑诸如相互承认、人际对话以及海勒所说的“极端宽容”等。[1]

列斐伏尔（Lefebvre）同样批评他所察觉到的大众文化对个人意识和行为的系统性操纵。对列斐伏尔来说，晚期资本主义大众生产的日常经验“将人本身与人所认为的、他们的本来生活与他们所认为的个人生活之间区别开来”。[2] 根据列斐伏尔的观点，资本主义的这一割裂特征，经由晚期资本主义中与日常生活相连的商品消费和相关服务变得越来越普遍：“你被照顾、被关注并被告知如何生活得更加美好，如何按照流行趋势穿着，如何装饰你的房屋，总而言之，如何生存。”[3] 列斐伏尔的观察

---

[1] Michael E. Gardiner. Critiques of Everyday Life［M］. London：Routledge，2000：21.

[2] Henri Lefebvre. Critique of Everyday Life（Vol. 1）［M］. London：Verso，1991：146.

[3] Henri Lefebvre. Everyday Life in the Modern World［M］. London：Penguin，1971：107.

与法兰克福学派对大众消费文化的悲观解读不谋而合。不过不似法兰克福学派，列斐伏尔并不认为个人注定会生存于一个无法脱离资本主义制度的生活世界中。相反，他认为个人仍旧保有一种可以拒绝资本主义晚期文化工业对日常生活的虚假描述，最终以此实现社会变革的能力。对列斐伏尔来说，这种激进的行为取决于个人判断能力与批判能力的增强，而这一能力已经被资本主义的异化力量剥夺了。列斐伏尔指出，这种面容上的裂痕已经开始显现，而且随着个人对自己控制力的增加日益清晰，也就是说，随着理性、道德和自我实现感逐渐战胜以科学理性为内核的晚期资本主义秩序，裂痕已经显现：

> ……安排生活方式的进步不能受限于外部的设备技术进步，不能局限于工具数量的增加。
>
> 这也将是一个质的进步：个人将不再作为一个虚构之物、一个资产阶级的民主神话——一个空洞的、消极的形式——对作为人类沙漠的每一粒沙粒来说，这都是一个令人愉快的幻觉。在变得更加社会化，更加人性化，更加个人化的同时，个人不再是一个“私人”的人。❶

对列斐伏尔来说，个人批判性思维能力的一个关键因素是拒绝大众文化的拜物教产品，转而投向真正具有“文化价值”的对象，也就是阿多诺和哈贝马斯所主张的高级文化形式，是个体理智与批判能力的关键。然而，如果列斐伏尔对回归“高

❶ Henri Lefebvre. Critique of Everyday Life (Vol. 1) [M]. London: Verso, 1991: 248.

雅文化”的可能性，以及有组织的资本主义在经济和意识形态上对大众支配性地位随后的逆转持乐观态度，其他理论家的看法则更加消极，认为大众文化的诱惑性和无所不包的本质最终可能导致普遍的文化弊病，这其中包括精英理论家所声援的高雅文化对象。

美国大众文化理论家德怀特·麦克唐纳的著作就体现了这种悲观情绪。在认识到允许生产与销售大众文化产品和服务是为了维持资本无节制的增长后，麦克唐纳在20世纪50年代的著作中发出了严重的警告。继阿多诺、霍克海默和其他法兰克福学派理论家之后，麦克唐纳对高雅文化和大众文化或“低级”文化进行了区分，并以各自的形式明确了法兰克福学派所赋予它们的同样的解放与剥削特性。不过，尽管法兰克福学派认为高雅文化和低级文化/大众文化占据了两个相对不同的文化领域，但麦克唐纳提醒道，大众文化正在不断地侵蚀高级文化领域。他认为，这既是由于大众文化领域在日常生活中相对容易扩展，也是由于大众文化产品极具诱惑特征。因此，麦克唐纳指出：

> 好的艺术与庸俗相竞争，严肃的思想与商业化的公式相竞争，并且优势就在于一方面……坏东西驱逐了好的，因为它更易理解和享乐……（媚俗）以其绝对的普及性、残酷的压倒性数量威胁着高雅文化。❶

---

❶ Dwight Macdonald. A Theory of Mass Culture［C］//B. Rosenberg，D. White. Mass Culture：The Popular Arts in America. Glencoe，IL：The Free Press，1953：61.

具有讽刺意味的是，麦克唐纳认为那些试图通过生产和传播大众文化产品对大众受众进行经济剥削的人，最终导致迄今为止从大众中脱颖而出的高雅文化的消亡：

> 上流社会开始利用（媚俗）从大众的粗俗趣味中赚钱，并在政治上支配他们，最后却发现自己的文化受到了攻击，甚至威胁要被他们不假思索而使用的工具破坏。❶

斯威伍德（Swingewood）对大众文化及其向现代性文化的最终转变也提出了类似的悲观观点。不过斯威伍德认为，并不是大众文化简单地取代了高雅文化成为主导文化形式；相反，以前被视为高级文化的大量元素被大众文化所包容，成为每个人所消费的“大众”日常文化的一部分。斯威伍德认为，这样的结果是，随着伟大的艺术作品、小说、诗歌、音乐等遭到粗糙的大规模复制并沦为一种商品形式，“真正”艺术的灵晕消退：“这种无情的标准统一：使得资本主义文化及其人工制品成为商品，它们的娱乐、转移和降低意识的功能走向完全被动的状态。”❷

三、日常生活与文化研究

20世纪中叶，在针对大众文化形式日益强大力量和统治地位的悲观主义态度浪潮中，一个新的理论研究计划开始成形。这种被称为文化研究的方法，为理解大众文化对社会，特别是

---

❶ Dwight Macdonald. A Theory of Mass Culture [C] //B. Rosenberg, D. White. Mass Culture: The Popular Arts in America. Glencoe, IL: The Free Press, 1953: 61 -62.

❷ Alan Swingewood. The Myth of Mass Culture [M]. London: Macmillan, 1977: 2.

工人阶级的影响提供了另一种解释途径，因为上面已经讨论过的原因，大众文化曾经被认为会产生极其严重的后果。文化研究的早期灵感，大部分来源于英国文学批评家的观点，如 F. R. 李维斯（F. R. Leavis）和 T. S. 艾略特（T. S. Eliot）。艾略特对他所认为的现代资本主义“无节制的利己主义和个人主义”及其“对传统共同文化道德纽带的负面影响”进行了大量批评。[1] 李维斯和艾略特一样关注“共同体的消失”，不过他认为这是社会大众文化化的潜在倾向而非实际影响。[2] 此外，李维斯承认历史变化是文明化进程中不可避免的一部分。因此对李维斯来说，批评家的主要任务是强调在资本主义不断发展以及对日常生活的深度殖民，使得社会结构经历了重大变化的时刻，“人类价值观、共同体和共有文化”是如何获得保持并强化的。[3] 事实上李维斯指出，即使是大众文化，也可能通过其在日常生活中的侵占和使用而具有潜在的颠覆性力量。因此，正如斯威伍德所观察到的：

> ……［李维斯］分析的核心观点是文化既备受欢迎又有所区别。李维斯强调的是作为共同文化的“生活”，普通民众在道德约束社会中的日常经验，以及创造性智慧之间的本质联系。[4]

李维斯认为文化作为一个具有争议性和创造性的领域，在

---

[1] Alan Swingewood. The Myth of Mass Culture［M］. London：Macmillan，1977：7.
[2] Alan Swingewood. The Myth of Mass Culture［M］. London：Macmillan，1977：10.
[3] Alan Swingewood. The Myth of Mass Culture［M］. London：Macmillan，1977：10.
[4] Alan Swingewood. The Myth of Mass Culture［M］. London：Macmillan，1977：10.

20世纪50年代随着雷蒙德·威廉斯和理查德·霍加特的思考而获得良好的发展势头，并且将会成为文化研究的核心内容。特别是，威廉斯在论争中认为文化是“普通的”，因此是建立整个生活方式的基础，这一观点深化了李维斯提出的将大众文化与艺术、文学、古典音乐等纯粹的“高雅文化”之间的联系割裂开来的尝试。威廉斯认为，这种高雅的艺术形式只是文化活动领域的某一部分，文化活动还包括一系列更为世俗化的“日常”实践：

> 文化分析……是指在一种特定的生活方式和一种特定的文化中，对隐性或显性意义和价值的澄清说明。这种分析将包括历史批判方法……其中，理智的和富有想象力的作品会根据特定文化传统和社会进行分析，当然这也会包括一些对于追随其他定义的人来说在生活方式上根本不是“文化”的元素，诸如生产组织、家庭结构、表达或管理社会关系的机构结构、社会成员交流的特征形式……在我看来，每一种文化定义都有价值。因为不仅在艺术和脑力劳动中，而且在制度和行为方式中，似乎都有必要探寻意义和价值，以及人类创造性活动的记载。❶

尽管霍加特同样注重扩大文化的定义，以此涵盖平凡的日常生活实践，但他往往将其与阶级社会中对文化关系的悲观解读联系在一起。特别是霍加特的著作被认为展现了战后流行文

---

❶ Raymond Williams. The Long Revolution [M]. Harmondsworth: Pengiun, 1961: 57–58.

化及其对英国工人阶级的影响。霍加特（1957）在一个现在十分著名的评论中声称，从美国传入英国的流行文化的诱惑性特质引发了一种自我满足的冲动，有效地“放松了行动的弹簧力量”，使工人阶级沦为被动的受众，被软弱无能的大众娱乐形式所欺骗。然而，最近对霍加特著作的解读表明，他所宣称的那种悲观情绪可能被夸大化了。例如，针对霍加特关于流行音乐的研究，莱因（Laing）指出，这“体现出作者对20世纪50年代中期流行歌曲种类的详细了解，并考虑到了工人阶级听众对即使是最无关紧要歌词的复杂反应”。[1]

1964年，霍加特在伯明翰大学建立了当代文化研究中心（CCCS）。在接下来的20年里，CCCS集中于英国工人阶级的日常文化实践作出了一系列研究。CCCS进行文化分析的关键在于研究者采用了意大利新马克思主义者安东尼奥·葛兰西（Antonio Gramsci）提出的文化马克思主义方法。虽然葛兰西赞同这样一种观点，即在晚期资本主义的背景下，马克思所预言的大规模社会变革变得越来越不可能实现，但由于阶级利益之间的不断斗争，资产阶级任何绝对意义上的社会控制都是不可能实现的。与法兰克福学派和麦克唐纳（1953）等大众文化理论家对晚期资本主义社会中个人命运的消极看法相对立，葛兰西认为，工作时间的减少和休闲娱乐渠道的增加，有助于创造一个更加具有批判性和表达更为明晰的社会。葛兰西认为，这样的结果导致资本主义社会权力基础的转变。因此，他指出，资产阶级不再仅仅依靠经济优势来维持权力，而必须努力在“道德

[1] Dave Laing. Scrutiny to Subcultures：Notes on Literary Criticism and Popular Music ［J］. Popular Music，1994：185.

和理智方面”作出实践。[1]

葛兰西把这一过程称为“霸权统治”，霸权表达了资产阶级巩固其社会权力的主导思想和信仰体系。一些观察者认为，霸权控制只是资产阶级原有经济权力的一种更为集中形式的表达。例如，梅（May）认为霸权主义只允许资产阶级通过胁迫和制度内共识来“行使”其社会控制权。而所谓共识，实际上是一种扭曲的意识形态征候。[2] 这样的解释表明，霸权主义将社会秩序表现为一种特定的和正常的环境，这只不过是强化了资产阶级所发起和长期存在的精心设计的障眼法，并将此作为诱使工人阶级屈从的手段。然而，对于葛兰西来说，霸权主义对社会秩序的性质和功能有着完全不同的影响。因此，他认为，统治霸权容易受到来自下层的挑战：虽然这些挑战本身无法篡夺资产阶级的统治地位，但也会产生“权威危机”。[3]这反过来对资产阶级通过共识行使其社会权力具有重要影响。因此，葛兰西说：“如果统治阶级失去了共识，即不再是‘领导’，而只是‘占主导地位’，并单独行使其强制力，这恰恰意味着广大群众已经脱离了他们的传统意识形态，不再相信他们以前相信的东西，或者诸如此类的思想。”[4]

面对这种情况，统治阶级重申和维持其霸权地位的唯一手

---

[1] Tony Bennett, Graham Martin, et al. Culture, Ideology and Social Process [C]. London: Open University Press, 1981: 198.

[2] Tim May. Situating Social Theory [M]. Buckingham: Open University Press, 1996: 42.

[3] Tony Bennett, Graham Martin, et al. Culture, Ideology and Social Process [C]. London: Open University Press, 1981: 199.

[4] Antonio Gramsci. Selections from the Prison Notebooks [M]. London: Lawrence and Wishart, 1971: 275.

段就是“调和对立的阶级价值观”，[1] 这反过来需要对文化形式和日常生活过程有一个新的理解，这一过程中的文化形式便是霸权斗争和抢夺的场所。文化成为不断协商与重新界定权力问题的意识形态地带。而且，由于这些斗争与论争，社会阶级之间存在的意识形态分歧也被削弱。正如本尼特（Bennett）所指出的：

> “资产阶级文化”由于容纳了其对立阶级的文化因素，不再是纯粹资产阶级性质的。相反，它变成了不同阶级文化和思想因素的动态性组合，这些不同的阶级在一个特定的历史转折时期附属于资产阶级的价值观、利益和目标，不过这只是暂时的。当然同理，从属阶级的成员决不会遇到或遭受某种纯粹的或阶级本质主义形式支配思想的压迫；资产阶级的意识形态只有在它必须采取的妥协形式中才能遇到，以便为对立阶级的价值观提供一些调整。[2]

霸权的概念使得对大众文化理论偏向悲观性的解释产生了相当大的影响，因为它有效地驳斥了关于大众文化所谓阴谋性质的争论，并为重新定义大众文化产品、文本和图像提供机会与反抗的空间。社会中的权力不再被认为是一个纯粹自上而下的过程，而是通过大众文化棱镜，将权力重塑为妥协和不断调

---

[1] Tony Bennett. Introduction：Popular Culture and the Turn to Gramsci ［C］ //T. Bennett，C. Mercer，J. Woolacott. Popular Culture and Social Relations. Milton Keynes：Open University Press，1986：XV.

[2] Tony Bennett. Introduction：Popular Culture and the Turn to Gramsci ［C］ //T. Bennett，C. Mercer，J. Woolacott. Popular Culture and Social Relations. Milton Keynes：Open University Press，1986：XV.

整的过程，权力的维持，完全取决于资产阶级吸收和重新表述从社会下层向上层投射价值观念的能力。

伯明翰当代文化研究中心对当代文化作为霸权斗争过程的分析，在霍尔（Hall）和杰斐逊（Jefferson）研究“二战”后英国工人阶级青年文化（另见第五章）的《在仪式中反抗》（1976）一书中最为出名。20世纪50年代，许多社会观察者认为英国正在成为一个没有阶级的社会。因此，有人指出，战后的富裕导致阶级差异的消失，因为工人阶级在休闲和生活习惯上实际上变成了中产阶级（如见茨威格［Zweig］，1961）。战后青年文化被认为是这一过程的主要体现，因为这一文化表明工人阶级青年受到统一青少年消费文化的同化。❶ 当代文化研究中心反对这种对战后青年的解释。他们认为，如果20世纪50年代新兴的以风格为基础的青年文化确实表明了工人阶级青年新近养成的消费习惯，那么在更深的层次上也说明这样一个事实：阶级分化仍然是战后英国社会的一个特征。有人指出，工薪阶层年轻人消费能力的增强，可能提升了他们作为消费者的形象，但并没有改变他们的真实的生活条件。他们争辩道：

> 针对工人阶级青年身上失业、教育缺陷、被迫失学、没有工作出路、常规化和专业化劳动、低工资和技能丧失的现象并没有一种“亚文化的解决方案”。亚文化策略不能匹配、满足或回答这一时期在整体阶级结构维度上出现的问题……他们以一种想象的方式“处理”问题，但在具

❶ Mark Abrams. The Teenage Consumer［M］. London：London Press Exchange, 1959.

体的物质层面上仍然没有得到解决。[1]

当代文化研究中心继续争辩道，年轻的工人阶级从新兴市场上抢占的时尚风格成为工人阶级青年对其物质生存条件进行抵抗的策略性资源。根据葛兰西的霸权概念，CCCS坚持认为，工人阶级青年以这种方式和风格代表了“斗争舞台”进入新的篇章（葛兰西曾经认为这是晚期资本主义社会关系的特征），这是一整套用以应对和抵抗阶级社会的——一种策略和回应方式。[2] 根据当代文化研究中心的观点，工人阶级青年对物质问题所创造的“亚文化”解决方案，最容易体现于他们“赢得社区和机构文化空间、真实的休闲娱乐活动以及占据街角现实空间”的行动中。[3]

20世纪80年代，开放大学的文化理论家斯图亚特·霍尔（Stuart Hall）和托尼·本尼特（Tony Bennett）等文化理论家在研究中进一步发展了这种葛兰西式的阶级斗争解读，并通过以大众通俗文化为棱镜提升理论表达阐释。对本尼特来说，大众文化在后现代性中的一个关键作用，在于它对“能够从中产生

[1] John Clarke, Stuart Hall, et al. Subcultures, Cultures and Class: A Theoretical Overview [C] //Resistance Through Rituals: Youth Subcultures in Post – War Britain. London: Hutchinson, 1976: 47 – 48.

[2] John Clarke, Stuart Hall, et al. Subcultures, Cultures and Class: A Theoretical Overview [C] //Resistance Through Rituals: Youth Subcultures in Post – War Britain. London: Hutchinson, 1976: 44.

[3] John Clarke, Stuart Hall, et al. Subcultures, Cultures and Class: A Theoretical Overview [C] //Resistance Through Rituals: Youth Subcultures in Post – War Britain. London: Hutchinson, 1976: 45.

积极自我认知和评价的……文化和话语空间”的促进。[1] 本尼特认为，后现代性大众文化通过技术进步使得大规模生产和传播成为可能，并且促进其逐渐扩大与走向日常生活实践。这反过来又赋予个人一种新的表达和创造层次，从而将日常生活转变为反思性表达文化的过程。本尼特认为，大众文化促进了更高层次的日常生活多元化，阶级之间的霸权斗争也变得更加明显而非弱化：

> （大众文化）是由这些文化形式和实践构成的……它们使得主导、从属以及对立的文化价值观与意识形态在不同层面上相互交融混合、互相竞争，并确保能够在构建和组织大众经验和意识方面产生影响力。大众不是由两个相互分离的部分组成——而是一种纯粹的、自发对抗性的“人民”文化，并且位于相互对立倾向的交汇之处，多元对立的文化偏好形成不同倾向相遇和相互渗透的文化组织形式。[2]

文化研究强调，作为现代晚期日常生活中霸权斗争的场所，大众文化具有重要意义。这极大地丰富了人们对大众文化理论和实践的理解，但其研究方法仍然受到了诸多批评。一种主要批评指向霸权概念本身所固有的问题。有人认为，通过关注资本主义结构关系的联系，霸权主义对日常生活冲突和斗争的解

---

[1] Tony Bennett. The Politics of the “Popular” and Popular Culture［C］//Popular Culture and Social Relations. Milton Keynes：Open University Press，1986：12.

[2] Tony Bennett. The Politics of the “Popular” and Popular Culture［C］//Popular Culture and Social Relations. Milton Keynes：Open University Press，1986：18 – 19.

释剥夺了个人的反思性能力和自我意志，暗示一种本质上是自动的、潜意识的行动形式。因此，正如哈里斯（Harris）在当代文化研究中心中对青年文化的解读中所指出的，青年文化是他们对日常生活结构环境的一种抵制，行动者们自己“主观上没有意识到这些结构的意义”。[1]

另一种更为深入的批评认为，文化研究理论家强调文本分析，而不与那些在日常生活中使用大众文化产品的个人进行实际接触。理论家如此广泛地借鉴文本分析方法，直接将其视为支撑文化研究工程的理论工具。因此，有人认为工人阶级日常实践的文化意义，只能通过理论抽象的方法获得理解，以减少日常生活的世俗性，揭示其潜在的权力斗争，告知这一做法与能够描述晚期资本主义社会特征的、正在进行的阶级斗争之间的联系。正如霍尔看到的：

> ……为了思考或分析复杂性现实情况，思考的实践行动是必要的；为了准确彰显和揭示肉眼所看不到的、既不能呈现也不能证明自己的关系和结构，对抽象理论分析力量的使用便是必要的，概念形成可以用来切入复杂的现实状态。[2]

不过归根结底，文化研究的理论家拒绝与社会主体产生经

[1] David Harris. From Class Struggle to the Politics of Pleasure：The Effects of Gramscianism on Cultural Studies［M］. London：Routledge，1992：90.

[2] Stuart Hall. Cultural Studies：Two Paradigms［C］//T. Bennett，G. Martin，C. Mercer，J. Woollacott. Culture，Ideology and Social Process. London：Open University Press/Batsford，1980：31.

验性接触，这造成一个无法解决的悖论，即文化意义正被理论家强加在主体行为之上，理论家在声称那些大众还未察觉到这些日常生活的社会意义。迪克·赫布迪格（Dick Hebdige）便证实了这一观点，他在著名的朋克语符号学意义研究《亚文化：风格的意义》一书的最后总结部分写道："本书所描述的任何亚文化的成员都不太可能会认识到书中所展示的自己。"[1]这样一个大胆的声明促使评论家们提出一些非常尖锐的问题，涉及这部声称可以在风格拥有者不受侵犯的情况下，解决诸如文体意义等高度主观性问题的这一研究工作是否能够获得验证。因此，正如科恩（Cohen）在回应赫布迪格说法的时所说的：

> 通过嘲弄、疏远、讽刺、模仿、倒置等方式，理论家展现了一个纳粹十字符号，是如何为了一种空洞效果，从符号的自然语境中剥离出来而获得利用的……不过我们怎么知道这些的呢？我们从来没有被告知过任何"东西"：何时、如何、在哪里、由谁或在什么背景下这一符号被佩戴。我们不知道原初的解释和社会学解释之间有什么区别。[2]

哈里斯同样批评开放大学针对电视观众的文化研究缺乏实证数据的支持。正如批评当代文化研究中心关于青年文化的研究工作一样，哈里斯认为，缺乏实证研究导致媒体内容与受众

[1] Dick Hebdige. Subculture: The Meaning of Style [M]. London: Routledge, 1979: 139.

[2] Stanley Cohen. Folk Devils and Moral Panics: The Creation of the Mods and Rockers [M]. Oxford: Basil Blackwell, 1987: XVIII.

影响之间的联系非常脆弱。同样，对哈里斯来说，诉诸经验是这类文化研究工作的关键因素，特别是因为这一研究声称要为生活在现实世界环境中的真实个人说话，在现实世界中，因果问题可能是由一系列特别的地方性情况引起的，而这些情况不适合用孤立片面的理论观点来解释。根据哈里斯的说法："询问真实电视观众对节目的看法是必要的，这样才能固定漂移的能指，将分析落到实处，抑制人们对文本意义进行无休止臆测的危险。"❶

另一种针对文化研究的批评与它在现代晚期对阶级本质的僵化定义有关。不仅日常生活中的冲突和斗争完全受到阶级事实的限制，而且阶级也表现为对个人不可避免的制约。阶级的事实被简单地假设为渗透到个人生活世界的各个方面。这一研究立场的缺陷被钱尼有效捕捉到，他认为：

> 霸权理论的问题……试图封闭意义产生的过程。这种理论不允许反讽和自反性在文化话语中的自由发挥……这一错误的根本在于假设社会和文化概念之间存在本质上的差异。简单来说，这些理论假设社会实体，比如阶级，存在于现实世界中，可以被当作文化问题来讨论、表现和体验。因此，社会阶级的动态关系可以用来解释文化的性质。❷

---

❶ David Harris. From Class Struggle to the Politics of Pleasure: The Effects of Gramscianism on Cultural Studies [M]. London: Routledge, 1992: 134.

❷ David Chaney. The Cultural Turn: Scene Setting Essays on Contemporary Cultural History [M]. London: Routledge, 1994: 48-49.

钱尼认为，文化研究视角的问题在于，虽然它承认大众文化作为一种“资源”在日常生活中的存在及其重要性，但这一点只有在大众文化被视为促进根深蒂固的和潜意识的阶级社会情感表达的情况下才能体现。大众文化为个人提供超越这种基于阶级的情感的可能性，或者在反抗和谈判的策略中以一种更具反思性的方式来加以利用的这种可能性从未被考虑。

然而，在为文化研究项目辩护时，应该指出的是，它作为在晚期资本主义中参与文化进程的一种特殊形式，为人们更进一步理解日常生活提供了推动力。最重要的是，文化研究试图将个人重塑为某种程度上积极参与其文化现实生产的代理人，而不是被动地接受从上层强加的现成文化。这种方法在最近的文化研究理论家如约翰·菲斯克❶和迈克·费瑟斯通❷的媒介研究中得到了延续和发展。本书第三章将对这一方面的关键性例证作出详细讨论。

四、结论

本章讨论了在晚期资本主义社会日益占据中心地位的大众文化对个人日常生活的影响以及对大众文化的批判性回应。从概述法兰克福学派的研究开始，本章阐明了阿多诺和霍克海默等理论家如何对他们所认为的具有高度诱惑性特质的大众流行文化娱乐，尤其是与电影和流行音乐相关的文化，作出了悲观态度的分析。法兰克福学派认为，无害的乐趣消遣虚饰下的新兴休闲娱乐活动仅仅是一种幻觉，大规模生产休闲娱乐的深层

❶ John Fiske. Understanding Popular Culture [M]. London: Routledge, 1989; John Fiske. Reading the Popular [M]. London: Routledge, 1989.

❷ Mike Featherstone. Consumer Culture and Postmodernism [M]. London: Sage, 1991.

原理是对大众经济和思想的进一步剥削，这也是资本主义社会赖以存活的基础。

法兰克福学派的思想对社会文化理论产生了深远的影响。正如本章后续章节所描述的，许多论及20世纪后半叶大众文化社会影响的理论家，都认同法兰克福学派对大众社会中个人命运的悲观主义态度。事实上，大众文化批判的一个共同点就是认为大众文化导致个人批判性思维能力的衰退。因此，有人认为，尽管欣赏和享受高雅的文化形式需要一定智力能力——通过训练这种能力，批判性思维将不断得到强化——而与大众文化相联系的短暂快乐导致人沉浸在当下无意识的欲望中。

在大众文化批评的这一准则下，文化研究为大众文化的“问题”提供了更进一步的解决方案。对于文化研究范式之外的理论家来说，日常生活是一个不断斗争的领域，工人阶级对大众文化和大众文化资源的利用构成了对其社会经济环境集体的“文化”反应，从而挑战资产阶级试图强加给他们的霸权秩序。然而，正如文化研究方法的批评者所观察到的那样，尽管在某种程度上，可以允许在社会背景下对大众文化进行挑战和谈判，但是文化研究理论家对文化的解释是基于这样一种信念：个人的经验结构是严格固定的，其本质是单一的。

如果说结构主义和文化研究的方法是把个体束缚在一个回应预先确定结构的世界中，那么在20世纪80年代，受到后现代主义影响的新兴社会文化理论流派便重新定义了个体的命运。有人认为，后现代主义标志着围绕这个结构，工业资本主义得以建立，资本主义社会的主导意识形态话语得以维持。后现代主义者认为，后现代主义的影响是打破了现代性的意识形态工程，把个人变成分散的主体，使其在源源不断的图像、文本和商品中进行自由选择，而每一种形式的意义都具有可塑性和变化性。有人认为，后现代是一个主导话语让位给持续产生多种多样、相互冲突话语的时代。下一章将讨论后现代理论对理解日常生活的贡献，以及建构日常生活的文化形式。

第二章　后现代主义

如第一章所述，大众文化批评的中心内容，就是相信统治阶级在经济和思想层面持续性地对大众进行剥削。根据这种研究方法，社会现实仅仅被视为统治阶级所描绘的一切，也就是说，社会现实是一个精心设计的烟幕，以保证资本主义生产方式所依赖的结构关系的“合理性”。有人认为，个人因此受到内在潜意识规范和价值观的支配，而这些规范和价值观的主要功能就是维持社会等级制度。在 20 世纪后半叶，这一社会认识受到一种新兴理论学派的挑战，指出社会结构发生的重大变化标志着社会性质的全面改变。而这些变化被认为是从“现代”到“后现代”社会状态的一种过渡。❶ 有人认为，“后现代转向”❷ 的一个关键因素就是先前维持并使得现代性合法化的主导话语逐渐丧失，并被相互共存的多种竞争性话语所取代。康纳（Connor）总结了这一转变，他认为后现代性涉及“从沉闷威严的宏大叙事到分裂自治的微观叙事的转变”。❸

---

❶ Jean – François Lyotard. The Postmodern Condition：A Report on Knowledge [M]. trans. G. Bennington, B. Massumi. Manchester：Manchester University Press, 1984.

❷ Steven Best, Douglas Kellner. The Postmodern Turn [M]. London：The Guildford Press, 1997.

❸ Steven Connor. Postmodern Culture：An Introduction to Theories of the Contemporary [M]. Oxford：Blackwell, 1989：32.

后现代性的出现归结于一系列因素，其中包括对“科学”理性解释信心的丧失、[1] 工作在日常生活内中心地位的下降导致以消费主义和休闲为基础的后工业社会兴起，[2] 以及媒体向全球受众传播多种图像和文本的能力日益增强。[3] 在这种相当极端的情况下，后现代理论认为，与现代性相关的意义固定性已经被一系列不稳定和不断变化的表征或自由浮动的能指所包含；[4] 在这个意义上，有人认为，“真实”实际上已经转变成为超真实。[5] 后现代转向也被认为对个人身份的概念产生了相当大的影响，那些曾经被禁止意识形态身份认同力量的逐渐消失，使得无数种可能身份的产生，个人可以从中进行选择，从而承担起多重且不断变化的人格。[6] 此外，有人认为，与现代性相关的意识形态限制的削弱也使得文化、政治和宗教身份更加多元化和碎片化。[7] 本章将探讨后现代理论的基本原理，以及后现代理论对我们理解当代社会背景下的文化和日常生活有何关系。

---

[1] Daniel Bell. The Cultural Contradictions of Capitalism [M]. London: Heinemann, 1976.

[2] Mike Featherstone. Consumer Culture and Postmodernism [M]. London: Sage, 1991.

[3] Douglas Kellner. Media Culture [M]. London: Routledge, 1995; Ien Ang. Living Room Wars: Rethinking Audiences for a Postmodern World [M]. London: Routledge, 1996.

[4] Jean Baudrillard. Simulations [M]. New York: Semiotext (e), 1983.

[5] Umberto Eco. Travels in Hyperreality [M]. London: Picador, 1987.

[6] Rob Shields. Spaces for the Subject of Consumption [C] //R. Shields. Lifestyle Shopping: The Subject of Consumption. London: Routledge, 1992; Rob Shields. The Individual, Consumption Cultures and the Fate of Community [C] //R. Shields. Lifestyle Shopping: The Subject of Consumption. London: Routledge, 1992.

[7] Iain Chambers. Border Dialogues: Journeys in Postmodernity [M]. London: Routledge, 1990; Chetan Bhatt. Liberation and Purity: Race, New Religious Movements and the Ethics of Postmodernity [M]. London: UCL Press, 1997.

一、定义后现代主义

正如斯马特（Smart）所指出的，后现代主义是一个极具争议的术语，是一个在学术领域相关理论以及政治支持者中引起高度激烈反应的术语。[1] 这一观点得到了赫伯迪格的认同，他将后现代主义描述为“既不是同质的实体，也不是有意识指导的一场‘运动’，（而是）一种理论空间、一种‘状态’、‘一种困境’和一个难点……在其中相互矛盾的意图、定义和不同社会思想倾向以及力量之间的影响相互汇合与冲突”。[2] 正如这些研究观察所暗示的那样，后现代主义不只是在社会科学中得到广泛的应用。此外，后现代主义的影响也可以在地理、神学、文学批评和艺术等一系列学科中看到。不过，在不同的学科中以及它们对后现代主义的不同解释中，有一个特别的共识认识：后现代主义至少与第二次世界大战结束后，在全球范围内发生的重大社会变革有关。有人认为这些转变的根源，在于人们对启蒙运动所界定的思想和信仰原则持怀疑拒斥态度。启蒙运动对理性、科学解释的强调，以及对人类理性和判断能力的强调，从根本上塑造了现代性的物质和思想属性。正如詹克斯（Jenks）所指出的：

> 启蒙运动确立了一整套具备典型动机与共同目标的典型特征，也就是说，为现代性历史提供了一种宏大叙事模式。理性要战胜信仰，人类要成为万物的尺度，自然要被

[1] Barry Smart. Postmodernity [M]. London: Routledge, 1993: 11.

[2] Dick Hebdige. Hiding in the Light: On Images and Things [M]. London: Routledge, 1988: 200.

镇压并为人类服务，时间是从黑暗到光明的过渡来衡量的，这是一种转变和一种被称为进步的道德评价体系。❶

在20世纪后半叶，持有这种价值观的现代主义意识形态开始崩溃。由世界大战和迫害记忆所引发的对技术合理化的怀疑，伴随着对工业废料和自然资源污染问题的日益关注，使得人们逐渐对现代性所强调的科学和进步丧失信心。❷ 事实上，正如库马尔（Kumar）所指出的，这种“信心危机”已经蔓延到了科学家自己身上。他们现在不仅质疑科学在全世界的广泛应用，还针对被给予特别地位的科学理解方式提出了许多引人不安的问题。❸ 现代主义意识形态衰落的另一个因素，是世界上许多地区对西方统治和殖民统治的不安与不满。这在大众层面上凸显出长期以来针对西方世界发展哲学和道德的争论，即西方国家对科学技术发展的重视如何转化为一种强有力的文化帝国主义，并将其发展模式强加给第三世界国家。❹

因此，后现代主义兴起的关键在于现代性世界秩序权威话语权诉求的衰弱。正如利奥塔（Lyotard）所观察到的那样，后现代性涉及对现代性这种思想和道德权威主张的去合法化：“在当代社会和文化中，后工业社会、后现代文化中，知识合

❶ Chris Jenks. Culture [M]. London: Routledge, 1993: 138.

❷ Barry Smart. Postmodernity [M]. London: Routledge, 1993.

❸ Krishan Kumar. From Post – Industrial to Post – Modern Society: New Theories of the Contemporary World [M]. Oxford: Blackwell, 1995: 134.

❹ John Tomlinson. Cultural Imperialism: A Critical Introduction [M]. London: Pinter, 1991.

法化的问题是以不同的方式表述的。宏大叙事失去了其可信度。”❶ 利奥塔认为，现代性宏大叙事力量和影响力的下降，与“第二次世界大战以来科学技术的蓬勃发展”直接对应，后者给日常生活灌注了多种话语和知识。❷ 利奥塔还指出，在这方面起到至关重要影响的是新形式的电子媒介。自 20 世纪 50 年代以来，电子媒介便在日常生活中扮演着越来越重要的角色。事实上，正如史蒂文森❸所观察到的，我们今天对媒体的依赖就是为了满足日常的需求——诸如新闻、教育、休闲娱乐等——当代文化实际上是一种“媒介文化”。格根（Gergen）也表达了类似的观点，他认为文化媒体产品构成“日常动力的主要来源”❹（另见凯勒［Kellner］，1995）❺。媒体推动的图像和文本流动，对现代性话语的颠覆起到了重要作用，这不仅与知识和观念有关，而且与图像和物体所依附的意义有关。康纳认为，在图像、物体中定义意义和真实性的权力已经有效地从艺术家或创作者的手中挣脱出来，被推进观众的无限多元的主观性领域：

> 大众文化媒体……似乎在结构上具体化为一个努力改变特定物理媒介的、超越现代主义叙事的个体艺术家形象。

---

❶ Jean - François Lyotard. The Postmodern Condition: A Report on Knowledge [M]. Manchester: Manchester University Press, 1984: 37.

❷ Jean - François Lyotard. The Postmodern Condition: A Report on Knowledge [M]. Manchester: Manchester University Press, 1984: 37.

❸ Nick Stevenson. Understanding Media Cultures [M]. London: Sage, 1995.

❹ Kenneth J. Gergen. Postmodern Culture and the Revision of Alienation [C] //F. Geyer. Alienation, Ethnicity, and Postmodernity. London: Greenwood Press, 1996: 123.

❺ Douglas Kellner. Media Culture [M]. London: Routledge, 1995.

独特，永恒和超越……似乎在可复制电影和视频艺术中已经不可避免地让位给多样性、短暂性和匿名性。❶

正如上述评论所表明的，造成这种意义“丧失”的不只是艺术家/创作者向观众传递的图像和信息。此外，媒体本身也以一种越来越武断的方式发挥着作用，不断地以跨越现代主义者的空间、时间、政治或话语的方式，解构和重新阐释图像和信息。在讨论电视和视频的关系时，康纳认为，从后现代主义者的视角来看，这些媒介方式在其形式上代表了对现代主义审美模式霸权的挑战。❷ 类似的观点在凯勒的研究观察中也很明显：“如果说电视史的大部分时间里，叙事故事一直被视作一个游戏，那么在后现代的电视形象描述中，叙事的重要性往往被分散了。”❸ 后现代视觉媒体的这一内容在卡普兰（Kaplan）针对音乐电视频道（MTV）的研究中进一步深化。卡普兰认为，“音乐电视频道模糊了过去、现在和未来之间的区别，同时也模糊了大众和前卫、不同审美流派和艺术模式之间的区别。”❹ 卡普兰认为，在这方面音乐电视频道顺应了一种也可以在其他形式的当代媒体，尤其是广告、电影、信息技术和互联网等新媒体行业中看到的模式，而这一模式下的媒体主题和内容都反映出后现代的转向。每一件陈列物都展示出赫伯迪格所称的对

❶ Steven Connor. Postmodern Culture：An Introduction to Theories of the Contemporary［M］. Oxford：Blackwell，1989：158.

❷ Steven Connor. Postmodern Culture：An Introduction to Theories of the Contemporary［M］. Oxford：Blackwell，1989：163.

❸ Douglas Kellner. Media Culture［M］. London：Routledge，1995：235.

❹ E. Ann Kaplan. Rocking Around the Clock：Music Television，Postmodernism and Consumer Culture［M］. London：Methuen，1987：144.

镜子、图标和表面的有趣“迷恋”，[1] 因为文本和图像是从原初语境中提取出来的，并被重新任意排序，在这种情况下，原有意义消失，而新的含义又衍生出来。

二、符号与所指

在后现代社会中，这种视觉和文本重组的直接结果是符号和所指之间曾经固定的关系被打破；事实上，文本和图像变成了自由漂浮的能指。[2] 鲍德里亚（Baudrillard）认为，后现代性有效地消除了符号和所指之间的固定性，所有文本和视觉意义现在基本上都是流动的和任意的。贝斯特（Best）和凯勒通过研究观察支持鲍德里亚的论点：

> 能指不再受客观现实或预先存在的需要或使用价值的约束，可以自由浮动，通过对编码差异和联想链的操纵来建立自己的意义……（能指）从与所指的任何稳定关系中解脱出来，符号指向世界内一种不同的指称物，能指成为指向自己的指称物。[3]

这一结果导致“模拟与真实、图像与现实”之间的界限变得模糊。[4] 个人因此陷入了一个模拟的世界，在这个世界里，

[1] Dick Hebdige. Hiding in the Light: On Images and Things [M]. London: Routledge, 1988: 192.

[2] Jean Baudrillard. Simulations [M]. New York: Semiotext (e), 1983.

[3] Steven Best, Douglas Kellner. The Postmodern Turn [M]. London: The Guildford Press, 1997: 99.

[4] Zygmunt Bauman. Intimations of Postmodernity [M]. London: Routledge, 1992: 150.

一连串的快速图像和表征成为主要的参考形式。意义，尽管在后现代社会能够流通，但本质上是脆弱的和富有争议的。因此，正如罗伊·波特（Roy Porter）所发现的：

> 感谢20世纪——经由大众传播、高科技媒体、广告和宣传行业，以及遍布地球村的图像帝国——所形成的意识革命，现代人现在居住在一个人工的、密封的娱乐穹顶里。没有什么是永恒的，所有东西都是一个以符号扩散为主的令人眼花缭乱的模拟剧场里所看到东西的映射……意义是由一个主导符码的无休止象征性交流产生的，并且其言语完全是自我指涉的。[1]

根据鲍德里亚的观点，这一结果是实相的死亡，也就是说，“是一种彻底转变的经验，一种并未破坏意义与内涵的中和”。[2]鲍德里亚对这一过程所作的最著名、也是最具争议性的例证，便是他对1991年海湾战争的解释。鲍德里亚（1991）在盟军轰炸行动开始前为英国报纸《卫报》（*the Guardian*）撰写的一篇关于战争的报道[3]暗示，海湾战争的真实情况只是媒体描述的总和，其效果是“发生了一场‘虚拟战争’……一场语言和图像的战争，一场模拟的谋杀和毁灭，而不是真正的死亡”。[4]这使得鲍德里亚声称海湾战争不曾“发生”，图像和文本被媒体

---

[1] Roy Porter. Baudrillard: History, Hysteria and Consumption [C] //C. Rojek, B. S. Turner. Forget Baudrillard? . London: Routledge, 1993: 1 - 2.

[2] Jean Baudrillard. Simulations [M]. New York: Semiotext (e), 1983: 53.

[3] Jean Baudrillard. The Reality Gulf [N]. The Guardian, 1991 - 01 - 11 (25).

[4] Nick Stevenson. Understanding Media Cultures [M]. London: Sage, 1995: 194.

操纵，产生了一种“模拟”的冲突。虽然鲍德里亚的叙述后来被海湾战争更加严酷的现实情况所取代，但有人认为，鲍德里亚论点实质上是针对媒体表现和模拟对个人“现实”感知的影响进行了较为广泛的分析，并且这一分析中包含一个不可辩驳的真理。因此，根据贝斯特和凯勒观点：

> ……1991 年的海湾战争展示了大众传媒在构建“现实”方面不可思议的力量。尽管这场战争对伊拉克人民和环境的现实破坏力实在太大了，它真实的广泛影响性却被媒体的大量信息所掩埋，这些信息将战争编码为一种善与恶的斗争。❶

拉什（Lash）进一步思考了媒体对后现代社会日常生活体验的影响，并将其研究讨论扩展到日常休闲和消费实践等更为人熟悉和日常的领域。根据拉什的观点：

> 在后现代主义中，与其说是我们感知时间和空间的方式发生了改变，不如说是我们所感知的东西产生了变化。在电视里，在视频里，在信息技术的传播中，在随身听上，在汽车里，在广告中，在我们看到的大量出现的流行杂志中，我们所感知到的都是表象，并且大多是图像。我们生活在这样一个社会，我们的感知几乎和“现实”一样经常指向表象。这些表象构成了很大一部分我们所感知到的现

❶ Steven Best，Douglas Kellner. The Postmodern Turn ［M］. London：The Guildford Press，1997：108.

实，并且/或者可以说我们对现实的感知越来越依赖于这些表象。❶

在后现代社会，表象的力量是如此强大，以至于它成为日常经验的主要形式。事实上，日常生活都只是一个巨大的模拟物……永远不再与现实之物转换，而是在一个没有参照的不间断循环线路中自我转换。❷ 正如鲍德里亚所说，后现代社会中个体将日常作为一系列非文本化的意象和参照物来体验，它们只与彼此相关，而不是与某一固定的、客观的现实概念相关。鲍德里亚在他的《美国》（1988）一书中阐述了这一论点。这部已经成为著名后现代长篇游记的作品，记录了鲍德里亚在美国乡村和城市景观的一次汽车旅行，鲍德里亚把经过挡风玻璃的图像比作电视屏幕上的图像。正如特纳反思鲍德里亚对这段旅程的理论化时所指出的："以游客和闲逛者的身份阅读汽车屏幕，与像偷窥狂般期待电视频道的观众是一样的……阅读汽车屏幕是对一系列符号的偷窥消费，是通过超现实进行的无感情的，因此也是一种自私的浏览。"❸

鲍德里亚的《美国》一书本质上是其媒体再现理论的总结，也是一种对"真实"的描述，根据鲍德里亚的说法，这样的"真实"，是生活在媒体饱和状态的当代社会个人唯一能够欣然接受的观念。对鲍德里亚来说，参与日常生活便等同于对

❶ Scott Lash. Sociology of Postmodernism [M]. London: Routledge, 1990: 23-24.

❷ Jean Baudrillard. Simulacra and Simulations [C] //P. Brooker. Modernism/Postmodernism. London: Longman, 1992: 152.

❸ Bryan S. Turner. Cruising America [C] //C. Rojek, B. S. Turner. Forget Baudrillard? . London: Routledge, 1993: 154.

一种去语境化视觉和文本碎片进行不确定性筛选，而这些碎片资源来源于后现代状况下的个人日常生活经验。

三、超现实

后现代性通过文本和图像的连续播放来改变“现实”的效果，也被解释为从“真实”到“超真实”的转变。❶ 根据艾柯（Eco）的说法，“超真实”描述了一系列诱人的模拟体验，尤其体现在世界各地城市和乡村地区日益流行的主题公园和相关休闲设施中。在《超现实旅行》❷ 一书，艾柯思考了超现实对当代美国日常生活的影响。根据艾柯观点，超现实在后现代状态中的中心地位，体现在美国人对现实主义的痴迷中。因此，艾柯指出，从中世纪欧洲城堡到西部荒野城镇，美国景观中无处不在的“完美”复制品和“真实”复制品，有效地消除了“真”与“假”、真实与再现之间的界限，创造了“一个时空迷雾，其中几乎所有东西都可以出现”。❸ 正如佩里（Perry）所观察的，在新的日常语境中，这种对曾经固定文化指称的任意再文本化，说明了“文化与身份，以及那些据称是它们范畴内部认知效能之间不断变化的关系”。❹ 将佩里的观察与艾柯对后现代超现实景观的描述联系起来，后现代转向对文化符号和艺术品的重要影响便变得明确清晰。曾经被视为区分特定民族文化

---

❶ Umberto Eco. Travels in Hyperreality [M]. London: Picador, 1987; Jean Baudrillard. Simulacra and Simulations [C] //P. Brooker. Modernism/Postmodernism. London: Longman, 1992.

❷ Umberto Eco. Travels in Hyperreality [M]. London: Picador, 1987.

❸ Barry Smart. Europe/America: Baudrillard's Fatal Comparison [C] //C. Rojek, B. S. Turner. Forget Baudrillard?. London: Routledge, 1993: 53.

❹ Nick Perry. Hyperreality and Global Culture [M]. London: Routledge, 1998: 97.

和文化群体的标志物，现在流入了后现代性大熔炉。与晚期现代消费主义的对象一样，传统文化遗产的各个层面已经从其原有的文化背景中大幅动摇，并重新定位为一种短暂出现的景观和凝视对象，采用与其他消费对象几乎相同的方式被消费和处置。

而鲍德里亚在对超现实日常生活经验轨迹的描绘上又前进了一步。根据鲍德里亚的观点，这就是后现代性的模拟仿真力量，它已经有效取代了“真实”；无处不在的超现实是如此真实，以至于任何真实与超真实之间的区别都纯粹是幻觉。鲍德里亚以迪士尼乐园为例阐述了这一论点，他认为，迪士尼乐园在国家景观中假设了一种隐喻性存在，实际上，乐园内的所有东西都可以被归结为拟象和超现实。因此，鲍德里亚表明：“当整个洛杉矶和其围绕着的美国都不再是真实的，而是成为超现实和拟象的秩序时，迪士尼乐园便被展现为虚构幻想的，目的是让我们相信其余都是真实的。”❶

四、后现代身份

如果后现代性被理解为一个使社会结构发生根本变化的过程，反过来它在个人，特别是与身份概念相关的层面，也具有重大意义。在当代社会背景下，后现代状态日渐增强的影响效力渗透进入日常生活，这一状态已经成为针对个人身份性质与形成讨论中的一个关键问题。大致可以划分出三种关于个人明确含义的主要观点。一部分解说者认为，后现代主义已经将个

❶ Jean Baudrillard. Simulacra and Simulations [C] //P. Brooker. Modernism/Postmodernism. London: Longman, 1992: 154.

人主体去中心化到这样的一种程度，身份概念变得微弱和浅薄，并与构成后现代社会日常“现实”基础的不断播放的文本图像相对应。库马尔认为：（后现代性）的“去中心化”主题不再从历史或时间的角度考虑他/她的身份……相反，后现代自我认为自己是一个间断的实体，某种（或多种）身份的形成需要在中立的时间中重塑。❶ 现代性的侵蚀被认为对日常生活的基础和结构特征（如阶级、性别、种族、职业、教育等）日渐产生破坏影响，只有通过这些特征个人才能正式了解自我以及自我与他人的关系。后现代性的开始由此被认为伴随着个人主体的分裂而来，而个体主体的分裂“进入一种兴奋的强度，破碎分裂……不再具有理想的现代自我具有的深度、实体性和一致性”。❷ 詹姆逊（Jameson）也提出了类似的观点，他认为后现代主体“成功超越了个人主体定位自身的能力，个人以感性方式组织其周围环境，并且在可绘制的外部世界以认知方式了解自己的定位”。❸

沙赫特（Schacht）提出这样一种后现代主义对个人主体影响的悲观解读，指出与后现代状况相关的文化的碎片化导致一种日益加深的异化感。根据沙赫特的说法，人类有一种基本的“确认某种身份的需求”。❹ 在现代性语境中，这种身份确认是

---

❶ Krishan Kumar. From Post – Industrial to Post – Modern Society：New Theories of the Contemporary World ［M］. Oxford：Blackwell，1995：147.

❷ Douglas Kellner. Popular Culture and the Construction of Postmodern Identities ［C］ //S. Lash and J. Friedman. Modernity and Identity. Oxford：Blackwell，1992：144.

❸ Fredric Jameson. Postmodernism and Consumer Society ［C］ //P. Brooker. Modernism/Postmodernism. London：Longman，1992：175.

❹ Richard Schacht. Alienation Redux：From Here to Postmodernity ［C］ //F. Geyer. Alienation，Ethnicity，and Postmodernity. London：Greenwood Press，1996：1.

通过基于家庭、亲属关系或职业关系的共同性表达实现的。正是经由扎根于日常生活存在的这些形式，个人获得了“他们是谁”的感受以及自我与他人之间关系的这种价值和意义。正如沙赫特所观察到的，“所有人类身份或自我认同（如果拥有不止一种功能的话）不单单是生理性的，而是建立在与周围世界的关系之上”。[1] 沙赫特认为，后现代转向导致一种突然的转变，将这种根深蒂固的社会认同形式转变为一种新的流动状态。在流动状态下，个人与曾经塑造他们日常文化存在的原始纽带相疏远，逐渐变得以自我为导向和以自我为利益为主体。根据沙赫特的说法，“个人遨游于后现代性的广阔洋面……参与到身份塑造的游戏中”[2]，这反过来又对日常生活性质产生深刻的、潜在的病态影响：“取代了占主导地位的文化种类、民族、社会物质及其现代残余物，只有大量丰富的社会与文化形态，而对其中任何一项的参与都是可选择的与规范上中立的。”[3]

然而，根据第二个流派的观点，后现代性对个人产生了截然不同的影响。有人认为，后现代主义并没有导致“自我”的丧失或削弱，而是对个体产生解放影响。“后现代”的自我是一种摆脱了现代社会支配结构限制的自我，后者即社会结构迫使个体的身份表达遭受限制和约束。正如麦肯奈尔（MacCannell）和麦肯奈尔注解中指出的，后现代主义的一个关键影响是它“证明了所有‘价值观’的任意性，尤其是那些在现代社会

[1] Richard Schacht. Alienation Redux：From Here to Postmodernity ［C］ //F. Geyer. Alienation，Ethnicity，and Postmodernity. London：Greenwood Press，1996：6.

[2] Richard Schacht. Alienation Redux：From Here to Postmodernity ［C］ //F. Geyer. Alienation，Ethnicity，and Postmodernity. London：Greenwood Press，1996：13.

[3] Richard Schacht. Alienation Redux：From Here to Postmodernity ［C］ //F. Geyer. Alienation，Ethnicity，and Postmodernity. London：Greenwood Press，1996：10.

中用以保持地位和作出区分的那些类别”。[1] 从这个角度来看，后现代性的一个中心特征是赋予个人主体权力，允许他们建构一种脱离阶级和传统限制与约束的身份。在后现代社会中，消费的自由就是一种个人可以根据喜好采取想象和随之而来的感受力，选择自我身份的自由。这一观点得到了费瑟斯通的支持，他认为后现代个人通过组合装配体现个性的商品、服装、实践、经验、外表和整体气质，将其设计成一种生活方式，以此展示他们的个人特征和风格感。[2] 因此，这指出，如果消费主义物品和资源能够有效塑造后现代身份，那么身份就不能再被描述为固定的，而必须被看作一种更具流动性的结构，可以获得精心制造和改变。事实上，根据谢尔兹（Shields）的说法，当代个人表现出一种“后现代的‘人格面具’，（其）多重身份可以构成戏剧伪装——个人不再被简单地理论化为统一的自我”。[3] 鲍曼（Bauman）也表达了类似的观点，他认为在后现代世界里，快用快弃的消费主义形象和物品所塑造出来的“身份可以像换衣服一样被接受和抛弃”。[4]

另一些观察者指出，后现代主义的关键作用在于创造了一个表达身份的“第三”空间，这一空间既不受到预先确定的结

---

[1] Dean MacCannell, Juliet Flower MacCannell. Social Class in Postmodernity: Simulacrum or Return of the Real? [C] //C. Rojek, B. S. Turner. Forget Baudrillard? . London: Routledge, 1993: 126.

[2] Mike Featherstone. Consumer Culture and Postmodernism [M]. London: Sage, 1991: 86.

[3] Rob Shields. Spaces for the Subject of Consumption [C] //R. Shields. Lifestyle Shopping: The Subject of Consumption. London: Routledge, 1992: 16.

[4] Zygmunt Bauman. Postmodernity and its Discontents [M]. Cambridge: Polity, 1997: 88.

构特征的严格约束，也不是完全不受约束和任意的。❶ 正如郎格曼（Langman）和斯卡坦伯洛（Scatamburlo）所观察到的，这种对后现代身份的“辩证法”理解允许身份的协商和调整，同时“在更为广泛的政治、经济和文化背景下定位自我和多种身份形成”。❷ 这种后现代“第三空间”的概念导致许多人试图重新思考与阶级、性别和种族等结构性定义类别相关的身份形成过程。这项研究并未声称上述范畴在后现代社会中完全消失或变得无关紧要，而是表明它们被转变成更易变的和更具反思性的社会认同表达方式。正如钱伯斯（Chambers）所指出的：

> 人种、性别、阶级、性征和种族性的现实不仅越来越多地（在精神和政治意义上）被表达，而且通过“人工”语言，如象形文字、商品及相伴随的符号等，在社会产生影响和被构成。❸

钱伯斯认为，后现代社会中，个人对自我身份表现出更为积极、更具反思性的投入关注。这一改变过程的内在原因在于试图拒绝，或最好是，与那些在现代性中支配身份归属的限制性意识形态作出协商。郎格曼和斯卡坦伯洛认为，这样造成的

---

❶ Lauren Langman, Valerie Scatamburlo. The Self Strikes Back: Identity Politics in the Postmodern Age [C] //F. Geyer. Alienation, Ethnicity and Postmodernity. London: Greenwood Press, 1996: 128.

❷ Lauren Langman, Valerie Scatamburlo. The Self Strikes Back: Identity Politics in the Postmodern Age [C] //F. Geyer. Alienation, Ethnicity and Postmodernity. London: Greenwood Press, 1996: 128.

❸ Iain Chambers. Border Dialogues: Journeys in Postmodernity [M]. London: Routledge, 1990: 71.

显著影响是现代性伴随着“对差异、多样性和不确定性的欢庆”解构了白人男性的身份特权。[1]

后现代性促进“那些在历史上被（现代主义）叙事大师所淹没的声音的产生”，这一观点得到了麦克罗比（McRobbie）的明确支持。[2] 麦克罗比引用了后现代主义对与现代性相关的主导父权话语的明显破坏，以及她所称的新女性特质的出现，作为这一过程的例证。麦克罗比认为，新女性特质反映了一系列新兴女性情感，这些新观念挑战了“主要将女性（以及年轻女性的未来）与家庭或者低薪工作和兼职工作捆绑在一起的旧家庭内部协定”。[3] 麦克罗比认为，这种关于女性社会角色和女性特质的本质论观念，已经被一种新的女性特质话语所颠覆，这种新的观点较少涉及女性性别角色的定义，而更多的是探索女性特质创造和表达的多种可能性。麦克罗比认为，这样做的结果使得“整个社会对作为一个女人应该做什么产生更多不确定性”。[4]

关于后现代主义对于宗教以及随之而来的认同问题，人们已经提出了一系列类似论点。例如，布哈特（Bhatt）观察到，宗教身份现在在很大程度上是媒体表现和传统话语相互复杂作用影响下的产物。这一现象的结果是，那些曾经由宗教机构和

---

[1] Lauren Langman, Valerie Scatamburlo. The Self Strikes Back: Identity Politics in the Postmodern Age [C] //F. Geyer. Alienation, Ethnicity and Postmodernity. London: Greenwood Press, 1996: 128.

[2] Angela McRobbie. Postmodernism and Popular Culture [M]. London: Routledge, 1994: 15.

[3] Angela McRobbie. Postmodernism and Popular Culture [M]. London: Routledge, 1994: 157.

[4] Angela McRobbie. Postmodernism and Popular Culture [M]. London: Routledge, 1994: 157.

国家确定的教义现在经常受到挑战和质疑。布哈特指出，这其中的一个显著特征是新的“跨国势力（如泛伊斯兰复兴）扰乱了……基于民族主义的宗教认同”。❶ 后现代性也被认为对散居海外者，像那些来自非洲、印第安次大陆和世界上其他地区流离失所群体的集体身份产生了相当大的影响，由于奴隶制度、政治或宗教动乱以及恶劣的社会经济条件等各种因素，这些个人要么被强行驱逐，要么自愿选择离开故土。❷ 这些流散人口在与自己文化往往是截然不同的城市和地区，试图适应新的日常环境，这就导致新兴民族认同表现形式形成，这些新的表现形式有选择地利用传统、宗教和政治意识形态的各个方面内容，并将这些与来自新环境的文化元素相结合。在几代人的时间中，这种对文化情感和意象的创造性尝试促成了贝克（Back，1996）❸ 所说的“新民族”的创造。这一点在他研究20世纪70年代初出现于纽约南布朗克斯区的一种音乐、舞蹈和街头艺术形式，即嘻哈音乐的著作中得到了有效说明❹（另见第六章）。罗塞尔·波特形容嘻哈是一种“持续性的，高度复杂的后现代

---

❶ Chetan Bhatt. Liberation and Purity: Race, New Religious Movements and the Ethics of Postmodernity [M]. London: UCL Press, 1997: 91.

❷ Paul Gilroy. The Black Atlantic: Modernity and Double Consciousness [M]. London: Verso, 1993; George Lipsitz. Dangerous Crossroads: Popular Music, Postmodernism and the Poetics of Place [M]. London: Verso, 1994.

❸ Les Back. New Ethnicities and Urban Culture: Racisms and Multiculture in Young Lives [M]. London: UCL Press, 1996.

❹ George Lipsitz. Dangerous Crossroads: Popular Music, Postmodernism and the Poetics of Place [M]. London: Verso, 1994; Russell A. Potter. Spectacular Vernaculars: Hip Hop and the Politics of Postmodernism [M]. New York: State University of New York Press, 1995.

主义”。❶ 波特认为，至关重要的是，嘻哈音乐让非裔美国人重视打开美国与种族权力相关的历史文化主导话语，并根据其他可选择的批判标准重新评估这些话语。因此，波特认为：

> 如果说后现代主义艺术困扰于一种滞后感，一种生活在现代主义结构废墟内的被抛弃感……那么在这个历史关头，非裔美国人的艺术——尤其是嘻哈——形成自己的独特风格，便不足为奇了……对许多在美国的非裔美国人来说，对20世纪60年代政治经济民权运动梦想的失望，再加上市中心日益恶化的经济状况，共同带来了类似的边缘生活感……（嘻哈）在过去的黑人传统基础上“扭转局面”，从过去的历史文件碎片中创造出一片未来，将消费转化为生产过程。❷

对波特来说，嘻哈对现代主义意识形态的批判性杠杆作用，使其可以为历史上曾经是权利被剥削群体的非裔美国人提供一种重要的赋权形式。此外，正如利普西斯（Lipsitz）所观察到的，当把嘻哈放在全球范围内时，它可以被视为一种文化形式，能够象征性地将世界各地分散的非洲共同体成员联系在一起，“为其争取身份、自治和权力而开辟了文化、社会和政治空间”。❸

---

❶ Russell Potter. Spectacular Vernaculars: Hip Hop and the Politics of Postmodernism [M]. New York: State University of New York Press, 1995: 13.

❷ Potter, A. Russell. Spectacular Vernaculars: Hip Hop and the Politics of Postmodernism [M]. New York: State University of New York Press, 1995: 18.

❸ George Lipsitz. Dangerous Crossroads: Popular Music, Postmodernism and the Poetics of Place [M]. London: Verso, 1994: 27 – 28.

五、后现代性与“社会”

正如对后现代身份的矛盾解读所暗示的那样，关于后现代状况下的“社会”命运也有非常多的讨论。鲍德里亚[1]认为，后现代性中与媒介饱和相关的意义内爆造成了一种大众的冷漠状态，并最终导致“社会的死亡”。正如斯马特所注意到的，根据鲍德里亚观点：“大众反对和抵制‘意义所下达的最后通牒’，用拒绝意义和‘观看的意愿’来对抗它。”[2] 这种后现代的“社会死亡”也是贝克（1992）[3]“风险社会”概念的核心，尽管原因与鲍德里亚描述的有所不同。贝克认为，风险社会的核心是对社会日益依赖的科学技术，以及重视“使世界变得更加复杂和不可知”的专业名词和科学术语的一种焦虑和不信任。[4] 正如贝克所观察到的：“随着知识和技术的飞速发展，我们被抛在了无知之中，越来越无法理解我们所依赖的机器，因此无法计算出它们出错的后果。”[5]

贝克继续思考这种焦虑如何反过来引起人们对一系列其他问题的关注，从全球环境灾难的威胁到例如艾滋病和克雅氏病等危及生命病毒和疾病的传播。贝克认为，风险和不确定性的直接后果是一种新的个人主义情感，即认为个人的需求优先于

---

[1] Jean Baudrillard. Simulations [M]. New York: Semiotext (e), 1983.

[2] Barry Smart. Europe/America: Baudrillard's Fatal Comparison [C] //C. Rojek, B. S. Turner. Forget Baudrillard? . London: Routledge, 1993: 54.

[3] Ulrich Beck. The Risk Society: Towards a New Modernity [M]. trans. M. Ritter. London: Sage, 1992.

[4] Ulrich Beck. Politics of Risk Society [C] //J. Franklin. The Politics of Risk Society. Cambridge: Polity, 1998: 13.

[5] Ulrich Beck. Politics of Risk Society [C] //J. Franklin. The Politics of Risk Society. Cambridge: Polity, 1998: 13.

社交网络的集体福祉（另见道格拉斯［Douglas］，1992[1]）。贝克这方面的思想由弗雷迪（Furedi）延续，他指出，由风险引起的威胁和不确定性导致了一种“恐惧文化”，这种文化基于这样的集体感受，即认为世界突然变成一个非常不安全的居住地。根据弗雷迪的说法，个人对已感知环境的如此反应是对社交世界的一种大规模“封锁”，并且此种行为只是努力为自己和直系亲属获取最大程度的个人舒适和安全感。因此，弗雷迪观察到：

> 风险意识的传播影响了人们理解他们所处环境的方式……英雄绝对地过时了……现在积极倡导的是不冒险。由于人们对风险的无能为力得到了广泛的认同，有限的抱负追求已经日益获得接受……了解自己的极限，接受自己，被认为比实际结果更重要。[2]

贝克的风险社会概念也对一些其他社会理论家的研究工作产生影响。吉登斯（Giddens）认为，这种风险和不确定性对个人意识的影响，已经在各个层面上全面影响“关系和参与”的决策与方向目标。[3] 杜尔施密特（Dürrschmidt）支持这一观点，他认为风险社会已经形成一种更内倾的个人态度，而不是将自我视为同龄人、亲戚和朋友组成的社会/群体网络的一部分。因

---

[1] Mary Douglas. Risk and Blame: Essays in Cultural Theory［M］. London: Routledge, 1992.

[2] Frank Furedi. The Culture of Fear: Risk – Taking and the Morality of Low Expectation［M］. London: Cassell, 1997: 64 – 65.

[3] Anthony Giddens. Risk Society: The Context of British Politics［C］//J. Franklin (ed.). The Politics of Risk Society. Cambridge: Polity, 1998: 28.

此，杜尔施密特认为，生活在风险的阴影下，个人开始把“传记作为生成和构建生活空间的主要参照系”。[1]

针对这种对后现代主义社会影响的悲观解读，其他理论家试图理解后现代转向所带来的社会结构的变化，如何能够“生成”新的资源和关系凝结点。[2] 这反过来又引发了一系列关于后现代社会行为性质和功能的争论。例如，赫瑟林顿（Hetherington）借鉴了施马伦巴赫（Schmalenbach）的著作[3]，认为社会性并没有在后现代社会中消失，而是通过时间的凝聚或情感形式联想而产生的联系（Bünde）来体现。赫瑟林顿在这里指的是当代文化实践的集体形式，诸如粉丝圈和观众团、购物、参加俱乐部和体育活动等。在每一种情况下，集体性不是通过共同持有的传统的、群体规范和价值观来维持的，而是通过对特定活动的共同情感和物质投入，以及这种活动所产生的归属感和承诺感来维持的。正如赫瑟林顿所观察到的：“同盟是一种强烈的情感团结形式，它本质上是不稳定的，而且很容易迅速崩溃，除非它是通过其成员之间象征性的互动而进行有意识地维持。”[4]

赫瑟林顿认为，在后现代性中我们理解与集体相关的重要意义时，应与其现世性和流动性特征相联系。与基本上固定不

---

[1] Jörg Dürrschmidt. Everyday Lives in the Global City：The Delinking of Locale and Milieau ［M］. London：Routledge，2000：17.

[2] Stephen Crook. Minotaurs and Other Monsters：“Everyday Life” in Recent Social Theory ［J］. Sociology，1998，32（2）：523 –540.

[3] Herman Schmalenbach. On Society and Experience ［M］. edited by G. Lüschen and G. P. Stone. Chicago：The University of Chicago Press，1977.

[4] Kevin Hetherington. Stonehenge and its Festival：Spaces of Consumption ［C］//R. Shields. Lifestyle Shopping：The Subject of Consumption. London：Routledge，1992：93.

变的传统共同体关系不同，联系是个人之间通过展示和交换特定形式的知识和信仰，并且/或者参与共同形式的活动或实践而获得集体实现和自我理解的纽带。此外，正如赫瑟林顿所指出的，联系不管理个人，而是由个人管理，一个特定同盟的生存取决于个人在其保护下的持续性有意识投入。

马费索利（Maffesoli）在“新部落”概念中也对后现代社会的社会性提出了类似解释。值得注意的是，如果说赫瑟林顿将联系视为固有的、脆弱且不稳定的实体，不加以维护就会面临崩溃的危险，那么对于马费索利来说，新部落的本质就是其不可避免的脆弱性，这是新部落价值观的关键，因为新部落是理解后现代社会聚集的变化性及其社会性光环的手段。因此，根据马费索利的说法，新部落“没有我们所熟悉的僵化组织形式，它更多的是指某种氛围、一种心态，最好是通过喜欢的外表或生活方式形式来表达”。❶ 马费索利运用新部落的概念，以一系列基于休闲和生活方式的时间性联想模式，描绘了后现代社会背景下日常生活的特征。因此，他观察到：“（新部落）在各种体育集会中是可以感知到的，通过媒体的影响，这些集会具有一种熟悉的意义。我们可以在消费者……在百货公司、超市和购物中心的狂乱者身上看到新部落的运作。”❷

正如克鲁克（Crook）所指出的，马费索利的分析在缺乏对日常生活政治层面的关注上已经受到了批评，新部落理论似乎将其限制于狂欢节庆祝——一种跳出日常生活更为约束性方面

❶ Michel Maffesoli. The Time of the Tribes：The Decline of Individualism in Mass Society［M］. London：Sage，1996：98.

❷ Michel Maffesoli. The Time of the Tribes：The Decline of Individualism in Mass Society［M］. London：Sage，1996：98.

的浪漫化逃避主义。克鲁克指出，与其他社会文化理论家相比，马费索利并没有特别关注“对既定权力的反抗。而从肯定社会性和权力的意义上讲，反抗本身就是目的”。[1] 鲍曼对新部落的归属也有类似解释：

> 新部落的“存在”完全取决于个人决定，并以此作为支持部落忠诚的一种象征性标签。一旦决策被撤销或者成员的热情和决心消散，它们就会消失……新部落太过宽松，以至于无法从希望转变成实践。[2]

根据赫瑟林顿、马费索利和鲍曼等理论家的观点，后现代性的出现并不意味着社会的死亡，而是基于集体实践的世俗形式产生了新的社会性。此外，鉴于后现代社会信息和资源无限范围的可获得性，个人在特定情感群体之间进行选择的自由度要大得多，从而造成集体凝聚所内在的不稳定性。

六、后现代主义理论批评

后现代主义理论对当代社会背景下日常生活的本质、社会认同和集体文化实践的形成提供了许多有价值的见解。在最基本的层面上，针对身份问题以及与之相伴的在日常生活过程中被“建构”的文化实践，后现代主义社会发展研究形成一种更复杂的读解方式，充实并强化了后结构主义的理论观点，即认

---

[1] Stephen Crook. Minotaurs and Other Monsters: “Everyday Life” in Recent Social Theory [J]. Sociology, 1998, 32 (2): 537.

[2] Zygmunt Bauman. Intimations of Postmodernity [M]. London: Routledge, 1992: 137.

为当代的身份和文化表达必须被理解为反思性的，而不是简单的、自上而下的“被给予”或“被归因”。尽管如此，后现代主义理论也并非没有批评者，许多人认为，如果社会学理论的传统模式过于强调结构性力量在塑造和控制日常文化结构中的作用，那么后现代主义理论则走向了另一个极端。它假设了这样一个世界，在这一世界中所有约束都被一种新的社会秩序（混乱）替代，社会意义及其所产生的行动都是由自发的冲动所支配的，这种冲动是由一种永不停息的去语境化图像和文本所驱动的，而这些图像和文本的意义已经被简化为自由浮动的能指。卡利尼科斯（Callinicos）提出了这一论点，认为接受后现代主义的这个基本原则就是同意社会和文化理论家失去了批判的能动性。因此，他认为，后现代主义：

> ……准许一种知识分子的时髦主义。在一个具有现代主义艺术特征的世界里，激进知识分子必须放弃传统的理论研究任务，即重点揭示导致事物看起来如此的潜在结构。❶

卡利尼科斯认为，在把理论探究等同于现代性工程时，鲍德里亚和其他后现代主义倡导者剥夺了其学术探究的声音。这也同时导致了一种麻木乏味的观点，它并不承认现代性的负面特征，即使人们承认当代社会的日常生活或多或少呈现出“后现代”的特征，但在世界许多地方，现代性负面特征，尤其是

❶ Alex Callinicos. Against Postmodernism: A Marxist Critique［M］. London: Polity, 1989: 147.

不平等和资本主义剥削等，仍然影响深远。卡利尼科斯对后现代主义的批判，与利奥塔针对后现代社会的著名论述最为尖锐："折中主义是零度的……有人听雷鬼，看西部电影，午餐吃麦当劳，晚餐吃当地菜，在东京喷巴黎香水，在香港穿'复古'服装。"❶ 对此，卡利尼科斯认为：

> 这当然，取决于"你"是谁。这不仅仅是对个人偏好的评价，而是更为丰富。虽然利奥塔忽视了即使是在发达经济体中，大多数人对法国气味和远东旅行的乐趣都被剥夺。❷

贝斯特和凯勒在对鲍德里亚作品的批评中提出了大致相同的观点，将鲍德里亚认识描述为"一个法国城市中产阶级知识分子的意识形态视角，这些知识分子沉浸在一种非常特殊的经验模式中，脱离了不同民族群体的复杂现实及其日常斗争"。❸事实上，可以进一步指出，即使我们可以接受消费主义现在在许多当代社会环境中是比以前更容易接近的和无处不在的活动，但后现代主义理论家往往忽视这样一个事实，即扩大消费基础的实现与资本主义有着内在联系，并且这是消费主义在后工业时代生存的关键。根据卡利尼科斯的观点，一些理论家认为后现代主义也可以被解释为向晚期资本主义的过渡，其特征是

---

❶ Jean - François Lyotard. Rules and Paradoxes or Svelt Appendix [J]. Cultural Critique, 1986 (7): 76.

❷ Alex Callinicos. Against Postmodernism: A Marxist Critique [M]. London: Polity, 1989: 162.

❸ Steven Best, Douglas Kellner. The Postmodern Turn [M]. London: The Guildford Press, 1997: 17.

“促进大众市场的迅速实现”[1]（另见詹姆逊，1984[2]）。此外，卡利尼科斯认为，推动工业资本主义发展的大规模生产和剥削过程，不可避免地仍然是晚期资本主义的固有方面，唯一的区别是它们现在已经从第一世界转移到第三世界。

根据一些理论家的观点，这种在消费领域之外对生产的重新定位，进一步助长了当代社会的后现代转向“神话”。因此，正如麦肯奈尔所观察到的：“能够将拟像生产所依赖的行为标准创造的大部分成本具体化，并将各自的责任分离出来，这是晚期资本主义的天才之处和巨大机遇。”[3] 根据麦肯奈尔的说法，资本主义赖以生存的生产和伴随而来的剥削过程并没有消失，而只是继续“在幕后”进行，并且允许西方化的、以消费者为基础的社会内富裕个体，在不考虑那些对延续和享受西方消费主义休闲至关重要的产品的第三世界工厂和血汗工厂的生产下，继续从事他们公认的、理所当然的日常消费行为。贝斯特和凯勒也提出了相应的观点，他们指出，鲍德里亚和其他人认为“符号游戏”是后现代状态的征兆，但这也可以被解读为一种高科技的诱惑策略，晚期资本主义利用全球资本主义企业的全部力量，努力使其影响辐射更为广泛的土地和民众：

（鲍德里亚的）分析消除了先进资本主义的机构形式，

[1] Alex Callinicos. Against Postmodernism: A Marxist Critique [M]. London: Polity, 1989: 144.

[2] Fredric Jameson. Postmodernism or the Cultural Logic of Late Capitalism [J]. New Left Review, 1984, 146.

[3] Dean MacCannell, Juliet Flower MacCannell. Social Class in Postmodernity: Simulacrum or Return of the Real? [C] //C. Rojek, B. S. Turner. Forget Baudrillard?. London: Routledge, 1993: 138.

这似乎使得他的论述走向这样的方向，并导致（或说误导）他得出了这样的结论：资本主义已不复存在。鲍德里亚对后现代拟像的封闭性的坚持，与其说是对当代社会现实的准确描述，不如说是对资本主义想象的一种内射和投射，即一种拥有无缝贴合、完全神秘化和完美支配的梦想。❶

类似的批评也针对后现代理论家从“真实”向“超现实”转变的主张❷，争论点依旧是，这种解读仅涉及那些拥有闲暇时间和经济资本，可以享受媒体和消费行业诱人模仿的西方化公民❸。此外，有人认为，由于西方社会理论家本身实际上被困在这个媒体和消费者驱动的世界中，因此他们对日常生活的后现代解释常常受到他们自己（错误）观念的限制。❹ 斯马特❺对鲍德里亚《美国》❻ 研究的批评，有效地抓住了后现代主义写作中的这一缺陷。根据斯马特的观点，尽管鲍德里亚对美国的看法新颖而引人注目，但在很大程度上这是作者自己浪漫主

❶ Steven Best, Douglas Kellner. The Postmodern Turn [M]. London: The Guildford Press, 1997: 117.

❷ Umberto Eco. Travels in Hyperreality [M]. London: Picador, 1987; Jean Baudrillard. Simulacra and Simulations [C] //P. Brooker. Modernism/Postmodernism. London: Longman, 1992.

❸ Pierre Bourdieu. Distinction: A Social Critique of the Judgement of Taste [M]. trans. R. Nice. London: Routledge and Kegan Paul, 1984.

❹ Alex Callinicos. Against Postmodernism: A Marxist Critique [M]. London: Polity, 1989; Steven Best, Douglas Kellner. The Postmodern Turn [M]. London: The Guildford Press, 1997.

❺ Barry Smart. Europe/America: Baudrillard's Fatal Comparison [C] //C. Rojek, B. S. Turner. Forget Baudrillard? London: Routledge, 1993.

❻ Jean Baudrillard. America [M]. trans. C. Turner. London: Verso, 1988.

义叙事的产物："鲍德里亚所呈现的美国是通过他的汽车（影院）屏幕看到的（场景）。一次旅行，一条路线，一种旅行形式和一种愿景。"❶ 斯马特继续辩称道，鲍德里亚对美国的解读，仅是好莱坞对观众心灵陶醉的一种表现。因此，斯马特认为："鲍德里亚已经到达了他所占领的美国，被美国所控制，成为电影符号帝国的殖民地。"❷ 丹津也对鲍德里亚的作品提出了类似批评：

> （鲍德里亚）可以很方便地从明尼阿波利斯坐慢车，沿着密西西比河走到新奥尔良。对这个国家的另一种描述可能在旅行中自我显现：带有性爱色彩的铁路栏杆扶手，美国铁路公司的褪色车厢里装满了醉酒的黑人，微波炉晚餐，带着随身听的日本游客，指挥员在清晨呼喊孟菲斯，手指格雷斯兰，涂着爱德华·霍珀色彩的城乡风景，通宵晚餐，西部乡村音乐，新奥尔良爵士乐，卡朱恩的海湾乡村，无限延伸到墨西哥湾的水路桥梁……但是美国火车并不是为欧洲旅客准备的，鲍德里亚也不是在寻找这个版本的美国。❸

根据丹津（Denzin）当时的说法，鲍德里亚对美国的解读是尖锐的、单方面的；这种解读忽视了美国根深蒂固的社会分

❶ Barry Smart. Europe/America：Baudrillard's Fatal Comparison［C］//C. Rojek，B. S. Turner. Forget Baudrillard?. London：Routledge，54－55.

❷ Barry Smart. Europe/America：Baudrillard's Fatal Comparison［C］//C. Rojek，B. S. Turner. Forget Baudrillard?. London：Routledge，55.

❸ Norman K. Denzin. Paris，Texas and Baudrillard on America［J］. Theory，Culture and Society，1991，8（2）：125.

裂和丰富的文化多样性。正如丹津所观察到的，这种美国化风景图像在鲍德里亚的“电影化”版本中完全没有体现。

七、后现代性还是反思现代性?

正如一开始对后现代主义著作的各种批评所表明的那样，后现代性实际上在多大程度上超越并取代了现代性，成为主导社会条件的争论仍在继续。因此，虽然有的学派认为后现代主义的出现意味着“一个时代性的转变，或者是一种从现代性内部挣脱出来的突破，并且包括一个拥有自己独特组织原则的新兴社会整体性的出现”[1]，不过其他理论家认为可以关注从现代到后现代更为微妙的过渡。这种观点的典型代表理论家便是利奥塔，他认为后现代主义“仅仅是一种情绪，或者……精神状态”[2]。这一观点得到了凯勒的有力支持，他认为“那些声称在社会历史中出现一种新的后现代性破裂的主张”是夸大了，我们并非见证了现代性的突然终结和后现代主义的迅速崛起，而是“现在生活在现代与后现代之间的过渡期”。[3] 罗耶克(Rojek)也提出了类似的观点，他认为：

> 现代性的某些方面在后现代性中仍旧显而易见。也许这是意料之中的事，因为后现代性在理论上被明确定义为是从现代性中出现的。事实上，有些观点认为这一过程仍

[1] Mike Featherstone. In Pursuit of the Postmodern: An Introduction [J]. Theory, Culture and Society, 1988, 5 (2): 198.

[2] Jean – François Lyotard. Rules and Paradoxes or Svelt Appendix [J]. Cultural Critique, 1986 (7): 209.

[3] Douglas Kellner. Media Culture [M]. London: Routledge, 1995: 9.

在酝酿中。他们没有提到后现代“状况”，而是暗指后现代的“征兆”或“一瞥”。❶

另一方面，鲍曼认为：“后现代性可以被认为是一种意识到其真实本质的现代性——现代性自身。”❷ 这种观点与伯曼（Berman）的担忧相呼应，即后现代主义者倾向于剥夺后现代与现代性的关联，忽视了日常生活中那些所谓的后现代特征在何种程度上坚持了现代主义者所特有的对知识和进步的关注（例如，最近在控制论和计算机动画方面的突破）。此外，伯曼认为，现代性的这些方面是人类状态中不可避免的一部分：“是一个不断探索、发现和创新的过程，以及将理论转化为实践、利用我们所知来改变世界的共同决心。”❸ 这种对后现代转向的反驳，不可避免地会对当代社会所发生的物质文化变革的实际水平和性质产生怀疑，有许多理论家认为，现在通常被称为“后现代性”的东西，可能将其理解为一种更为复杂、更具诱惑力的现代性的形式会更好一些。这与詹姆逊的观点❹一致。詹姆逊认为，从现代性到后现代性过渡的一些典型特征，实际上与从工业资本主义到晚期资本主义的转变密切相关。詹姆逊认为，如果说工业资本主义的兴起使社会开始以日益完善的工

❶ Chris Rojek. Decentring Leisure: Rethinking Leisure Theory [M]. London: Sage, 1995: 6.

❷ Zygmunt Bauman. Intimations of Postmodernity [M]. London: Routledge, 1992: 187.

❸ Marshall Berman. Why Modernism Still Matters [C] //S. Lash, J. Friedman. Modernity and Identity. Oxford: Blackwell, 1992: 35.

❹ Fredric Jameson. Postmodernism or the Cultural Logic of Late Capitalism [J]. New Left Review, 1984, 146.

业生产基地为中心，那么走向晚期资本主义导致了另一种转变，即工作的主导地位被休闲和消费所取代。詹姆逊认为，这反过来又造成文化在整个社会领域的巨大扩张，我们社会生活中的每一件事，从经济价值、国家权力到实践活动，再到精神结构本身，都可以说在某种原始的、尚未开化的意义上“与文化相关”[1]。

许多理论家，特别是钱尼[2]指出，这种从“社会”到“文化”的转变，是理解多数人所认为的大规模的后现代转向实质的关键。因此，有人指出，图像、文本和消费品的加速流通促进了文化领域的兴起，使得人们在日常生活中对这些资源的自反性不断加深，将其刻上个人意义，并把它们构建为参与日常生活实践的策略。反过来这导致了另外一种说法：我们在当代社会所看到的并不是后现代转向，而是一种向“反思现代性”状态的转变。吉登斯[3]对“反思现代性”概念进行了广泛的讨论，他认为，那些影响现代性的因素，特别是通过媒体文化的兴起而促生的更加多元化的思想，赋权于当代个人，使其对自己和世界都更具有批判性。社会实践的各个层面，从身份建构到文化信仰、社会情感的获取和制定，都不再以“被给予”的形式出现，而是在个人与日常生活之间，源于能动作用与结构

---

[1] Fredric Jameson. Postmodernism or the Cultural Logic of Late Capitalism [J]. New Left Review, 1984, 146: 87.

[2] David Chaney. The Cultural Turn: Scene Setting Essays on Contemporary Cultural History [M]. London: Routledge, 1994; David Chaney. Lifestyles [M]. London: Routledge, 1996; David Chaney. Cultural Change and Everyday Life [M]. Basingstoke: Palgrave, 2002.

[3] Anthony Giddens. Modernity and Self Identity: Self and Society in the Late Modern Age [M]. Cambridge: Polity, 1991.

的协商过程。在这个新的“后传统秩序”中，社会身份成为“不断运行与表达的自反性项目”[1]。因此，吉登斯观察到：

> 怎么办？如何行动？成为怎样的人？这些都是生活在晚期现代性环境中的个人的焦点问题，在某种程度上，我们所有人都会回答这些问题，要么是通过话语，要么通过日常的社会行为……每天关于吃什么、穿什么、选择和谁交往，都是在作出把自己定位为一种或另一种人的决定。[2]

从反思现代性的角度看，鲍德里亚、利奥塔等人所主张的主导话语断裂以及由此产生的意义的不稳定性，被认为可以驱使个体主动寻求自身意义，并阻止通过对图像、文本和物体的象征性占有，将其编织进入个人日常生活结构中。正如麦格根（McGuigan）所说，在反思现代性的这样一种状态下，“个人希望能够控制自己的命运，自由随性地花费金钱和时间，掌控自己的身体和生活空间”。[3] 其中的关键在于将日常生活转变成可管理的、能应付的来的、“宜居”的（这一点最重要）空间，这种转变是通过钱尼所说的“文化转向”[4] 实现的。在这个意义上，通过创造性和象征性实践，旨在屏蔽或与日常生活中更

---

[1] Anthony Giddens. Modernity and Self Identity：Self and Society in the Late Modern Age [M]. Cambridge：Polity，1991：53.

[2] Anthony Giddens. Modernity and Self Identity：Self and Society in the Late Modern Age [M]. Cambridge：Polity，1991：70，81.

[3] Jim McGuigan. Modernity and Postmodern Culture [M]. Buckingham：Open University Press，1999：129.

[4] David Chaney. The Cultural Turn：Scene Setting Essays on Contemporary Cultural History [M]. London：Routledge，1994.

加压迫性和限制性的特征进行象征性协商的文化，被描述为日常生活的审美化。❶ 从这个意义上说，“文化”越来越成为被个人、权力和霸权所限定的领域，并且对日常生活的参与本质上就是一种“文化”过程。

一些观察家认为，反思现代性可以被视为是风险社会的一个整体特征，❷ 是当代碎片化社会变得更加私人性的体现。因此，有人认为，如果反思现代性导致更强的主观意识，并且这一自主性通过对特定外观、风格管理，以及一系列信仰等的掌控来获得实现的话，那么这将导致社会意义的消散。❸ 然而，钱尼认为，自反性的结果不是社会的消亡，而是社会的精致化。即使可以看到，先前建立在现代主义实践和信仰基础之上的社会秩序形式，其重要性在衰减，并且新的自我塑造的知识情感取代了其地位，但是个人仍然寻求并坚持遵守一种权威形式，尤其是在扮演文化路标角色的时尚和媒体产业上，这一倾向仍旧突出。因此，钱尼指出：

> ……如果我们被迫在相信什么的问题上做出更多个人选择，那么对新兴专业的知识和指导需求可能会更大。这样的话，反思性社会进程的一种自相矛盾性增强，并体现在分裂的文化中专业知识和权威的扩散。如果我们能够认识到，强化反思性意识的过程是通过更为普遍的文本中介

❶ Mike Featherstone. Consumer Culture and Postmodernism [M]. London: Sage, 1991.

❷ Ulrich Beck. The Risk Society: Towards a New Modernity [M]. trans. M. Ritter. London: Sage, 1992.

❸ Jim McGuigan. Modernity and Postmodern Culture [M]. Buckingham: Open University Press, 1999.

> 话语所表达出来的，那么为何反思性越强，一致性便越强的联系原因就变得更加清晰。❶

钱尼认为，从现代性到反思现代性的转变并不会导致社会的消逝或“死亡”。❷ 相反，对社会性的渴望❸被重新确立为人类的基本需求，不过这种渴望是根据更加反思性的、清晰的日常生活领域标准进行了重新描绘，其中个人可以根据反思性“晚期”现代性文化和媒体行业提供的文化路标来构建自我身份。

八、结论

本章考察了后现代主义理论对我们理解当代社会日常生活的贡献。首先回顾了定义后现代主义所作出的各种尝试，然后在现代性理论工程未能完成的背景下描绘了后现代主义的兴起。正如后来所指出的，虽然大多数理论家将后现代性的兴起归因于一系列因素，但为后现代转向奠定基础的关键要素应归于在当代社会中日益占据中心地位的视听大众传媒的兴起。对于鲍德里亚和利奥塔这样的理论家来说，“媒介文化”的到来，在削弱社会现实主导话语方面发挥了重要作用，而这一主导话语是现代性对大众施加权力和影响的一种手段。根据后现代主义理论家的观点，图像和文本源源不断的流动是媒介文化的特征，

❶ David Chaney. Cultural Change and Everyday Life [M]. Basingstoke: Palgrave, 2002: 24.

❷ Jean Baudrillard. Simulations [M]. New York: Semiotext (e), 1983.

❸ Michel Maffesoli. The Time of the Tribes: The Decline of Individualism in Mass Society [M]. trans. D. Smith. London: Sage, 1996.

它破坏了符号和所指之间曾经被人们所接受的关联性，允许符号有多种任意的解释。有人认为，在这种后现代主义迷雾中，个人身份和社会集体性完全被重新定义，个人成为更具反思性的被定义的主体，而个人与他人之间的联系呈现出更加动态性和现世性的特点。

后现代社会和文化理论的批评者认为，表面上看起来社会结构发生大规模变化，实际上这是晚期资本主义社会休闲和消费主义日益复杂精巧所带来的局部现象。换言之，看似“后现代”的东西只是媒体饱和状态和消费主义的一种高级形式，并且只为那些能够负担得起这种生活方式的第一世界个人所保留。这反过来又导致许多理论家质疑，20 世纪后半叶的社会变化是否真的构成了后现代转向，或者是否可以将其描述为向“反思性”现代性状态的过渡？这一论点的提倡者指出，虽然资本主义仍然是个人日常生活的一股驱动力，但当个人成为媒体和消费行业产品所附加的文化意义生产的积极参与者时，休闲和消费体验会发生根本性的改变。这种与媒体和消费资源的反思性交战，为个人提供了与每日体验进行积极协商的根基。下一章将讨论理论家是如何试图描绘出在晚期现代性日常生活中，他们所感知到的那些清晰的反思性文化地形。

第三章　文化转向

……尽管现代性以控制和支配逻辑为标志，但奥威尔式的彻底官僚化社会存在的噩梦始终迟迟未现，部分原因在于完全可操控的系统是根本不存在的……也因为我们通过无数（如果有时也转瞬即逝）的激情性、非逻辑性或想象性表达，颠覆了完全商品化和同质化的日常经验。具有解放意义的时刻在日常生活中十分普遍，并且始终与灰色的功利性官方社会相对立。

——加德纳[1]

在上一章有人指出，许多针对后现代主义性质及其后果进行研究与论争的理论家认为，许多与后现代性相关的关键特征，事实上可以被重新解释为暗示着现代性的形式改变，或者更具体地说，是走向一种“反思现代性”的转变。媒体和消费主义在晚期资本主义社会的中心地位，为个人提供了一个更大的空间，使其能够更加“本能地”意识到自己是社会的主体。通过媒体和消费渠道所提供的文化资源，个人能够仔细检查并创造性地修订调整关于阶级、性别、种族的结构性、经验性本质，从而获得新的、反思性的身份认同表达。反思现代性的概念对

---

[1] Michael E. Gardiner. Critiques of Everyday Life [M]. London: Routledge, 2000: 15.

我们理解日常生活也具有重要的意义。因此，有人指出，日常生活不是作为剥削和压迫的场所而存在，而是一个引发理论斗争的场所；是一个造成多元文化价值观之间产生相互竞争感的场所，个人通过感受这种冲突性，可以反思性地定义自我、自我与他人的关系以及个人在事物现实与象征秩序中的位置。这一解释为当代社会文化理论概念框架增加了一项重要的日常生活新维度，日常生活研究“对日常活动的敏感性以及既需要发现问题又需要解决问题的理论能力，对那些声称日常生活的唯一动力就是其常规性与重复性的观点提出了重要的挑战”。[1]

20 世纪 90 年代初以来，社会学家、文化和媒体理论家对这一立场进行了广泛研究，他们试图将个人定位于文化意义和行动的中心，而这一点在当代日常生活中已有表现。如“活跃的观众”[2] 和“生活方式”[3] 等术语试图赋予个人权力，使其能够在晚期现代性日常生活的图像、文本和物品中书写文化意义。有人认为，这种权力在地方层面上也就是日常生活生活实践的语境下的表现至关重要。地方被认为是一个个人书写文化资源与意义架构的区域。文化资源形式的意义撰写构成个人理解日常生活的一种策略。因此，有人认为，这种策略直接对应并渗透进入地方性知识形式中。本章将呈现出一种为制定反思

[1] Stephen Crook. Minotaurs and Other Monsters: “Everyday Life” in Recent Social Theory [J]. Sociology, 1998, 32 (2): 529.

[2] John Fiske. Understanding Popular Culture [M]. London: Routledge, 1989; John Fiske. Reading the Popular [M]. London: Routledge, 1989; David Morley. Television, Audiences and Cultural Studies [M]. London: Routledge, 1992; Ien Ang. Living Room Wars: Rethinking Audiences for a Postmodern World [M]. London: Routledge, 1996.

[3] Mike Featherstone. Consumer Culture and Postmodernism [M]. London: Sage, 1991; David Chaney. Lifestyles [M]. London: Routledge, 1996.

性文化实践集体模式提供空间的日常生活理解方式概览。

一、日常生活与文化生产

将日常生活重新理解为一个反思性文化建构空间的想法，在很大程度上归功于米歇尔·德塞托（Michel de Certeau）的著作。与同时代的海勒[1]和列斐伏尔[2]（见第一章）不同，德塞托对晚期资本主义社会中大众文化的中心地位保持着更为乐观的看法。因此，德塞托认为，不应该把大众文化生产看作一种伴随着从属性和意愿屈服的单向流动，而是应该将媒介和文化工业产品的意义流动视为一个双向过程。在德塞托看来，媒体和文化工业所提供的图像、文本和物品的审美意义取决于生产者和消费者。因此，德塞托指出：

> ……一旦对电视播放的图像和观众在电视机前度过的时间进行分析，那么消费者在这几小时里对这些图像做了什么的问题仍有待解答。成千上万购买健康杂志的人，超市里的顾客，城市空间的实践者，报纸故事和传说的消费者——他们对自己“吸收”、接受和支付的东西有什么看法？他们用它做什么？[3]

---

[1] Agnes Heller. Everyday Life [M]. trans. G. L. Campbell. London: Routledge and Kegan Paul, 1984.

[2] Henri Lefebvre. Everyday Life in the Modern World [M]. trans. S. Rabinovitch. London: Penguin, 1971; Henri Lefebvre. Critique of Everyday Life (Volume 1) [M]. trans. J. Moore. London: Verso, 1991.

[3] Michel de Certeau. The Practice of Everyday Life [M]. London: University of California Press, 1984: 31.

对德塞托来说，资本主义社会从工业生产中心向休闲和消费中心的转变为个人意识的随之转变创造了空间。事实上，在现代晚期的消费过程和实践中，个人越来越意识到自己是一个重要动因。因此，根据德塞托的观点，消费行为实际上是一种自我实现的行为，在这一点上，个人将自我视为一种更具反思性意识的主体，拥有意志、身份和一种向特定方向前进的欲望；换句话说，个人开始将自己视为一项“工程项目”，通过自我实现和发展来完成完善。在这样做的过程中，个体将日常生活从一个预先确定的脚本转变为一系列个人探索之旅，并试图控制或至少积极地塑造主宰自己的命运。正如德赛托所说：

> 遭到忽视的生产者，书写个人故事的诗人，实用主义合理性危险丛林中的开拓者，消费者……他们追踪那些显然毫无意义的“不确定的轨迹”，因为当他们展开行动的时候一切都与被构造、被书写和被预先组装的空间不一致了。他们在系统科技规划的空间内的话语是不可预估的。尽管他们使用既定的（电视、报纸、超市或城市规划）语言词汇作为材料，尽管他们仍然在（遵循时间表的时间模式、典型的地点分配等）规定的语法框架内，但这些“横越线”对于系统来说仍然是异质的，他们渗透其中，勾勒出不同的利益和欲望轨迹。[1]

对德塞托来说，日常生活是个人努力成果的综合体现，能

[1] Michel de Certeau. The Practice of Everyday Life [M]. London: University of California Press, 1984: 34.

够让人们在这片发生激烈斗争的土地上，得以实现特定的生活计划。日常生活的文化结构，曾经毫无疑问地被假定为一个受到意识形态压制并由此产生的虚假意识领域，而现在则被重新塑造成一系列相互冲突的对话和实践，正是通过这种方式，世界被不断定义和重新定义。

菲斯克[1]进一步发展了德塞托的思想。菲斯克认为，文化生产行为在很大程度上取决于个人的创造性潜力，文化产品消费和想象会生产新的意义。这一观点已经成为对个人与现代消费文化关系著名的重新评价。根据菲斯克的说法，从大规模工业生产的层次上看，物品和图像只是“产品”，为创造经济利益而生产。只有当这些产品进入公共领域并被个人用于日常生活时，它们才具有文化意义：

> 进行分配的不是商品成品，而是构成大众文化原材料的日常生活资源。每一种消费行为都是有意义的行为。在销售点，商品耗尽了它在经济销售中的作用，开始脱离资本主义策略，在文化中发挥作用……成为日常生活文化的一种资源。[2]

菲斯克认为，文化意义的产生既需要个人的创造性协商，也需要那些个人消费的图像、文本和物品。因此，与早期大众文化理论家，或者甚至可以说与后现代主义理论家相比，菲斯克认为个人在文化意义的生产中扮演着更具反思性的角色，正

---

[1] John Fiske. Understanding Popular Culture [M]. London: Routledge, 1989; John Fiske. Reading the Popular [M]. London: Routledge, 1989.

[2] John Fiske. Understanding Popular Culture [M]. London: Routledge, 1989: 35.

如第二章所指出的，对后现代主义理论家来说个人只是一个空容器，消耗着源源不断的自由浮动的能指。[1]尽管菲斯克进一步解释了晚期资本主义媒体和消费驱动的社会，及其对个人所造成的影响，但菲斯克的著作仍旧免不了受到批判。例如，钱尼认为，在他将消费主义表达为“是对抗企业霸权的一种斗争和抵抗”时，菲斯克对消费行为所具有的颠覆性潜力进行了一种过于浪漫的印象式描绘。[2]史蒂文森同样认为，菲斯克在思考观众通过大众文化产品意义标识来赋予自己权力的能力时，持一种乐观的态度，但这种乐观是以牺牲对“明显（持存于）文化中的操纵形式”的批判性理解为代价的。[3]综上所述，在菲斯克研究中发现的这些问题导致一些理论家将他的方法称为“文化民粹主义”。[4]因此，根据凯勒的说法，菲斯克“消除了人民或者说‘大众阶层’生产的文化，与批量生产的媒介文化之间的区别……从而陶醉于‘文化民粹主义’，经常不加批判地颂扬媒体与消费文化”。[5]罗耶克表达了一种大致类似的担忧，他认为，对消费主义基本采取不加批判的立场的话，菲斯克的做法有可能只是重复“资本主义企业家的老一套刻板论点，即市场为消费者在休闲和消费活动中提供了真正的自由、选择和自主决定权”。[6]

---

[1] Jean Baudrillard. Simulations [M]. New York：Semiotext (e)，1983.

[2] David Chaney. The Cultural Turn：Scene Setting Essays on Contemporary Cultural History [M]. London：Routledge，1994：215.

[3] Nick Stevenson. Understanding Media Cultures [M]. London：Sage，1995：58.

[4] Douglas Kellner. Media Culture [M]. London：Routledge，1995.

[5] Douglas Kellner. Media Culture [M]. London：Routledge，1995：33.

[6] Chris Rojek. Decentring Leisure：Rethinking Leisure Theory [M]. London：Sage，1995：106.

尽管有一些针对性的批评，但可以说菲斯克的研究至少为人们理解日常生活的政治是如何影响文化生产与变革，提供了一个新的基础消费主义和全球媒体在这一过程中起到核心作用。同样，菲斯克把观众描绘成文本、图像和物品中所蕴含的文化意义的积极生产者，而不是文化上的愚弄者，这在日常生活研究的发展中具有极其重要的意义。因此，正如卢尔（Lull）所观察到的，无论人们如何看待菲斯克将观众解释为“正在进行的语言意义和文化游击战的参与者的观点……他确实有助于我们打消媒体受众是被动消费者或受害者的这一看法观点”。[1]

二、积极受众

菲斯克承认受众是日常生活文化意义建构的积极参与者，这在媒介研究领域产生了相当大影响，激发了对法兰克福学派和大众文化理论家如德怀特·麦克唐纳悲观解读态度的全面反思（见第一章）。“积极”受众的概念首先在本雅明的著作中被提及。[2] 作为一位当代法兰克福学派理论家，本雅明关注阿多诺和霍克海默的大众文化解读及其对受众影响的解释，并对其进行严厉批评。本雅明认为，（与大众文化相关联的）技术复制并没有把受众变成文化上的愚人，而是把技术生产扬言会夺走的经验能力返还给了人类。[3] 20 世纪 80 年代中期，受众对文本和视觉意义建构的作用开始受到重视。继创新性受众研究，

---

[1] James Lull. Media, Communication, Culture: A Global Approach [M]. Cambridge: Polity Press, 1995: 142.

[2] Susan Buck – Morss. The Dialectics of Seeing: Walter Benjamin and the Arcades Project [M]. Cambridge, MA: MIT Press, 1989.

[3] Susan Buck – Morss. The Dialectics of Seeing: Walter Benjamin and the Arcades Project [M]. Cambridge, MA: MIT Press, 1989: 268.

尤其是莫利[1]的全国性研究（见第四章）之后，理论家们开始更加认真地对待作为媒体文本生产积极参与者的受众概念。结果形成一个将受众重塑为一种自我认证力量的全新研究体系，也就是说，受众是作为能够进行批判性反思和评价的能动者，而不是被动地从媒体接收信息和图像的空心容器。有人认为，这种重新定义受众的内在原因，在于削弱代替受众定义文本和图像意义的知识分子中介的解释权威。正如安（Ang）所注意到的：

> "受众"不再仅仅代表一个"研究对象"，一个由声称拥有它的学科所构成并保留的"就在那里"的现实，受众首先必须被定义为一种话语式的比喻，意味着在媒介使用和消费的多种日常语境中，意义的构建和争夺方式总是不断变化，并且不尽相同。[2]

安的论据是，学术界对媒介文本和图像的意义及其文化意义的追求已经不能局限于自上而下的叙事阐释。相反，媒体的意义，正如在日常生活中所表现出来的那样，只有通过使用一种适应受众自身观点和看法的经验性研究方法，才能正确理解。同样，莫利认为针对受众的民族志研究，其中的关键性问题在于如何更好地理解"媒体消费实践是怎样……牢牢嵌入日常生

[1] David Morley. Family Television：Cultural Power and Domestic Leisure［M］. London：Comedia，1986.

[2] Ien Ang. Living Room Wars：Rethinking Audiences for a Postmodern World［M］. London：Routledge，1996：4.

活中的”。[1] 此外，根据摩尔（Moores）的观点，日常生活中并不只是媒体图像和信息具有具体的意义。相反，他认为：“就像声音和图像构成大众传播的‘软件’一样，它的‘硬件’也许同样能够被视为以多种方式被解码和利用的符号集合，并且具有多重社会意义。”[2]

如果日常生活被认为是理解媒介产品如何获得其文化意义的关键领域，那么这反过来导致人们越来越重视影响其日常体验的小范围环境的重要性。正如汤普森（Thompson）所说：

> 对媒体产品的占有始终是一种局部现象，因为它总是涉及处于特定社会历史背景下的特定个人，他们利用所能获得的资源来理解媒体信息，并将其融入个人生活中。而信息往往在挪用的过程中发生变化，因为个人将在日常生活环境下对其作出调整。[3]

汤普森的评论隐含着这样一种要求，即需要了解作为日常生活经验基石的地方性情况，并且这些内容是个人应对和理解媒介产品方法的一个重要因素。这一观点得到了卢尔的支持，他致力于解释全球协调资源如何在特定的地方性环境中获得分配并重新获得使用。根据卢尔的说法，个人对世界的看法是建立在特定形式的地方知识和经验基础之上，他们通过象征性占

---

[1] Ien Ang. Living Room Wars: Rethinking Audiences for a Postmodern World [M]. London: Routledge, 1996: 321 – 322.

[2] Shaun Moores. Interpreting Audiences: The Ethnography of Media Consumption [M]. London: Sage, 1993: 9.

[3] Sarah Thornton. Club Cultures: Music, Media and Subcultural Capital [M]. Cambridge: Polity Press, 1995: 174.

有行为，从文化上“再现”来自全球文化流动的图像、文本和物品：

> 再地域化……是一种从相似或全新事物中进行积极的文化选择和综合取材的过程。但是，新兴文化领域的创造性建设也需要关涉在再度指向性过程中对文化符号的新的解读方式。整个文化环境……成为象征性资源，以不同于其原始意义和功能的方式获得使用。❶

在许多方面，卢尔的文化再地域化概念与菲斯克一样关注将个人重新塑造为创造文化意义的积极动因。❷ 然而，与此同时，卢尔谨慎地指出，个人消费媒体资源的地方性环境也限制了他们参与创造意义的潜能。卢尔认为，虽然个人利用从媒体获得的资源确实可以产生创造性规划，并通过这种方式努力在图像和文本中寻求新的含义，从而形成对日常生活的抵抗和象征性协商，但是这一目标只有存在预先确定的局部限制条件下才能实现：

> 尽管文本的模糊性和丰富性，以及人们在日常生活中经常表现出的解释性创造力，可以在没有限制的情况下形成无语义的协商……任何对符号环境的解读都会在一定程

---

❶ James Lull. Media, Communication, Culture: A Global Approach [M]. Cambridge: Polity Press, 1995: 161.

❷ John Fiske. Understanding Popular Culture [M]. London: Routledge, 1989.

度上反映出信息结构和社会结构所代表的等级制度。❶

莫利也提出了类似的观点，他认为“（媒体）文本与技术的意义都必须理解为语境化受众实践的新兴产物”。❷ 利贝斯（Liebes）和卡茨（Katz）针对20世纪70年代美国流行肥皂剧《达拉斯》及其在世界各地不同接受程度所作的研究证实了卢尔和莫利的观点。利贝斯和卡茨指出，地方受众构成“解释群体”的重要组成部分，他们“积极的文本协商”是由地方性环境形成的知识情感所决定的❸（另见第三章）。

三、消费主义与生活方式

如果说积极受众研究为我们理解日常生活中媒体与受众之间的关系提供了新的框架，那么一系列的平行研究则着眼于消费主义的日常意义。在西方化（和“正在西方化”）社会，消费主义的日常生活中心地位如此重要，以至于它已经成为日常生活中根深蒂固的、基本上被认为是理所当然的特征。❹ 正如阿波克隆比（Abercrombie）所说：“现代社会的居民不仅是消费者，他们也是消费主义者……包括强调快乐而不是工作的责任，强调个人决定行为规划的权力，强调消费者愿望在生活中

❶ James Lull. Media, Communication, Culture: A Global Approach [M]. Cambridge: Polity Press, 1995: 170.

❷ David Morley. Theories of Consumption in Media Studies [C] //D. Miller. Acknowledging Consumption: A Review of New Studies. London: Routledge, 1992: 195.

❸ Tamar Liebes, Elihu Katz. On the Critical Abilities of Television Viewers [C] //E. Sieter, H. Borchers, G. Kreutzner, E. M. Warth. Remote Control: Telvision, Audiences, and Cultural Power. London: Routledge, 1992: 204.

❹ Steven Miles. Consumerism as a Way of Life [M]. London: Sage, 1998.

的中心地位。”[1] 阿波克隆比继续指出当代社会生活中消费主义的传播及其重要性如何形成一种新的“权力”形式，破坏了更为传统的，尤其是以阶级背景和家庭为主的权力形式，并为新形式的个人身份表达开辟了空间。

对消费主义这一解释的核心是“生活方式”概念，这个术语最初由韦伯[2]（1919）提出。作为社会阶层多维模型中的一个关键概念要素，生活方式挑战了马克思提出的经济决定模式（见第一章）。正如雷默（Reimer）根据韦伯的观点所观察到的：“社会不仅在经济上是分层的；还会根据社会地位进行分层。（而且）能够最为清晰地表达身份的方式就是不同群体的不同‘生活方式’。”[3] 对韦伯来说，社会文化领域既需要理解为经济因素的产物，也需要被理解为社会行为者表明自己属于某一特定地位群体的一种参与过程。韦伯认为，这些过程涉及创造性占有特定的商品和服务，并且这些商品和服务是通过19世纪末20世纪初新兴的消费行业所提供的。因此，与马克思相反，韦伯认为，地位和归属的概念超越了直接的阶级问题，也超越了阶级通过例如时尚、休闲偏好等视觉表达所体现的“好品味”。因此，正如英格利斯和休森所观察到的，韦伯：

[1] Nicholas Abercrombie. Authority and Consumer Society ［C］ //R. Keat, N. Whiteley, N. Abercrombie. The Authority of the Consumer. London: Routledge, 1994: 44 -45.

[2] Max Weber. The Distribution of Power Within the Political Community: Class, Status, Party ［C］ //Economy and Society: An Outline of Interpretive Sociology. Berkeley, CA: University of California Press, 1978.

[3] Bo Reimer. Youth and Modern Lifestyles ［C］ //J. Fornäs, G. Bolin. Youth Culture in Late Modernity. London: Sage, 1995: 121.

> ……否认了他所认为的马克思观点，即在一个以阶级为基础的社会中，成员的阶级身份是一个人思考自我的主要方式。在文化上，人们还可能有其他的身份认同，比如作为某个特定群体（如体育俱乐部）成员的自豪感。体育俱乐部的成员资格及其引发的情感将与阶级问题有关（例如，大多数成员将是中产阶级），但这是一种间接关系，马克思不允许发生其他身份比成员阶级身份更重要的这种可能性。[1]

生活方式作为一种理解以消费为基础的社会内财富、地位和权力关系的重要方法，在凡勃仑[2]（1994）针对19世纪末美国新兴闲暇阶层的研究中获得了有效的说明。闲暇阶层包括通过努力工作和资本积累而创造财富地位的那些人。凡勃仑指出，这些人通过模仿欧洲上流社会的生活方式，模仿后者在时尚、饮食和休闲活动方面的品位，来表达他们新获得的地位，为此，凡勃仑还创造了“炫耀性消费”一词（另见第五章）。

同样，西美尔的生活方式理论也对当代研究具有影响。西美尔主要关注的是“现代生活的碎片化和多样性”，因为这一点在19世纪末至20世纪初的城市空间中表现得淋漓尽致。[3] 根据西美尔的说法，城市中个人经历的相对无个性化形成一种制造个人差异的需求，作为一种从人群中脱颖而出的手段。正如

---

[1] David Inglis, John Hughson. Confronting Culture: Sociological Vistas [M]. Cambridge: Polity, 2003: 29.

[2] Thorstein Veblen. The Theory of the Leisure Class: An Economic Study of Institutions [M]. New York: Mentor Books, 1994.

[3] John Urry. The Tourist Gaze: Leisure and Travel in Contemporary Societies [M]. London: Sage, 1995: 9.

汉密尔顿（Hamilton）所说：

> 在西美尔坚持大都市现代社会生活方式建构的同时，他也明确指出，城市本身作为一个巨大的社会有机体，确实会对其内部的个人产生重大影响。他们对大都市生活方式的反应，对城市“现代性”的体验，要求个人必须“抵制被这种‘社会技术机制’排挤压迫或折腾的精疲力竭”。这一抵制的典型形式就在寻求强调社会差异（我们现在称为身份）的方式上。❶

西美尔认为，消费行为是建立这种城市身份的关键要素之一（另见第五章）。钱尼研究了西美尔这方面的观点，他指出：

> ……（对西美尔来说）大都市是通过象征主义中介来进行调解的——这是一个生活世界，其中符号在越来越复杂的联想层中相互指涉，并且意义的演变只能被理解为一个不断创新的过程。日益分化的现代商品世界不是简单的致富过程，也不是简单的异化过程。大都市的文化地形同时也为个人增强主体性提供了新的潜力（强调为作者所加）。❷

在分别应用于韦伯、西美尔和凡勃伦的理论思考之后，生活方式这一概念在社会学研究中不再流行，进入多年的沉寂期，

❶ Peter Hamilton. The Street and Everyday Life［C］//T. Bennett, D. Watson. Understanding Everyday Life. Oxford: Open University and Blackwell, 2002: 104.

❷ David Chaney. Lifestyles［M］. London: Routledge, 1996: 51.

在此期间它又轻而易举地与市场研究联系起来。❶ 不过，20世纪90年代初，生活方式概念经由当代社会和文化理论家，诸如布迪厄（Bourdieu）、❷ 费瑟斯通、❸ 谢尔茨、❹ 雷默❺和钱尼❻等人的研究与发展，被重新引入社会学研究。布迪厄❼著名的区隔研究发展了韦伯、西美尔和凡勃伦的思想，以概念化的生活方式作为社会地位的反映。布迪厄认为，个人所践行的生活方式行为传递出关于他们的财富水平、成就和社会地位信息。布迪厄认为，尽管生活方式似乎是自主建构的，并且是文化实践的一种自反性表达形式，但其仍然与阶级经验有着千丝万缕的联系，这就是布迪厄称为“惯习”的社会进程。对布迪厄来说，“惯习”不可磨灭地印在个人的身份上，从某种程度上可以说，一个人的习惯与其特定形式的“文化资本”积累有着直接的联系，文化资本是构成生活方式的主要资源：

……阶级形成一个相对独立的空间，其结构是由成员

❶ Bo Reimer. Youth and Modern Lifestyles [C] //J. Fornaäs, G. Bolin. Youth Culture in Late Modernity. London: Sage, 1995.

❷ Pierre Bourdieu. Distinction: A Social Critique of the Judgement of Taste [M]. trans. R. Nice. London: Routledge and Kegan Paul, 1984.

❸ Mike Featherstone. Consumer Culture and Postmodernism [M]. London: Sage, 1991.

❹ Rob Shields. Spaces for the Subject of Consumption [C] //R. Shields. Lifestyle Shopping: The Subject of Consumption. London: Routledge, 1992; Rob Shields. The Individual, Consumption Cultures and the Fate of Community [C] //R. Shields. Lifestyle Shopping: The Subject of Consumption. London: Routledge, 1992.

❺ Bo Reimer. Youth and Modern Lifestyles [C] //J. Fornaäs, G. Bolin. Youth Culture in Late Modernity. London: Sage, 1995.

❻ David Chaney. Lifestyles [M]. London: Routledge, 1996.

❼ Pierre Bourdieu. Distinction: A Social Critique of the Judgement of Taste [M]. trans. R. Nice. London: Routledge and Kegan Paul, 1984.

> 之间的经济和文化资本分配所决定的，每个阶级部分都具有这种分配的某种形态，并且形成与之相对应的某种生活方式。❶

根据布迪厄的观点，在后资本主义消费社会的背景下，阶级事实本身就成为一种中介，可以从与特定商品服务相联系的特定形式的消费实践来对其进行学习和理解。因此，根据布迪厄的解释，这样的阶级经验仍然保留在个人身上，即使他们变得更加具有社会流动性，但也会继续塑造他们的个人身份。

之后的研究工作对布迪厄的生活方式解释作出挑战，认为生活方式是一种潜意识实践和对根深蒂固的阶级情感的表达。钱尼认为，布迪厄对阶级结构作用的坚持，等于是对近代消费主义实践引入日常文化领域所体现的自反性和对立性特征的粗暴否定。因此，钱尼争辩道：

> 假设（文化资本）的客观化只是对文化规范掌握程度高低的表现，那么这就意味着有一个预先存在的、不变的等级体系准则，或者更准确地说，它假定文化是一个无可逃避的环境，并以社会结构包裹个人实践的方式包裹着社会行动。❷

在钱尼看来，生活方式的意义恰恰在于它说明了在资本主义晚期消费社会的背景下，阶级和随之而来的结构性经验形式

❶ Pierre Bourdieu. Distinction: A Social Critique of the Judgement of Taste [M]. London: Routledge and Kegan Paul, 1984: 260.

❷ David Chaney. Lifestyles [M]. London: Routledge, 1996: 66 - 67.

对个人控制的减弱。钱尼认为，生活方式体现出个人在日常生活实践和协商中日益增强的自反性。这里最重要的是，近代消费主义为个人提供了各种可能性，使他们能够就阶级限制和相关形式的结构性不平等，特别是在性别和种族方面进行协商。钱尼对“生活方式”解释的关键在于区分了生活方式（lifestyles）与生活行为模式（ways of life）的不同。钱尼认为，生活方式是“一项创造性工程”，依赖于“消费者能力的展示”，而生活行为模式“通常与一个或多或少相对稳定的社区相联系，（并且）表现为共同的规范、仪式或社会秩序模式，可能还有一种独特的方言”。[1]

钱尼对生活方式的解读与谢尔茨在第二章中对后现代人格概念的考察[2]之间有某些相似之处。在这两种情况下，同一性被视为是自反性建构的东西，而不是“被给予的”，也就是说自反性是由结构因素决定的。然而，可以公平地说，虽然后现代人格面具暗示了一个完全“自由流动的”和去中心的主体，但生活方式，正如在钱尼的作品中所展示的，仍然对重要的地方性因素以及个人与其日常环境之间的持续性关联始终保持敏感。根据钱尼的说法，生活方式的构建和实施方式与一系列“地点和策略”相对应，而这些“地点和策略”又与协商当地日常体验的尝试相对应。钱尼指出，“生活方式是一项创造性的工程，它是行为者在描绘环境时一种作出判断的形式。”[3] 钱尼认为，生活方式是后现代语境中个人赋权的一种重要形式，

---

[1] David Chaney. Lifestyles [M]. London: Routledge, 1996: 97, 92.

[2] Rob Shields. Spaces for the Subject of Consumption [C] //R. Shields. Lifestyle Shopping: The Subject of Consumption. London: Routledge, 1992.

[3] David Chaney. Lifestyles [M]. London: Routledge, 1996: 92.

这种赋权与“体验空间的创造性组织形式”相联系。❶

尽管在某些方面来说地方性因素仍然是晚期现代生活方式的一个核心要素素，但地方性环境并不能在整体意义上完全决定生活方式。相反，地方成为个人的一个参照点，一个知识和情感储备，个人有选择地利用这些知识和情感来构建其生活方式。那么，我们所说的后现代“生活方式”，也就是一种存在方式，这种存在方式中，地方性的各个方面——地方特征、知识、习惯等——在身份建构过程获得反思性管理，并创造性地与一系列恰当的文化资源相结合。因此，一种明显的感觉是，通过他们的生活方式，晚期现代人表现出与日常生活其中的地方性空间的持续性联系。不过这种包含个人与日常生活环境之间动态相互作用的联系，不是一种确定的关系，个人在不知不觉中会成为这一结构性约束关系的受害者。

另一种理解消费主义实践赋予个人权力可能性的方法是威利斯（Willis）的“脚踏实地美学”概念，这与钱尼的研究方法有一些相似之处。像钱尼一样，威利斯关注的是现代人如何恰当使用物体和图像，并在其中铭刻个人意义与价值。根据威利斯的说法，个体通过脚踏实地的美学过程来实现这一点，他解释说，这“指涉的是文化生活中某些特定的创造性的动态时刻”。❷ 同样，威利斯认为大众文化产品通过促进更为宽泛的身份与个人表达方式，对个体产生了解放性影响：

如果它真的存在过，那么以前的“大众”已经通过接

❶ David Chaney. Lifestyles［M］. London：Routledge，1996：74.

❷ Paul Willis. Common Culture：Symbolic Work at Play in the Everyday Cultures of the Young［M］. Milton Keynes：Open University Press，1990：22.

触扩大化的商品关系圈，在文化上被释放为具有普遍差异的文化公民。这些东西为日常文化的发展和解放提供了更为宽广的象征性资源。❶

正如最近针对媒体受众的研究，后现代消费文化研究也将个人定位为一种“积极”动因，通过创造性地利用和调整消费资源，构建自反性的、个性化的身份。同样，这类研究著作试图将当代日常生活中的文化地形重新塑造为一个富有争议的领域，个人在其中努力为表达独特身份实践形式而获取空间。

四、日常生活中的地方性与全球性

前文已经指出，社会学、文化与媒介理论家分别是如何使用“积极受众”和“生活方式”作为概念框架，理解一种反思性的现代性晚期日常生活体验与进程。我们进一步注意到，在利用这些概念框架时，理论家强调地方性知识资源的重要性，经由这一资源媒体文化工业原材料可以用于撰写意义。显然，在后现代性语境下，“地方”概念因全球化进程而变得复杂。事实上，一些理论家提出，全球化进程的关键就是“摧毁”地方文化，使其被统一性的全球文化所包容。这一论点在瑞泽尔(Ritzer)❷ 的“麦当劳化”概念中得到了典型体现。借鉴韦伯(1921)❸ 的合理化理论，瑞泽尔利用同样的“铁笼”比喻来描

❶ Paul Willis. Common Culture：Symbolic Work at Play in the Everyday Cultures of the Young [M]. Milton Keynes：Open University Press，1990：18.

❷ George Ritzer. The McDonaldization of Society：An Investigation Into the Changing Character of Contemporary Social Life [M]. London：Pine Forge Press，1993.

❸ Max Weber. Economy and Society (3) [M]. Totowa，New Jersey：Bedminster Press，1968.

述逐步发展的全球文化，在这种文化中，地方性变化逐渐被系统性地侵蚀，取而代之的是一个统一的、技术的和官僚化的“麦当劳化”世界。根据瑞泽尔的观点：

> 麦当劳化不仅影响到餐饮业，还影响到教育、工作、旅行、休闲活动、日常饮食、政治、家庭以及几乎所有其他社会部门。当麦当劳化横扫看似不可阻挡的部门机构并发展到世界各地时，每一个迹象都已经显示出它是一个不可阻挡的进程。❶

正如汤姆林森（Tomlinson）所评论的，这种对地方性文化命运的担忧不仅限于学术工作，而且见于教科文组织等国际机构编制的文件中。一种普遍观点表明，全球化作为文化帝国主义的一种隐晦形式，具有“同质化的文化力量”。❷ 因此，汤姆林森观察到：

> 这里的看法是，世界各地人们都开始有了相同的感觉。世界上任何一个地方的城市都呈现出统一化的特征，例如，针对汽车的需求；相似的建筑风格；商店展示的统一商品种类；机场，作为文化多样性的可能性出入口，却具有几乎相同的“国际”风格。从纽约到德里的收音机和磁带播

❶ George Ritzer. The McDonaldization of Society: An Investigation Into the Changing Character of Contemporary Social Life [M]. London: Pine Forge Press, 1993: 1.

❷ John Tomlinson. Cultural Imperialism: A Critical Introduction [M]. London: Pinter, 1991: 26.

放机中都播放着西方的流行音乐。❶

对全球化进程的这种悲观解释受到一系列反驳，这些论点认为，已观察到的全球化的影响远没有那么易于预测，而是更为渐进式的，并且往往与瑞泽尔和其他人所指出的结果相反。例如，费瑟斯通认为全球化进程产生的矛盾性结果之一，在于指出对地球和人类的有限认知并不是为了制造同质化，而是为了让我们熟悉了解更为多样的、丰富的地方性文化。在后续系列研究中，这一观点获得了发展与完善。这些研究试图重新思考地方/全球关系，允许“在全球可获得的媒介产品和信息流动中”使用和创造本土化模式。❷ 在这场论辩中，一位相当重要的理论家罗伯逊（Robertson）指出，全球和地方之间的联系带动了他所认为的全球化进程。根据罗伯逊的观点：

> 这不是一个同质化或异质化的问题，而是这两种趋势如何成为20世纪末世界大部分地区的生活特征的问题。从这一角度来看，问题就变成了如何阐明同质化和异质化倾向之间具有相互的关联性。❸

罗伯逊认为，全球文化既不是地方性的，也不是全球性的，

---

❶ John Tomlinson. Cultural Imperialism: A Critical Introduction [M]. London: Pinter, 1991: 26.

❷ Andy Bennett. Popular Music and Youth Culture: Music, Identity and Place [M]. Basingstoke: Macmillan, 2000: 196.

❸ Roland Robertson. Glocalization: Time－Space and Homogeneity－Heterogeneity [C] //M. Featherstone, S. Lash, R. Robertson. Global Modernities. London: Sage, 1995: 27.

而是经历了一个文化混杂的过程，残余地方文化的各个方面[1]与新的全球文化形式无缝地交织在一起。这一观点得到了克莱迪（Kraidy）的支持，他认为："要理解地方/全球互动的微观政治，就必须承认所有当代文化在某种程度上是混合的。"[2] 同样的观点是由尼德文·皮特尔斯（Nederveen Pieterse）提出的，他把"全球化定义为一种杂交的过程，它会产生一种全球性的语言"。[3] 尼德文·皮特尔斯在这里的意思是，全球化不仅在世界不同地区拥有不同的经历，而且全球化进程在地方一级所呈现的物质性和美学性表现也有质的不同。因此，他观察到，"全球化是一个多维的过程，就像所有重要的社会过程一样，同时在多个存在领域展开"。[4]

事实上，人们只需看看麦当劳餐厅的概念，就可以确认当地文化情感如何塑形全球产品服务的接受。正如米勒（Miller）和麦克豪尔（McHoul）所观察到的：

> 在法国，当快餐业还是一种新生事物时（约占餐厅业务的5%，不过20世纪80年代末以后便迅速发展），麦当劳经历了一系列转变。在20世纪70年代，它很时髦：知识分子经常光顾为数不多的几家分店，时装秀则把自己与

---

[1] Raymond Williams. The Long Revolution［M］. Harmondsworth：Pengiun，1961.

[2] Marwan M. Kraidy. The Local，the Global and the Hybrid：A Native Ethnography of Glocalization［J］. Critical Studies in Media Communication，1999，16（4）：460.

[3] Jan Nederveen Pieterse. Globalization as Hybridization［C］//M. Featherstone，S. Lash，R. Robertson. Global Modernities. London：Sage，1995：45.

[4] Jan Nederveen Pieterse. Globalization as Hybridization［C］//M. Featherstone，S. Lash，R. Robertson. Global Modernities. London：Sage，1995：45.

汉堡摊联系在一起。但到了80年代末，这种差异性饮食已经变得普通。[1]

米勒和麦克豪尔进一步指出，在法国那些名字听起来很“美式”的快餐店，其发展也遭遇了当地阻力，最终法国政府成立了“文化部全国烹饪艺术委员会”，以负责保护本地美食“免受快餐店以及其他食品的压力冲击”。[2] 这种地方的接受和抵制形式，显然使麦当劳化被视为一个直截了当、无情消融文化差异的过程。不过，同样重要的是，我们要注意到世界不同地区的麦当劳和其他快餐连锁餐厅的菜单之间存在差异，为了迎合当地人的饮食偏好，这种调整是必要的。例如，在日本和远东地区的其他地方，麦当劳提供面条，而在斯堪的纳维亚半岛则供应更多的鱼类菜品。因此，正如这个简单的例子说明的那样，如果麦当劳现在是一个全球化标志，那么只有通过承认和融入当地烹饪品味和传统才能实现全球化。

全球化不仅涉及资本、货物和信息的全球流动，还体现在全球人口流动性的增强。全球化进程的这一方面在阿帕杜拉（Appadurai）的“民族景观”（ethnoscapes）概念中得到了生动的体现，这一概念指“那些构成我们不断变化的生活世界的人类景观：游客、移民、难民、流亡者、客栈客以及其他流动群

[1] Toby Miller, Alec McHoul. Popular Culture and Everyday Life [M]. London: Sage, 1998: 51.

[2] Toby Miller, Alec McHoul. Popular Culture and Everyday Life [M]. London: Sage, 1998: 51.

体与个人”。❶ 同样，这种情况也引发了对“地方”价值的质疑；主要观点是，随着越来越多的人成为全球流动人口，当地文化被稀释，城市中心成为一系列支离破碎和分散的文化情感的熔炉。这一思想在杜尔施密特的著作中得到了典型体现，他认为，当代世界的城市“当然不仅仅是资本、金融和信息流动的发生地，也是人口流动、社会实践和信仰的中心”。❷

不过其他理论家认为，尽管现在全球流动性对许多人来说已经成为生活事实，但在日常生活的构建和符号协商中，本土的某些方面仍然根深蒂固存在。事实上，有人认为，这种“地方主义”的情感，❸ 对于那些必须与新的社会环境总体情况诸如日常文化、风俗习惯等相适应的人来说，成为一项重要的身份定位行为形式。这种身份定位行为可以有多种形式。例如，汉纳兹（Hannerz）指出，尽管全球流动的机机遇越来越多，或者说这一流动确实是十分必要的，但许多全球旅行者基本上仍然是一些“反世界主义者”。正如汉纳兹所解释的，反世界主义者是：

> ……那些不愿离开家的人（主要是商务旅行者）；那些内心认同是地方人的人……他们谁会想知道东京有哪些

❶ Arjun Appadurai. Disjuncture and Difference in the Global Cultural Economy ［C］ //M. Featherstone. Global Culture：Nationalism，Globalisation and Modernity. London：Sage，1990：297.

❷ Jörg Dürrschmidt. Everyday Lives in the Global City：The Delinking of Locale and Milieau ［M］. London：Routledge，2000：13.

❸ Andrew Calabrese. Why Localism? Communication Technology and the Shifting Scales of Political Community ［C］ //J. Gregory，E. W. Rothenbuhler. Communication and Community. London：Lawrence Erlbaum，2001.

餐厅提供甜点，马德里哪家酒店有特大号美容床垫，墨西哥城是否有塔可钟快餐。[1]

正如汉纳兹例证所说明的，即使“越来越多的人过着流动变换的生活”[2]，基于一系列被认为理所当然的日常用品和实践中的共同情感，个人仍旧会保留强烈的地方认同感。此外，追求“家的舒适感”的不仅仅是一些商务旅行者。对许多外籍人士来说，他们的民族文化输出，也在帮助确定自我身份、了解自己是谁方面发挥了重要作用。这一点在音乐上得到了有效说明。例如，弗里斯（Frith）说：“在伦敦的爱尔兰酒吧……‘传统’爱尔兰民歌仍然是最有力的一种表达方式，让人们感受爱尔兰和思考‘爱尔兰性’到底意味着什么。”[3] 同样地，鲍曼[4]研究了彭戈拉（bhangra）音乐是如何在世界上获得流行的。彭戈拉，最初是一种旁遮普的民间音乐，经由英国亚裔音乐家将其与西方流行音乐风格相融合，这种音乐形式通过在英国和世界其他地方亚洲侨民举办的节日、婚礼或其他庆祝活动中表演成为全球流行音乐。对于这些人来说，彭戈拉为他们提供了

---

[1] Ulf Hannerz. Cosmopolitans and Locals in World Culture [C] //M. Featherstone. Global Culture: Nationalism, Globalisation and Modernity. London: Sage, 1990: 241.

[2] Mike Featherstone. Undoing Culture: Globalization, Postmodernism and Identity [M]. London: Sage, 1995: 154.

[3] Simon Frith. Towards an Aesthetic of Popular Music [C] //R. Leppert, S. McClary. Music and Society: The Politics of Composition, Performance and Reception. Cambridge: Cambridge University Press, 1987: 141.

[4] Gerd Baumann. The Re – Invention of Bhangra: Social Change and Aesthetic Shifts in a Punjabi Music in Britain [J]. Journal of the International Institute for Comparative Music Studies and Documentation, 1990, 32 (2): 81 – 95.

一种保持与民族文化根源相联系的重要手段（另见本尼特，2000[1]）。

从许多方面来看，晚期现代性全球化所产生的一个关键性影响，就是将“地方”转变成一种更为有力的身份建构符号。其中的关键点在于不可以把地方看作一个有限的自然空间，而是应该把它看作一个隐喻的、零散的结构。这里再次体现了钱尼关于后现代生活方式重要性所阐发的观点[2]，即生活方式是一种自反性选择，是一种嵌入社会的文化实践形式；而嵌入过程的关键就在于个体主动地使用那些限定的“地方性”话语和隐喻，从而传达地方性知识和情感。因此，地方性并没有丧失其重要性，而是成为一种越来越重要的定位策略，也就是说，个人可以通过这种方式，利用“一系列围绕于身边的**熟悉的、易懂的和易于理解的**地方性图像、话语和社会情感的嵌入，来敲定他们在当代日常生活中的定位”[3]（强调词摘抄于原文）。

如果说晚期现代性目睹了“地方”从一个现成的固定性实体转变为一系列关于空间、地方的话语隐喻，那么就不必对地方的性质和地方性认同达成共识。这一观点得到了卡特（Carter）等人的支持。他们认为，自然空间既可以获得多元理解，又具有文化上的可塑性；“既没有独立的个人，也没有具有特别凝聚力的社会群体，公共领域将是（自然规律方面或文

[1] Andy Bennett. Popular Music and Youth Culture：Music，Identity and Place［M］. Basingstoke：Macmillan，2000.

[2] David Chaney. Lifestyles［M］. London：Routledge，1996.

[3] Andy Bennett. Popular Music and Youth Culture：Music，Identity and Place［M］. Basingstoke：Macmillan，2000：197.

化方面）不同身份定位的群体之间争斗的场所”[1]。这些论争涉及如何以特定方式共同构建空间，并且这一构建主要是通过叙事来实现的。在给定的空间中，在任何时间都不会只存在一种叙事，而是多种地方性叙事共存：

> ……在提到“地方”时，我们实际上是指一个不同集体情感共同交叠的空间，每一种情感都对这个空间施加了不同的期望和文化需求。在这样做的时候，不同情感也以特定的方式建构了地方，并且这一过程确保了诸如地方性和地方身份等术语至少在某些程度上始终具有一定的主观性因素。这些主观性因素一开始运用于针对地方、社会和空间组织的共同基本知识，但是后来不同群体运用共同持有的价值观来补充这些知识，以创造特定的地方性叙述。[2]

这种地方性叙事的发展与充实是通过有选择地占有与分配资源而获得实现的，特别是那些由全球媒体和文化产业生产的资源。通过这种挪用行为，群体为他们的日常生活创造协商和“管理”策略，而文化资源则被赋予一些从当地知识中所提取出来的独特含义和意义。因此，这些国际资源被编织进入地方性文化结构，在个人的普通日常环境中扮演着自己的特殊角色。通过这种方式，后现代个人通过参与和实现文化环境生产而获得自由自主的权力。

---

[1] Erica Carter，Donald James，et al. Space and Place：Theories of Identity and Location［C］. London：Lawrence and Wishart，1993，XIV.

[2] Andy Bennett. Popular Music and Youth Culture：Music，Identity and Place［M］. Basingstoke：Macmillan，2000：66.

五、日常生活审美化

截至目前，本章已研究了一系列的理论概念，这些理论概念试图将当代日常生活呈现为具有象征性创造力的个体与其所处的地方环境之间持续性相互作用的产物。媒体和文化产业提供的图像、信息和产品成为个人在日常协商中所使用的资源，并且日常生活是一个涉及自反性身份的构建和表达，以及可居住空间开拓的进程。因此，我们可以将日常生活视为一个审美化的空间，❶ 也就是说，是一个个体拥有的生活方式在其中能够被表达、凝聚并形成共同策略的场所。因此，正如钱尼所观察到的，生活方式可以被视为一种“审美方案——可以在实践中理解行为者的特殊方式、他们可能做到的事以及他们之间具有的内部关系”。❷因此，生活方式研究是当代日常生活中实现群体划界的关键方法之一。正如卢里（Lury）观察到的：

> ……虽然（这种）界限划分可能纯粹是概念性的，但划分也常常会导致物质形态、物品、日常实践和仪式等客观形式的变化，从而加强并创造明显的类别区分。换句话说，通过塑造我们对事物、对彼此之间思考与行动方式的不同类别，作出区分成为社会生活的一个基本要素。这是因为，在这里或那里形成界线，对我们如何对待彼此和我们周围的世界有着明确的意义。在划定界限的过程中，我们延续了一种特定的思维方式，并确认了我们属于何种不

❶ Mike Featherstone. Consumer Culture and Postmodernism［M］. London：Sage，1991.

❷ David Chaney. Lifestyles［M］. London：Routledge，1996：147.

同社会群体的身份。[1]

因此，卢里支持像钱尼[2]和费瑟斯通[3]等这些生活方式理论者的观点，当代社会中，社会界限不再被视为具有严格的归属性——按照阶级、性别或种族划分；相反，社会界限是由群体经过反思性思考自我划定的，这些群体的集体身份是通过共同的品味、习惯和兴趣模式衍生出来的，每一种都是生活方式定义的中心组成部分之一。[4] 在晚期现代性的背景下，生活方式作为一种审美研究的重要性逐渐凸显，并旨在阐明身份政治的独特性作用。试举一例，以风格为基础的青年文化，曾经被认为是阶级的直接产物[5]（另见第一章和第五章），现在则更普遍地被视为自反性身份选择的产物。[6] 正如本书目前将要思考的，这种自反性也可以在媒体娱乐的使用、时尚的选择，甚至是对特定旅游胜地和活动的选择偏好上看到。

虽然到目前为止，学术界对生活方式的研究主要局限于一些相对狭窄的活动，特别是消费主义活动（如见费瑟斯通，1991[7]），不过也可以从一些对生活方式规划具有重要性影响的

[1] David Chaney. Lifestyles [M]. London: Routledge, 1996: 140.

[2] David Chaney. Lifestyles [M]. London: Routledge, 1996.

[3] Mike Featherstone. Consumer Culture and Postmodernism [M]. London: Sage, 1991.

[4] David Chaney. Lifestyles [M]. London: Routledge, 1996.

[5] Stuart Hall, Tony Jefferson. Resistance Through Rituals: Youth Subcultures in Post - War Britain [M]. London: Hutchinson, 1976.

[6] Andy Bennett. Popular Music and Youth Culture: Music, Identity and Place [M]. Basingstoke: Macmillan, 2000; David Muggleton. Inside Subculture: The Post-modern Meaning of Style [M]. Oxford: Berg, 2000.

[7] Mike Featherstone. Consumer Culture and Postmodernism [M]. London: Sage, 1991.

其他相关集体性活动进行规划和研究。[1] 例如与体育[2]、电影[3]和音乐[4]有关的各种类型的粉丝圈，都可以看作一种更为广泛的审美实践的一部分，通过这些实践活动，共同生活方式的规划策略得以形成和获得表达。对审美具有影响的生活方式规划在越来越流行的反主流文化情感中也同样明显，每一种反主流文化都体现了对晚期现代社会的公开性批判（另见第八章）。贝克认为，晚期现代性的一个主要特征就是对科学技术权威性丧失信心。[5] 20世纪60年代后期，嬉皮士反主流文化拒绝“技术官僚”，并随之转向唯心主义和东方信仰，[6] 这一现象首先可以被视为是生活方式“政治化”的首要例证，在包含反主流思想的意识形态和实践领域，反主流文化活动变得日益广泛和多元化。这方面的例证还包括“新社会”运动和DIY政治运动，如“重修街道”和反公路抗议活动等。[7] 与此相关的还有前工

[1] David Chaney. Lifestyles [M]. London: Routledge, 1996.

[2] Steve Redhead. Post – Fandom and the Millenial Blues: The Transformation of Soccer Culture [M]. London: Routledge, 1997; Adam Brown. Fanatics! Power, Identity and Fandom in Football [M]. London: Routledge, 1998.

[3] Christine Gledhill. Stardom: Industry of Desire [M]. London: Routledge, 1991; Lewis, Lisa A. The Adoring Audience: Fan Culture and Popular Media [M]. London: Routledge, 1992.

[4] Andy Bennett. Popular Music and Youth Culture: Music, Identity and Place [M]. Basingstoke: Macmillan, 2000.

[5] Ulrich Beck. The Risk Society: Towards a New Modernity [M]. trans. M. Ritter. London: Sage, 1992.

[6] Theodore Roszak. The Making of a Counter Culture: Reflections on the Technocratic Society and its Youthful Opposition [M]. London: Faber and Faber, 1969; Charles A. Reich. The Greening of America [M]. Middlesex, England: Allen Lane, 1971.

[7] George McKay. DIY Culture: Party and Protest in Nineties Britain [M]. London: Verso, 1998.

业时代风俗和信仰的各种复兴，例如异教信仰[1]和巫术崇拜等[2]。

互联网等家庭科学技术的前沿发展，使得人们又创造了一个与日常生活密切相关的维度，这些技术可以统称为“新媒体”（见第四章）。这样的设备使得地方和全球层面的交流更加即时迅速，同时也为个人和集体的创造行活动开辟了新的途径。这在年轻人中尤为明显。因此，正如雷默所观察到的，战后社会每十年的变化中，最容易接受新形式媒体技术发展的便是青年人。[3] 由于更具有互动性，互联网等新技术为年轻人打开了与以往媒体形式不同的创造性可能。霍尔和纽伯里认为，互联网的创造性潜力体现在两个方面：第一，它提供了一种新的“文化参与机会”。第二，互联网提供了一个可随意访问的媒介，通过它，年轻人能够探索和宣传他们自己的身份意识和探索个人兴趣关注点。[4]

如上所示，由于晚期现代社会生活方式项目的范围和多样性不断扩大，进行反思批判性实践的可能性也越来越大，从而丰富了当代社会环境的日常生活活力。事实上，钱尼认为，大众消费文化对日常生活的一个关键影响，就在于它促进了一种“文化碎片化”的状态。钱尼在这里的意思是，大众文化提供

---

[1] Sabina Magliocco. Neo - Pagan Sacred Art and Altars: Making Things Whole [M]. Jackson: University Press of Mississippi, 2001.

[2] Susan Greenwood. Magic, Witchcraft and the Otherworld: An Anthropology [M]. Oxford: Berg, 2000.

[3] Bo Reimer. The Media in Public and Private Spheres [C] //J. Fornaäs, G. Bolin. Youth Culture in Late Modernity. London: Sage, 1995.

[4] Roz Hall, Darren Newbury. “What Makes You Switch On?” Young People, the Internet and Cultural Participation [C] //J. Sefton - Green. Young People, Creativity and New Technologies: The Challenge of Digital Arts. London: Routledge, 1999: 100 - 101.

给个人的图像和资源激增，因此向个人展示了多元的文化情感；形成一系列认识自我与日常生活协商方式。钱尼认为，这样做的结果是，过去被视为社会控制关键形式的主导文化意识形态，在晚期现代社会变得越来越难以维持。钱尼指出，文化越来越难划分出一个单独的“空间”。[1] 换言之，文化不能再被视为一种独特的意识形态结构，为本质主义的表征与适用性代言，例如此前认为文化可以与国家认同、风俗习惯有关，具有维持社会秩序的功能。尽管个人在日常生活中仍然受制于各种形式的权力控制，但他们仍然“寻求抵抗或逃避的形式；日常生活（因此）成为一个斗争的领域或场所，在那里，意义被相互争夺或者被神秘莫测的他者所收回”。[2]

这本书的第二部分主要考察当代社会中休闲和消费主义的一些主要形式，并思考个人如何利用它们来构建共同生活方式规划，从而有效地参与并管理他们的日常生活。

---

[1] David Chaney. Cultural Change and Everyday Life [M]. Basingstoke: Palgrave, 2002: 170.

[2] David Chaney. Cultural Change and Everyday Life [M]. Basingstoke: Palgrave, 2002: 175.

第二部分　日常生活文化地形

第四章　媒介与新媒介

……媒介文化已经成为社会化的主导力量，媒体形象和名流取代了家庭、学校和教堂，成为品味、价值和思想的仲裁者，并产生新的认同模式，以及对风格、时尚和行为的共鸣性想象。

——凯勒❶

正如凯勒上述分析所表明的，大众传媒，即电视、报纸和杂志等传播媒介，是晚期现代日常生活的一个重要方面。半个多世纪以来，大众传媒不仅是信息的主要来源，而且在塑造个人对周围世界的看法方面也发挥着重要作用。20 世纪末以来，数字技术的进步意味着"传统"形式的视觉和印刷媒体行业现在加入了一系列"新媒体形式"，尤其值得注意的是电子邮件和互联网。后者不仅带来更为快速和即时的交流形式，而且正在缩小"公共"和"私人"空间之间的界限。❷

当代文化可以说是一种媒介饱和的文化。不过，正如研究所揭示的那样，传统媒体和新媒体形式的日常使用挑战了那些大众文化理论家所作出的悲观预测，他们此前认为媒介扩张只

---

❶ Douglas Kellner. Media Culture [M]. London: Routledge, 1995: 17.

❷ Leslie Regan Shade. Is there Free Speech on the Net? Censorship in the Global Information Infrastructure [C] //R. Shields. Cultures of Internet: Virtual Spaces, Real Histories, Living Bodies. London: Sage, 1996.

会导致大众受众遭受更为有效的意识形态控制（见第一章）。其实，首先当代社会媒体的广泛性和复杂性使得人们有可能质疑大众受众的概念。❶ 其次当代媒体受众似乎越来越异质化，个人品位由一系列高度差异化的不同文化组成。因此，如果说受众一直比大众文化理论所认为的更加“活跃”，那么电子邮件和互联网等新媒体形式便准许增强受众与媒体图像文本之间的互动。本章将要探讨的就是当代日常生活中媒体与受众之间的这一互动关系。

一、媒介文化

根据史蒂文森的观点，说起晚期现代文化就要说起媒介文化。他认为，这就体现出媒体在后现代日常生活中的嵌入性，它已经成为后现代日常生活文化结构的一个组成部分。知识、身份、品味和生活方式等问题关乎晚期现代文化的核心界定特征，并且这些特征总是由个人对媒体文本和图像的消费来概念化和操作化的。因此，正如史蒂文森所看到的：

> ……现代文化大部分内容是通过大众传播媒介进行传播的。各种媒体传播古典歌剧和音乐、关于政治家生活的小报故事、最新的好莱坞八卦和来自世界各地的新闻。这深刻地改变了现代性生活中的现象性经验。❷

正如史蒂文森所暗示的那样，晚期现代性生活的“现实”

❶ Ien Ang. Living Room Wars: Rethinking Audiences for a Postmodern World [M]. London: Routledge, 1996.

❷ Nick Stevenson. Understanding Media Cultures [M]. London: Sage, 1995: 3.

基础，需要吸收并表达从媒体接收到的视觉化与文本化表征。这一点得到了钱尼的支持，他认为“我们生活经验的所有层面内容，都是通过表现性资源的构成活动而获得形成和显现的”。[1] 媒体的表现力可以从多个层面观察到。例如在当代社会中，国家和/或文化身份的主导概念，通过在电视和电影等主要日常媒体中的“表现”方式而获得了强烈影响（例如，见莫利［Morley］与罗宾斯［Robins］，1989[2]；范登布鲁克［Van den Bulck］，2001[3]）。同样，当面临战争或其他形式的社会政治冲突，国家濒临险境时，媒体在维护主导意识形态地位方面发挥着中心作用。根据凯勒的说法，“媒体文化生产的表象试图诱导人们对某些政治立场的认同，使得社会成员将特定的意识形态视为‘事物的本来面目’”。[4]

然而，正如鲍辛格（Bausinger）指出的，重要的是不应夸大媒体在这方面的力量。事实上，这样做只会导致简单重复着先前大众文化所批判的那种失败，观众不过是文化上的被愚弄者。虽然媒体可以为受众提供具有表现性的资源和“一种观看的方式”，但这与传播、接受或日常使用这些资源之间没有直接的关系。相反，在理解媒体信息并将其应用到自己的日常生活经验时，受众会利用一系列地方知识和情感，通过这些知识

---

[1] David Chaney. The Cultural Turn：Scene Setting Essays on Contemporary Cultural History［M］. London：Routledge，1994：67.

[2] David Morley，Kevin Robins. Spaces of Identity［J］. Screen，1989，30（4）：10－34.

[3] Hilde Van den Bulck. Public Service Television and National Identity as a Project of Modernity：The Example of Flemish Television［J］. Media，Culture and Society，2001，23（1）：53－69.

[4] Douglas Kellner. Media Culture［M］. London：Routledge，1995：59.

和情感，中介信息被框架化和语境化。正如鲍辛格所观察到的：

> ……电视和其他媒体没有传达一点真实感……现实经由媒介或其他事物共同中介化，并且不断地被重新建构。(媒体内容）辐射进入现实的其他部分，因此无法与之分离。❶

正是这样一种将媒体视为资源的看法，既塑造了受众的日常知识和情感，又被受众的日常知识和情感所塑造，并对思考当代社会媒体文化意义产生深远的当下影响。本章其余部分将考察一系列大众传媒作为一种日常生活文化资源的重要性。

二、电视

直到最近，有大量关于媒体和媒体受众的学术研究都集中于考察电视媒体。对电视的这种集中关注可以归结为两个原因。首先，它是一种非常容易接触到的媒介，在世界上许多国家的大多数家庭内都可以找到电视的存在。❷ 其次，电视是了解地方或世界新闻事件及其发展的重要信息来源。❸ 早期电视研究主要集中在新闻和时事节目上，一个重要的例证就是针对格拉斯哥媒体集团于20世纪70年代和80年代初，对马岛战争以及1984~1985年矿工罢工等事件的新闻报道所进行的一系列开创

---

❶ Hermann Bausinger. Media, Technology and Daily Life [J]. Media, Culture and Society, 1984 (6): 350.

❷ James Lull. World Families Watch Television [M]. London: Sage, 1988.

❸ Stuart Hall. Technics of the Medium [C] //J. Corner, S. Harvey. Television Times: A Reader. London: Arnold, 1971.

性研究。[1] 然而，到了 80 年代，电视研究的范围逐渐扩大到思考观众对更为多样化电视节目的反应，包括肥皂剧、游戏节目和“真人秀”等。

电视观众研究可以区分出三个不同时期与阶段。[2] 第一阶段的研究主要围绕霍尔（1973）[3] 所提出的编码/解码模型，该模型重点思考“某些消息被发送，然后以一定的效果所接收”的现象。[4] 不过，与早期大众文化研究方法不同，编码/解码模型允许这样一个事实，即电视文本受众所理解的含义可能与那些文本制作者的意图是不同的。正如阿拉苏塔米（Alasuutari）所说：“信息不再被理解为发送者向接收者递送抛出的一个包裹或一个球。”[5] 这种研究方法的一个典型例证，就是莫利针对“全国范围”电视观众（The “Nationwide” Audience）所作的一项十分深入的民族志研究，这一研究重点关注观众对英国广播公司（BBC）全国早间新闻节目的反应。莫利的研究指出，观众对节目中新闻故事的反应和解读存在相当大的差异。正如摩尔所观察到的：

> ……莫利证实了霍尔的观点，即消费者不是已编码意

---

[1] John Eldridge. The Glasgow University Media Group Reader：News Content, Language and Visuals [M]. London：Routledge，1995.

[2] Pertti Alasuutari. Introduction：Three Phases of Reception Studies [C] //P. Alasuutari. Rethinking the Media Audience. London：Sage，1999.

[3] Stuart Hall. Encoding and Decoding in the Television Discourse [C] //CCCS Stencilled Paper 7，University of Birmingham，1973.

[4] Pertti Alasuutari. Introduction：Three Phases of Reception Studies [C] //P. Alasuutari. Rethinking the Media Audience. London：Sage，1999：3.

[5] Pertti Alasuutari. Introduction：Three Phases of Reception Studies [C] //P. Alasuutari. Rethinking the Media Audience. London：Sage，1999：3.

> 义和身份的被动接受者。即使是那些在主流代码运转活跃的情况下理解全国性信息的观众，也进行了积极的，甚至部分是无意识的符号劳动。他们更为普遍接受的针对信息的阅读方式，是将其视为一次多视角交流的结果，而不是将受众视为一张仅供填写文本的“空白页”。❶

莫利的发现，特别是他们针对早期大众文化对媒体受众的同质性和被动性假设所提出的挑战，为电视研究提供了一种新的范式，强调进行民族志描述，从观众自己那里获得他们对电视节目视觉性和文本性信息意义的看法。这种新方法被称为“建构主义”研究方法，正如阿拉苏塔米所解释的：

> ……包括针对特定人群的特定节目意义和用途的问题，也包括将媒体及其内容作为现实和表现框架，或者说对现实的歪曲问题。❷

对电视观众的人种学研究也揭示出电视收视中存在强烈的性别化模式，特别是女性观众更喜欢其中性别角色和感情关系是关键主题的浪漫连续剧或其他形式的电视剧。据阿拉苏塔米称，关于这个问题的研究认为，“女性观众通过解读并利用所提供的（关于性别关系的）读物与她们的日常生活和经历背景

---

❶ Shaun Moores. Interpreting Audiences：The Ethnography of Media Consumption [M]. London：Sage，1993：22.

❷ Pertti Alasuutari. Introduction：Three Phases of Reception Studies [C] //P. Alasuutari. Rethinking the Media Audience. London：Sage，1999：7.

作出对比”。[1] 这在女性观众对肥皂剧的接受程度方面表现尤为明显。研究人员认为，女性观众对肥皂剧的喜爱，部分原因在于她们能够将故事情节、人物和每一周的节目情景与她们的日常生活联系起来。因此，正如杰拉蒂（Geraghty）所说：“肥皂剧在传统上讲的是社会关系的结构……提出个人应该如何生活的问题，并给予无限多的机会来研究忠诚、一致性、失望和个人选择的问题。”[2] 正如杰拉蒂的观察所表明的那样，为了让肥皂剧以这种方式运作，观众对文本的高度参与是必要的。因此，与其简单地将肥皂剧视为“已完成的叙述”，不如说观众们积极地处理肥皂剧文本，将文本的叙述拆开，以适合他们自己日常生活的方式进行改写。

根据杰拉蒂的说法，肥皂剧受众的这种创造性工作也延伸到了肥皂剧文本的连续性上。肥皂剧平均每周放映三次，每集通常有下午和晚上两个播出时段。[3] 在这两段时间里，肥皂剧中的角色扮演着如杰拉蒂所说的“无记录的存在”[4]，需要某种方式被赋予生命。这种文本缺口是由观众通过他们对特定肥皂剧人物、人物所涉及的事件和可能结果的个人思考和集体讨论来填补的。正如克里伯所说，通过引起观众反应，肥皂剧有能

---

[1] Pertti Alasuutari. Introduction: Three Phases of Reception Studies ［C］ //P. Alasuutari. Rethinking the Media Audience. London: Sage, 1999: 5.

[2] Christine Geraghty. British Soaps in the 1980s ［C］ //D. Strinati, S. Wagg. Come on Down?: Popular Media Culture in Post – War Britain. London: Routledge, 1992, 133.

[3] Ruth Rosen. Soap Operas: Search for Yesterday ［C］ //T. Gitlin. Watching Television. New York: Pantheon, 1986.

[4] Christine Geraghty. The Continuous Serial – A Definition ［C］ //R. Dyer, C. Geraghty, M. Jordan, et al. Television Monograph: Coronation Street. London: BFI, 1981.

力“以一种当代媒体所不能比拟的方式赢得观众的参与”。[1] 事实上，正如这些观察研究所表明的那样，肥皂剧的吸引力远远超出了观看的范围，观众在一系列日常场景中共同讨论故事情节、故事情节和肥皂人物。根据霍布森（Hobson）所说：

> 看肥皂剧所获得的乐趣，很大一部分是和别人谈论它……或是在学校、工作或是在休闲时刻……谈论肥皂剧成为不论男女日常工作文化的一部分。肥皂剧适合他们工作时间或午休时间进行交流。谈论的形式与过程就是讲故事、评论故事、叙述故事，把故事联系起来并评估它们的真实性，从戏剧转向讨论发生在媒体报道的“真实世界”中的事件。[2]

霍布森的探讨提供了一个有效的例证，指出通过在非观看环境中讨论肥皂剧主题内容的方式，观众如何有效地填补了肥皂剧文本的“非直播”鸿沟，应用日常生活的知识经验作为一种保持故事情节生动性和连续性的手段。霍布森的研究还表明，观看肥皂剧不再是一种特殊的性别化活动；相反，她认为，肥皂剧的日常吸引力已经可以吸引所有年龄段的男性和女性观众。这一观点得到了杰拉蒂的支持，他认为肥皂剧受众的多样化“扩张了肥皂剧的类型界限，使其从女性小说的传统关注点转

[1] Glen Creeber. “Taking Our Personal Lives Seriously”：Intimacy，Continuity and Memory in the Television Drama Serial ［J］. Media，Culture and Society，2001，23（4）：441.

[2] D. Hobson. “Soap Operas at Work” ［C］//E. Sieter，H. Borchers，G. Kreutzner，E. M. Warth. Remote Control：Television，Audiences，and Cultural Power. London：Routledge，1989：150.

移开来”。[1] 肥皂剧的受众不断扩大，引发了这样的一个问题：这些不同的观众是如何看待和回应肥皂剧的。因此，艾伦认为，肥皂剧的受众可以被看作由不同“解释群体”组成的，他们在肥皂剧的“各种感知文本特征”框架下参与构建“话语关系”。[2]

艾伦（Allen）的电视研究观察获得了巴克（Chris Barker）和安德烈（Julie Andre）针对肥皂剧对青少年观众影响的实证研究支持。这项研究认为，肥皂剧对青少年的一个关键性价值在于它可以作为“一个讨论难解的或令人尴尬话题的讨论场所”的功能。[3] 这一点可以参考一组关注年轻人对某些肥皂剧特定人物的性取向问题的调查研究。正如巴克和安德烈所解释的那样，通过这些讨论，年轻人能够形成并表达他们对性话题的个人观点：“有些发言者试图确证自己有着固定的异性恋身份，而另一些人则表达一种更为灵活的立场，对性的可塑性持开放态度。”[4]

肥皂剧不断扩大的吸引力也引发人们思考肥皂剧在不同国家文化背景下解读方式的问题。例如，在一项关于美国肥皂剧《达拉斯》在不同国家的观众接受程度研究中，利贝斯和卡茨注意到一系列针对该剧的本土化反应。例如，在以色列的阿拉

---

[1] Christine Geraghty. Women and Soap Opera：A Study of Prime Time Soaps［M］. Cambridge：Polity，1991：167.

[2] Robert C. Allen. Bursting Bubbles：“Soap Opera”，Audiences，the Limits of Genre［C］//E. Sieter，H. Borchers，G. Kreutzner，E. M. Warth. Remote Control：Television，Audiences，and Cultural Power. London：Routledge，1988：45.

[3] Chris Barker，Julie Andre. Did You See? Soaps，Teenage Talks and Gendered Identity［J］. Young：Nordic Journal of Youth Research，1996，4（4）：27.

[4] Chris Barker，Julie Andre. Did You See? Soaps，Teenage Talks and Gendered Identity［J］. Young：Nordic Journal of Youth Research，1996，4（4）：27.

伯观众，通常将达拉斯视为西方资本主义通过促进经济利他主义和金融贪婪而导致的道德堕落的象征。相比之下，在日本，观众抱怨故事情节的快速发展，不赞成每周更新一集和抓人眼球的结尾，而这是西方连续剧中的标准配置，旨在保持观众的兴趣。正如利贝斯和卡茨所说："这种公式和观众期望之间的不相容性为美国家庭剧在日本播放量失败的原因提供了线索。"❶ 根据他们的研究结果，利贝斯和卡茨认为，当地受众是独特的"解释性共同体"的一部分，他们对"文本的积极'协商对话'是由地方性环境形成的日常知识和情感所决定的"。❷

值得注意的是，面对地方拨款制作的、少数民族特色的连续剧以及电视节目，观众的审美接受观有很大不同。哈文斯（Havens）针对美国流行情景喜剧《科斯比·秀》（Cosby Show）的研究就是一个例证，该剧的主角是一个非裔美国中产阶级家庭。据哈文斯称，尽管这部剧的地方接受性十分明显，例如在南非"科斯比·秀非常具有煽动性，以至于一名议员公开批评该节目的'ANC 信息'，但是该节目的吸引力似乎也主要源于它能够向'不同处境的观众'传达一系列普遍认同的信息"。❸ 哈文斯认为，实际上，科斯比·秀强化了一种跨民族认同感，为全球分散的非洲人和其他非白种人散居共同体提供了一种情感

❶ Tamar Liebes, Elihu Katz. On the Critical Abilities of Television Viewers [C] //E. Sieter, H. Borchers, G. Kreutzner, E. M. Warth. Remote Control: Telvision, Audiences, and Cultural Power. London: Routledge, 1989: 213.

❷ Tamar Liebes, Elihu Katz. On the Critical Abilities of Television Viewers [C] //E. Sieter, H. Borchers, G. Kreutzner, E. M. Warth. Remote Control: Telvision, Audiences, and Cultural Power. London: Routledge, 1989: 204.

❸ Timothy Havens. "The Biggest Show in the World": Race and the Global Popularity of The Cosby Show [J]. Media, Culture and Society, 2000, 22 (4): 373.

联系：

> ……许多黑人和非白种人的后殖民主义观众因为共同的种族殖民剥削和当代阶级压迫历史，表达了对《科斯比·秀》节目的喜爱……这种密切关系不局限于经济条件，还延伸到包括相似的帝国剥削和恐怖行动历史，包括西方在文化上的种族灭绝行为。这些不同的观众表达了对科斯比·秀的钦佩，因为它避开对黑人的传统刻板印象，同时容纳了爵士乐等明显的黑人文化符号。[1]

电视与观众的族群认同建构之间的关系，也是吉莱斯皮（Gillespie，1995）[2] 对伦敦的南亚侨民研究的核心。如其他地方所述（如夏尔玛等，1996[3]），在英国周边的南亚社群中，代际关系仍然存在，因为这些社群的年轻成员在努力调和他们家庭中年长成员移民前的情感，和他们自己在当代英国社会中为自己开辟一个文化空间的需要。[4] 正如吉莱斯皮所观察到的，这种日常斗争的相关情况可以参考南亚家庭成员共同观看印地语电影的研究。在这些电影中所体现的“亚洲特质”在代际层面上引起了很多争论。根据吉莱斯皮所说：

---

[1] Timothy Havens. “The Biggest Show in the World”：Race and the Global Popularity of The Cosby Show ［J］. Media，Culture and Society，2000，22（4）：374 – 375.

[2] Marie Gillespie. Television，Ethnicity and Cultural Change ［M］. London：Routledge，1995.

[3] Sharma，Sanjay，Hutnyk，et al. Dis – Orienting Rhythms：The Politics of the New Asian Dance Music ［M］. London：Zed Books，1996.

[4] Gerd Baumann. Dominant and Demotic Discourses of Culture：Their Relevance to Multi – Ethnic Alliances ［C］//P. Werbner，T. Modood. Debating Cultural Hybridity：Multi – Cultural Identities and the Politics of Anti – Racism. London：Zed Books，1997.

……观看印地语电影的同时，往往会播放关于传统和现代性的一些观点和激烈的辩论；事实上，有证据表明，印度和英国的观众对印地语电影内容的讨论要多得多，其次才是西方电影的内容。❶

对电视游戏节目的观众反应研究，也证明了观众－文本间互动是一个重要的因素。游戏类节目的受欢迎程度，使其已经成为世界上许多国家电视节目的基本组成部分之一。菲斯克在20世纪80年代末撰文指出，仅在美国，就有300多个不同的智力竞赛和游戏类节目播出，其中大部分都是在白天播出的，而且多数都是针对女性消费者。❷ 在过去的十年里，智力竞赛和游戏类节目的受欢迎程度，以及他们的目标观众范围，已经大大扩大。根据菲斯克的说法，游戏类节目的吸引力很大一部分是在于它对日常知识和一系列生活技能的价值化可以直接转化为物质产品或假日的乐趣。❸ 显然，游戏类节目在这方面的吸引力不只局限于参赛者本身。更确切地说，通过运用他们的个人知识和正确回答问题，观众在家里观看电视问答节目的同时，也让自己也扮演了参赛者的角色。此外，家庭观众对游戏节目的这种参与程度往往超越个人观众的观看，提供了一个集体参与的机会。莫利（1992）❹ 支持这一观点，认为看电视通常是一种以

❶ Marie Gillespie. Television, Ethnicity and Cultural Change [M]. London: Routledge, 1995: 80.

❷ John Fiske. Reading the Popular [M]. London: Routledge, 1989: 133.

❸ John Fiske. Reading the Popular [M]. London: Routledge, 1989: 136.

❹ David Morley. Television, Audiences and Cultural Studies [M]. London: Routledge, 1992.

家庭为中心的活动，家庭成员总是相互讨论节目，在电视屏幕前大声发表评论等。智力竞赛节目允许展示个人的知识储备和专业知识，是全国性和全球性电视娱乐活动与起居室家庭空间动态互动的一个重要范例。

西弗斯滕（Syversten）对游戏节目参与者的研究进一步说明了屏幕内外这种不同参与之间的联系。根据西弗斯滕的说法，参加电视游戏节目“不仅涉及参与者本身，还涉及他们更为广阔的社交网络”。[1] 西弗斯滕指出，当被问及导致他们出现在游戏节目中的原因时，许多受访者表示，家人、朋友或同事都鼓励他们这样做。因此，参与电视节目成为一种集体性事件。不仅涉及参与者个人，也包括参赛者更为广阔的社会网络。

日常生活与电视、私人领域与公共领域之间界限的模糊[2]也是范·佐恩（van Zoonen）研究真人秀节目《老大哥》的核心所在。“老大哥”最初是荷兰的一个电视节目概念，现在已经在包括英国和美国等许多不同国家进行节目制作。节目围绕一个由许多“参赛者”居住的“老大哥之家”展开。每天晚上电视观众都可以通过电视直播观看住户的活动，而可以上网的观众也可以进行“非直播”观看。每周末观众都会被邀请投票选出他们认为应该被驱逐出“老大哥之家”的人。范·佐恩认为，“老大哥”把普通人的私生活，包括他们所有正常的、日常的、看似不重要的经历，变成了日常的奇观。[3] 与肥皂剧一

---

[1] Trine Syversten. Ordinary People in Extraordinary Circumstances：A Study of Participants in Television Dating Games ［J］. Media，Culture and Society，2001，23（3）：320.

[2] Bo Reimer. The Media in Public and Private Spheres ［C］ //J. Fornaäs，G. Bolin. Youth Culture in Late Modernity. London：Sage，1995.

[3] Liesbet van Zoonen. Desire and Resistance：Big Brother and the Recognition of Everyday Life ［J］. Media，Culture and Society，2001，23（5）：670.

样,《老大哥》的部分吸引力无疑与它处理的是人们日常生活中所面临的问题有关,不同之处在于,肥皂剧中用来耸人听闻的虚构手法被节目的“现实生活”场景所取代。事实上,范·佐恩认为,老大哥节目概念的成功,以及国家电视公司试图将“面向特定目标群体”的模式多样化,❶ 表明了一个被原子化的民众渴望回归日常生活的集体性体验。因此范·佐恩建议:

> 在《老大哥》中,电视和互联网平台的结合创造了一种集体性体验,这一体验的特点是渴望集体性日常生活,以及对公共“文明”文化规范的反叛。这种渴望不是由滑冰马拉松、皇家婚礼、全国性灾难或足球锦标赛等特殊事件引起的,而是植根于日常的繁忙生活体验,这造就了“老大哥”节目成功的基础。它源于当代资产阶级在私人领域和公共领域之间的分裂,这种分裂孤立了私人生活,使私人生活边缘化,使之隐形。❷

关于电视与观众之间的互文性关系,另一个重要观点是关注这种关系在人类生命周期中的不同变化。这一点在冈特利特(Gauntlett)和希尔(Hill)的一项研究中得到了说明,该研究从儿童到老年的人口统计学角度,考察由电视节目引发的个人意义思考。关于退休老年观众,冈特利特和希尔发现,虽然他们“是一个观看各种电视节目的多元化群体”,但仍有一些可

---

❶ Liesbet van Zoonen. Desire and Resistance: Big Brother and the Recognition of Everyday Life [J]. Media, Culture and Society, 2001, 23 (5): 673.

❷ Liesbet van Zoonen. Desire and Resistance: Big Brother and the Recognition of Everyday Life [J]. Media, Culture and Society, 2001, 23 (5): 673.

识别的观看特征，这些特征与后来生活中获得的情感相一致。[1]因此，正如年轻观众发现他们的日常话语和经历大多反映在肥皂剧和快速动作剧中一样，老年观众也表现出更倾向于与他们的生活节奏和日常经历更为一致的节目。根据冈特利特和希尔的研究，老年人选择的电视节目：

> ……不倾向于在荧屏上出现大量的暴力、性或粗俗语言，而是通常具有轻松、愉快、怀旧和中产阶级的主题（与反映现代城市生活的“严酷现实”相反），而且他们通常将不是年轻人的主要人物视为主角。[2]

如果说电视也许是日常生活中占主导地位的媒体形式，那么它还得到了其他一系列媒体的支持，尤其是印刷媒体出版物。与电视节目一样，为吸引不同的目标市场，平面媒体出版物的范围和内容也已经走向多样化。

三、印刷媒体

在过去的20年里，印刷媒体取得了巨大发展。特别是“利基”媒体，即那些旨在吸引特殊市场份额，像“生活”杂志类型的专业出版物，其数量和范围都有了大幅增长（另见第五章）。桑顿（Thornton）认为，利基媒体的增长是三个相互关联因素的产物：更详细的市场调查、更严格的目标市场营销，以

---

[1] David Gauntlett, Annette Hill. TV Living: Television Culture and Everyday Life [M]. London: Routledge/British Film Institute, 1999: 175.

[2] David Gauntlett, Annette Hill. TV Living: Television Culture and Everyday Life [M]. London: Routledge/British Film Institute, 1999: 175.

及桌面出版等新技术的可用性提高。[1] 早期利基媒体是针对青年市场的，侧重于音乐时尚等主题。这些杂志还刊登一些唱片业、时装业、饮料业和烟草业的广告。桑顿认为，通过瞄准青年市场的特定领域，迎合音乐、风格和其他休闲追求的特定品位，利基媒体在青年文化群体的形成中发挥了基础性作用。因此，桑顿认为，面向年轻人的利基媒体“对社会群体进行分类，布置声音，列出着装清单，并给所有东西贴上标签。利基媒体对场景进行施洗，产生维持文化差异所需的自我意识”。[2]

利基媒体的市场增长也使得妇女杂志的数量和范围显著增加。正如温希普（Winship）所言，传统女性杂志一直致力于维护女性的保守观念，关注普遍认同的女性活动和休闲追求，尤其是“母性、家庭生活、美丽与时尚、爱情与浪漫、烹饪与编织”。[3] 巴拉斯特（Ballaster）等人认为“这与作为‘家庭主妇’的女性读者将杂志视作工作手册的表现紧密相关”。[4] 以女性读者为对象的杂志中的这种性别化特征，在针对青少年女性读者的出版物中也被注意到。例如，在对20世纪70年代流行的青少年杂志《杰姬》（*Jackie*）的研究中，麦克罗比认为，该杂志的文章和故事都是以形象和榜样为主的，这些形象和榜样旨在根据少女在成人生活中所扮演的角色来对她们进行训练。

---

[1] Sarah Thornton. Club Cultures: Music, Media and Subcultural Capital [M]. Cambridge: Polity Press, 1995: 151.

[2] Sarah Thornton. Club Cultures: Music, Media and Subcultural Capital [M]. Cambridge: Polity Press, 1995: 151.

[3] Janice Winship. Inside Women's Magazines [M]. London: Pandora, 1987: 6.

[4] Ballaster, Ros, Beetham, et al. Women's Worlds: Ideology, Femininity and the Woman's Magazine [C]. Basingstoke: Macmillan, 1991: 123.

根据麦克罗比的说法：

> 《杰姬》专门创建、定义和关注“个人”，将杂志定位为少女最关注的领域。这个由个人和情感组成的世界是一个包罗万象的整体，由此看来，其他一切都是次要的。浪漫、困难、时尚、美丽和流行都标志着女孩的女性特质。❶

20世纪80年代，女性杂志开始摆脱这种表现形式。《她》(*Elle*)、《玛丽嘉儿》(*Marie Claire*)、《小十七》(*Just Seventeen*) 和《谜姬》(*Mizz*) 等新出版物“旨在打破国内杂志传统”，表达了一种新的“自信心和对世界的开放态度”。❷ 正如麦克罗比所指出的，这些新兴女性杂志系列对社会中更为广泛的女性化模式变化做出了回应。即使是男性流行偶像在这类杂志上的表现，也体现出一种新的讽刺元素，即让女孩成为粉丝，而不是单纯的“傻女孩”。❸

史蒂文森认为，女性杂志不再试图再现社会中现有的性别关系秩序，而是越来越关注女性主义问题，包括“从更为解放的角度进行性定义，再到妇女健康和女性就业问题”。❹ 正如史

---

❶ Angela McRobbie. Feminism and Youth Culture: From Jackie to Just Seventeen [M]. Basingstoke: Macmillan, 1991: 205.

❷ Ballaster, Ros, Beetham, et al. Women's Worlds: Ideology, Femininity and the Woman's Magazine [C]. Basingstoke: Macmillan, 1991: 123; Angela McRobbie. New Sexualities in Girls' and Women's Magazines [C] //A. McRobbie. Back to Reality? Social Experience and Cultural Studies. Manchester: Manchester University Press, 1997: 191.

❸ Angela McRobbie. New Sexualities in Girls' and Women's Magazines [C] //A. McRobbie. Back to Reality? Social Experience and Cultural Studies. Manchester: Manchester University Press, 1997: 199.

❹ Nick Stevenson. Understanding Media Cultures [M]. London: Sage, 1995: 172.

蒂文森所观察到的："虽然这些文本几乎没有试图将性别主导关系政治化，但女性主体已经成为一个越发不稳定的结构，从而为更加自主的发展形式开辟了空间"。[1] 赫米斯（Hermes，1995）[2] 进一步指出社会文化习俗的变化模式与读者对女性杂志文本信息接受之间的动态变化。借鉴莫利（1986）[3] 的著作，赫米斯认为，杂志读者和电视观众一样，可以被视为文本意义创造的积极参与者。因此，根据赫米斯的说法："文本可以说具有'优先的重要性'，即邀请读者按照主导意义系统来阅读它们……不过这一邀请也可以不必接受。读者可能会与文本进行谈判协商，甚至会与原有之义背道而驰。"[4]

赫米斯随后重点考虑了女性在阅读女性杂志时所表现出的批判性选择，以此发展他的分析研究。正如赫米斯所指出的，这种"读者与杂志之间的持续性对话"问题，使得女性杂志的性别编码内容更加复杂。[5] 因此，读者们往往对它们高度讽刺，或者认为它们不切实际，而不是渴望成为女性杂志上描绘的女性角色和榜样。在其他情况下，阅读此类杂志是因为它们向读者提供支持鼓励，特别是如果她们认同杂志中描述的个人情况和情景的话。赫米斯研究的一个关键点在于，女性身份越来越不稳定并且定位主观性，这既影响媒体对女性形象的解读方式，

[1] Nick Stevenson. Understanding Media Cultures［M］. London：Sage，1995：172.

[2] Joke Hermes. Reading Women's Magazines：An Analysis of Everyday Media Use［M］. Cambridge：Polity，1995.

[3] David Morley. Family Television：Cultural Power and Domestic Leisure［M］. London：Comedia，1986.

[4] Joke Hermes. Reading Women's Magazines：An Analysis of Everyday Media Use［M］. Cambridge：Polity，1995：25.

[5] Joke Hermes. Reading Women's Magazines：An Analysis of Everyday Media Use［M］. Cambridge：Polity，1995：51.

也影响女性形象本身的表现形式。赫米斯认为，今天女性杂志的成功和其吸引力取决于它们在处理各种各样的“自我”时的有效性，例如，你作为“实际的自我”，你作为“忧虑的伴侣或父母的自我”，或你作为“有教养者的自我”，这些都是通过读者运用的不同剧本角色而形成的。❶

近年来，针对男性读者的杂志也越来越多。正如温希普观察到的：“女权主义思想的影响，日益兴起的同性恋运动在转变男性气质方面的影响，再加上失业和资本主义对新消费市场的无情渗透，都是男性杂志发展的原因。”❷ 然而，值得注意的是，新一批男性杂志中，最成功的是那些颠覆了 20 世纪 80 年代“新男人”思想的杂志，这些杂志还以一种更自反性和讽刺性的姿态回归到一种更加“传统”的男性情感。在这方面特别成功的是诸如 *GQ* 和 *Loaded* 等出版物，它们迎合了年龄在 18～30 岁的年轻单身男性，即所谓“新青年”的喜好。这类杂志的重点完全是强调男性无拘无束的快乐。根据杰克逊（Jackson）等人的观点，如果“新型男人是女人想要的男人”，那么这种新青年就意味着“男人为了更符合现实而抛弃了那种媒体合成的形象”。❸ 实际上，“新青年”的形象代表了一种尝试，即通过采取“不可接受的、反政治正确的行为”来实现新型的男女之间的距离。❹ 正如如杰克逊等人注意到的：

❶ Joke Hermes. Reading Women's Magazines：An Analysis of Everyday Media Use [M]. Cambridge：Polity，1995：65.

❷ Janice Winship. Inside Women's Magazines [M]. London：Pandora，1987：150.

❸ Peter Jackson，Nick Stevenson，et al. Making Sense of Men's Magazines [M]. Cambridge：Polity，2001：86.

❹ Peter Jackson，Nick Stevenson，et al. Making Sense of Men's Magazines [M]. Cambridge：Polity，2001：85.

……新青年的文化建设是加强男女界限的一种手段……伴随而来的恐惧似乎是，除非将男性和女性严格地分开，否则这将在男性的代表性身份中引入一丝不确定性，从而有可能彻底破坏男性身份。❶

GQ、*Loaded* 等这些可比较的杂志作为一种资源，阐明了新青年的身份。通过其特殊的“新青年”形象和个性特征，这些杂志为读者提供了在日常生活中借鉴和行动的模板。这些杂志既提供“新青年形象”的基本商品提示，包括发胶、除臭剂、时尚和其他生活方式配件，也提供了由“专家”撰写的关于如何管理人际关系等问题的文章和故事。❷ 新青年形象是现代社会后期媒体、身份和日常生活相互作用的一个明显例证。新青年主义说明媒体在准确预测社会趋势方面取得成功，并用所设计的新兴形象对社会趋势加以强调，这一人物形象旨在与影响这种趋势的文化情感产生共鸣。

男性杂志涉及的与当代男性气概观念相关的另一领域主要与危险和风险相关。一个值得注意的例证是越来越多的男性杂志致力于推崇“极限运动”，如滑雪板、跳伞、滑翔伞、攀岩和白水漂流。根据杰克逊等的观点，与极限运动相关联的危险和风险与当代日常生活中男性的自我表现相一致，男性更容易与个人勇气、力量和身体耐受力联系起来，而不是与情感投入

---

❶ Peter Jackson, Nick Stevenson, et al. Making Sense of Men's Magazines [M]. Cambridge: Polity, 2001: 86.

❷ Peter Jackson, Nick Stevenson, et al. Making Sense of Men's Magazines [M]. Cambridge: Polity, 2001: 86.

有关的测试和挑战。因此，杰克逊等针对与极限运动相关的危险和风险方面指出：

> ……（这些运动）具有代表性的是风险的外化，其远离了人际关系中更具逻辑性的情感遭遇。当代男性气质更倾向于通过对身体风险的视觉化和话语比喻来想象和投射自己，而不是情感投入。在这方面，（极限运动）杂志所提供的，可以解释为对更体系化的焦虑和矛盾情感的短期解决方案。[1]

男性杂志也关注当代男性对掌控和管理自己身体的渴望。越来越多的男性意识到，对身体形象和体型的控制管理取决于一系列健康的生活方式选择，如饮食和锻炼。这种生活方式的选择现在被认为是构成和表达男性身份的一个组成部分，属于时尚和其他形式的“炫耀性消费”。杰克逊等注意到，在后现代社会背景下，“身材管理被视为一项只有在我们做出某些生活方式选择后才能完成的项目。我们如何选择调整个人身体越来越被解读为一个个人如何进行文化身份表达的问题”。[2] 专为男性提供健康和健身问题的杂志在帮助读者了解如何管理自己的身体方面起着核心作用，这些杂志通过选择特定的生活方式来实现并尽可能长时间保持良好的身心健康。在一个人们寿命更长、文化价值观更注重“快乐、年轻、健康和身材”的社会

---

[1] Peter Jackson, Nick Stevenson, et al. Making Sense of Men's Magazines [C]. Cambridge: Polity, 2001: 90.

[2] Peter Jackson, Nick Stevenson, et al. Making Sense of Men's Magazines [C]. Cambridge: Polity, 2001: 91.

里，身体越来越被视为通往美好生活的通行证。因此，正如杰克逊等观察到的："健康杂志文化可以被看作一种神奇的思维方式，它涉及一种关乎自我陶醉的生命以及与时间相关的未来竞争。"❶

四、另类媒体与小众文化

除了利基媒体，计算机技术和桌面出版的进步也促进了另类的和"亚文化媒体"出版物数量和质量的提高。❷另类媒体的起源可以追溯到20世纪60年代另类地下媒体的兴起。此时出版的地下出版物包括《超时》《奥兹》和《现实主义》。❸尽管另类媒体在主题和形式上各有不同，但它们通常有两个共同的特点。第一，这类出版物通常预算很低，是由个人或小规模的无薪制作人员自己制作的作品。第二，另类媒体的建立往往是为了提供对地方、国家或全球问题的"另类"观点/解释，从而以反霸权主义的方式对主流媒体产生影响。当代社会流行的一种亚文化媒体形式是"爱好者杂志"（zine），"爱好者杂志"是从"杂志"中衍生出来的，并故意缩短形制，以表明在制作和内容方面都有一种另类的DIY行为准则。正如邓科姆（Duncombe）所说，"爱好者杂志的形式介于个人信件和杂志之间。或印在标准复印机上，或固定在墙壁侧面或角落上，或横向折叠形成对开本并在折痕处装订，并且通常为10～40页的厚

❶ Peter Jackson, Nick Stevenson, et al. Making Sense of Men's Magazines [C]. Cambridge: Polity, 2001: 91.

❷ Sarah Thornton. Club Cultures: Music, Media and Subcultural Capital [M]. Cambridge: Polity Press, 1995.

❸ Nigel Fountain. Underground: The London Alternative Press 1966—1974 [M]. London: Comedia/Routledge, 1988.

度不等”。[1]

爱好者杂志涵盖的范围很广，包括政治、音乐、无法解释的神秘现象、宗教、工作和职业、健康、性、旅游、漫画、文学和艺术等。[2] 据邓科姆所说，爱好者杂志经常为那些无法进入主流媒体渠道，但仍希望就某一特定问题发表意见的团体和个人提供发言权。此外，通过充当那些持有另类、反主流观点者的工具，爱好者杂志将这些人聚集在一起发挥其社会功能。事实上，邓科姆认为，尽管爱好者杂志有一种亚文化或“地下”的特征，但杂志作者们所共同关注的问题与其他社会群体有很多相同点。正如邓科姆所说：“尽管爱好者的世界是在社会边缘运行的，但它的关注点对我们大家来说是共同的：作为一个个体，如何建立一个拥有支持者的共同体，如何过上有意义的生活，如何创造属于你的东西。”[3]

爱好者杂志亲力亲为、反霸权的特征，也许很容易联想到其与青年文化之间的关系。桑顿（1994）[4] 在针对 20 世纪 80 年代末和 90 年代初英国主流媒体对狂欢文化和迷幻豪斯音乐所煽动的道德恐慌研究中，注意到狂欢现场的成员制作的爱好者杂志，对报纸记者报道的关于狂欢的许多文章颇有异议。正如桑顿所说，主流媒体和兴起于狂欢现场的亚文化媒体对待狂欢

---

[1] Stephen Duncombe. Notes from the Underground: Zines and the Politics of Alternative Culture [M]. London: Verso, 1997: 10.

[2] Stephen Duncombe. Notes from the Underground: Zines and the Politics of Alternative Culture [M]. London: Verso, 1997: 11 – 13.

[3] Stephen Duncombe. Notes from the Underground: Zines and the Politics of Alternative Culture [M]. London: Verso, 1997: 15.

[4] Sarah Thornton. Moral Panic, the Media and British Rave Culture [C] //A. Ross, T. Rose. Microphone Fiends: Youth Music and Youth Culture. London: Routledge, 1994.

的方式存在实质性的差异。在 20 世纪 80 年代后期，当大众媒体以“向坟墓狂欢”和“杀手崇拜”等标题报道一些与迷魂药使用有关的死亡事件时，亚文化媒体忙着分析这些报道，并说明它们如何和为什么歪曲了迷幻豪斯音乐、摇头丸的使用和狂欢活动的本质。同样，在 20 世纪 90 年代初，当主流媒体的谴责性报道让位给了更为积极性的表述，如“从波普到燃烧：狂欢是减肥的完美方式”时，亚文化媒体再次迅速作出反应。例如，《火炬》杂志曾写道：“《太阳报》对狂欢场景中发生的一切了如指掌，就像他们在 1988 年和 1989 年已经知道一样。”❶

桑顿认为，通过嘲笑主流媒体对狂欢的描述，并对记者的报道进行批判性分析，亚文化媒体向年轻读者传达了自己关于狂欢文化的特定价值观和信仰，狂欢已经成为他们生活方式的一部分。与狂欢文化相关的亚文化媒体因此提供了一个可选择的辩论平台，使参与狂欢场景的人能够以自己的方式评价这一场景，并将他们对狂欢文化的个人感受置于亚文化媒体提供的另类话语形式中。

五、网络

到目前为止，本章的重点是“传统”媒体，特别是电视、利基杂志和地下出版物，诸如爱好者杂志。然而，近年来“新媒体”技术的发展，使得受众参与媒体过程的潜力大大增强。新媒体定义了一系列数字产品，如手机、摄像机和个人电脑，以及一些与计算机一同产生的通信形式，尤其是指电子邮件和

❶ Sarah Thornton. Moral Panic, the Media and British Rave Culture [C] //A. Ross, T. Rose. Microphone Fiends: Youth Music and Youth Culture. London: Routledge, 1994: 183.

互联网。新媒体形式也对日常生活本质产生重大影响，进一步模糊了公共空间和私人空间之间的界限，并在区域性和全球性的分散地点为个人提供了更快速的交流形式。特别是互联网在促进这种新的交流形式方面发挥了关键作用。互联网的使用范围包括从建立粉丝网站来交换音乐、电影或体育等话题的信息，到遍布全球的新社会运动和其他参与 DIY 政治群体人员之间的跨地区通信。

“虚拟共同体”的概念有效反映出互联网通信对互动过程和集体性联想结果形式的影响，这一术语由莱茵戈德（Rheingold）创造，用于描述“网络空间中的个人关系网”。[1]。有人认为，虚拟共同体的一个关键特征是它能够超越地理和时间界限，为个人提供在自己实际地点之外直接参与新形式群体联合的自由。因此，正如希利（Healy）所说：“不再受到地理偶然事件的限制，在一个城镇或社区中可能发展的互动……使得个人可以从物理位置的偶然事件中解脱出来，创建自己的虚拟场所。”[2] 个人之间的这种“虚拟”交流现实促使一些理论家重新思考个人身份的概念。[3] 根据巴塞特（Bassett）的说法，互联网通信，特别是发生在多用户域（MUDS）中的通信，促进了虚拟身份的创建，在这种虚拟身份中，身份、姓名、性别和外貌等基本属性可以被修改或完全丢弃。正如巴塞特所观察到的，个体

---

[1] Howard Rheingold. The Virtual Community：Finding Connection in a Computerized World ［M］. London：Secker and Warburg，1994：5.

[2] Dave Healy. Cyberspace and Place：The Internet as Middle Landscape on the Electronic Frontier ［C］ //D. Porter. Internet Culture. London：Routledge，1997：60.

[3] Caroline Bassett. Virtually Gendered：Life in an on－line world ［C］ //K. Gelder，S. Thornton. The Subcultures Reader. London：Routledge，1991；Steve Jones. Virtual Culture：Identity and Communication in Cybersociety ［M］. London：Sage，1997.

“可能通过在不同身份之间的‘变形’（转换）来玩弄多重主体性……或者他们可以建立一个相对稳定的替代身份”。[1]

然而，对互联网更具批判性的解读表明，虽然互联网确实可以为新形式的交流和互动提供渠道，但这本身并不意味着一个共同体的存在。洛卡德（Lockard）简洁地表达了这一观点，他认为：“仅仅以交流功能代替共同体的多种功能，极大地削弱我们对共同体的普遍认识。”[2] 威尔伯（Wilbur）也表达了类似的担忧，他认为在线交流的特点与面对面交流的基础相去甚远，以至于虚拟共同体的概念本身就存在很大的问题。因此，他认为：“任何针对虚拟共同体的研究都会使我们陷入一种艰难的工作，即在不断变化的地形中，存在、现实、幻觉、道德、权力、感觉、信任、爱等问题，在处处都设置了障碍。”[3]

洛卡德和威尔伯的论点，得到了最近关于互联网在日常生活中使用的实证研究结果的支持。这些研究表明，在线和离线身份之间具有高度的连续性，他们认为，虽然互联网确实可能促进新形式的跨地区交流，但互联网用户现实的日常交流仍然是他们感知和使用互联网的一个重要方面。米勒和斯莱特（Slater）针对特立尼达互联网用户的研究清楚地说明了这一点：

> 特立尼达人……似乎很清楚，无论何时上网，他们都是以三位一体的多重身份与世界各地的人见面。他们可以

---

[1] Bassett, Caroline. Virtually Gendered: Life in an on - line world [C] //K. Gelder, S. Thornton. The Subcultures Reader. London: Routledge, 1997: 538.

[2] Lockard, Joseph. Progressive Politics, Electronic Individualism and the Myth of Virtual Community [C] //D. Porter. Internet Culture. London: Routledge, 1997: 225.

[3] Shawn P. Wilbur. An Archaeology of Cyberspaces: Virtuality, Community, Identity [C] //D. Porter. Internet Culture. London: Routledge, 1997: 20.

> 从民族主义、爱国主义的角度（当他们作为特立尼达人遇到其他国家的人时），或者通过他们的品位、行为方式和交流方式以及更广泛的文化特质意识到这一点。❶

其他的研究则强化了这种线上线下交流的持续性。例如，威克福德（Wakeford）对互联网使用时强烈的性别化模式作出辨析，而费瑟尔（Facer）和弗朗（Furlong）的一项研究结果表明，年轻人对计算机技术的兴趣和使用“是以社会经济为模式的”。❷ 根据费瑟尔和弗朗的说法，低收入背景的年轻人在家里无法随时使用电脑，他们的日常生活远不如高收入背景的年轻人以电脑为中心，高收入青年很可能了解电脑科技，每天都使用个人计算机技术。事实上，对于那些随时可以接触和了解计算机技术的年轻人来说，这成为一种重要的文化资本形式，了解其他人在离线状态或日常生活中对他们的不同看法。❸

互联网也为个人提供了大量机会，促使人们动手创作和参与文化生产。正如艾博特（Abbott）指出的，互联网用户很快意识到了万维网作为一种廉价、适应性强、影响深远的出版媒体的价值。网站现在通常不仅包括文本和图像，还包括声音、

---

❶ Daniel Miller, Don Slater. The Internet: An Ethnographic Approach [M]. Oxford: Berg, 2000: 86.

❷ Nina Wakeford. Gender and the Landscapes of Computing in an Internet Café [C] //M. Crang, P. Crang, J. May. Virtual Geographies: Bodies, Space and Relations. London: Routledge, 1999: 459.

❸ Peter Knight. Conspiracy Culture: From Kennedy to the X Files [M]. London: Routledge, 2000.

语音、音乐、动画和视频。[1] 网站技术的多种用途为我们理解个人在日常生活中与媒体的互动方式增加了一个重要的新维度。在一系列活动，如音乐、体育和 DIY 政治中，互联网都扮演着中心角色。例如，基比（Kibby，2000）[2] 指出，有些音乐网站经常是由一些不知名的音乐艺术家的粉丝建立的，作为建立和维持这些艺术家崇拜地位的一种手段。这类网站通常以聊天室为特色，使地理位置分散的歌迷能够在线互动，交换关于他们共同感兴趣的特定群体和表演者的信息以及个人知识。

音乐网站允许歌迷构建“虚拟场景”，因为歌迷之间的面对面交流因地理距离受到了阻碍。本尼特对“坎特伯雷之声”的研究为这一观点提供例证。[3]“坎特伯雷之声”这一术语在 20 世纪 60 年代末被英国音乐出版社简要使用，用来描述一些与坎特伯雷有联系的群体，如软机器（Soft Machine）乐队和旅行篷车（Caravan）乐队。20 世纪 90 年代中期，坎特伯雷音乐节通过一系列专门的坎特伯雷音乐网站得以复兴，并由此产生了新一代的粉丝。根据本尼特的说法，互联网使地理位置分散的坎特伯雷音乐爱好者能够有效地从头开始构建一个音乐场景。坎特伯雷音乐爱好者利用作为相对优势的互联网手段讨论不同音

---

[1] Chris Abbott. Web Publishing By Young People ［C］//J. Sefton－Green. Young People. Creativity and New Technologies：The Challenge of Digital Arts. London：Routledge，1999：111.

[2] Marjorie D. Kibby. Home on the Page：A Virtual Place of Music Community［J］. Popular Music，2000，19（1）：91－100.

[3] Andy Bennett. Music，Media and Urban Mythscapes：A Study of the Canterbury Sound［J］. Media，Culture and Society，2002：24（1）：107－120；Andy Bennett. New Tales from Canterbury：The Making of a Virtual Music Scene［C］//A. Bennett，R. A. Peterson. Music Scenes：Local，Trans－Local and Virtual，Nashville，TN：Vanderbilt University Press，2004.

乐团体和艺术家，将他们的音乐知识应用于坎特伯雷音乐的“历史”创作中，并推测音乐的“英国性”及其作为独特“地方性”音乐的地位。

波登（Borden）对当代滑冰文化的研究揭示出互联网与另一种新媒体形式数码摄像机的并行创造性运用。正如波登所言，许多滑冰者在滑雪网站上发布自己滑冰动作的视频片段，并伴有“文本描述、ASCII字符集的舞蹈代码和静态照片”。❶ 这样，滑冰者既能展示他们的个人实力，又能将自己的技能和能力传递给他人。波登认为，这种互联网的创造性使用也是滑冰爱好者建立共同团体的一种重要策略。因此，他观察到：“（互联网的）总体效果是使滑冰者能够方便地在全球范围内传播滑冰运动资料，尤其是与他们之前接触的商业杂志或视频相比，互联网传播更为便捷。”❷ 波登认为，这样的宣传使得滑冰运动既成为一项全球运动，也是一种地方性运动。滑冰者在互联网上交换有关滑冰风格和技术的图片信息，但在他们自己的地方性环境中运用这些资源。因此，当地的滑冰爱好者团体在他们的创意性合作协同和全球滑冰群体之间进行着持续的对话。波登认为：

> （滑冰）群体是通过不断地交流和再实践滑冰专业动作而建立起来的。图像不仅成为本地的运动资料，同时也成为可以全球性复制和交流的现象，这部分地体现出现代

---

❶ Iain Borden. Skateboarding, Space and the City: Architecture and the Body [M]. Oxford: Berg, 2001: 118－119.

❷ Iain Borden. Skateboarding, Space and the City: Architecture and the Body [M]. Oxford: Berg, 2001: 119.

性对全球化即时交流的增强。[1]

互联网以这种方式将全球和地方对话编织在一起的能力，也可以在过去十年“新社会运动”的兴起中看到，新社会运动是指那些拒绝主流政治意识形态，并采用另类的或 DIY 的策略，进行直接行动的运动形式。[2] 正如阿顿（Atton）所观察到的，新社会运动现在习惯性地将互联网作为“自主交流的主要渠道”。[3] 通过绕过传统媒体（这些群体在任何情况下都只能接触到这些媒体），互联网为新社会运动提供了“社会性的、群体性的、动员性的、知识建设和直接进行政治行动”的潜力。[4] 据阿顿所说，除了促进分散于各地方的运动和行动团体之间的全球性交流之外，互联网还为个人平等参与辩论和决策进程提供了一种手段。因此，阿顿认为，通过允许个人更为方便地表达自己的观点，互联网“削弱了社会运动的‘先锋’概念，以及精英阶层的权威话语形式”。[5] 阿顿进一步指出，互联网为挑战有关事件的权威性报道开辟出道路，尤其是针对新闻报道或新闻机构经常使用的“目击者报告”或文献报道的形式。[6]

1999 年 11 月在西雅图举行的世界贸易组织第三届部长级会议上，史密斯对“西雅图之战”的描述进一步说明了全球互

[1] Iain Borden. Skateboarding, Space and the City: Architecture and the Body [M]. Oxford: Berg, 2001: 126.

[2] George McKay. DIY Culture: Party and Protest in Nineties Britain [M]. London: Verso, 1998.

[3] Chris Atton. Alternative Media [M]. London: Sage, 2002: 133.

[4] Chris Atton. Alternative Media [M]. London: Sage, 2002: 133.

[5] Chris Atton. Alternative Media [M]. London: Sage, 2002: 149.

[6] Chris Atton. Alternative Media [M]. London: Sage, 2002: 149.

联网通信对新社会运动的价值。正如史密斯所观察到的，示威组织者：

> ……广泛使用互联网网站和电子名单，有助于扩大与分散的选民和听众之间的交流。这些通信网络允许组织者几乎可以在瞬间传送其他媒体的账户和抗议图像，与主流企业媒体形成对比。另一种电子媒介网络也迅速传播有关南半球抵制经济全球化的信息，例如墨西哥学生罢工者的信息。❶

互联网也被寻求更加广泛全球性支持的小规模地方抗议团体所利用。墨西哥恰帕斯地区的一个组织萨帕塔成功地利用互联网使全球更加了解他们反对该地区社会经济政策的运动。该地区虽然拥有丰富的自然资源，但却陷入赤贫。正如弗朗所解释的那样："互联网上的萨帕塔运动支持者可以以较低成本制作关于萨帕塔的新闻并迅速传播。"❷ 此外，弗朗指出，虽然墨西哥主流媒体有效地充当了国家控制工具，但通过使用互联网，萨帕塔"可以绕过这种控制"。❸

---

❶ Jackie Smith. Globalizing Resistance: The Battle of Seattle and the Future of Social Movements [J]. Mobilization: An International Journal, 2001, 6 (1): 15; Ian Welsh. New Social Movements [J]. Developments in Sociology, 2000 (16): 43 – 60.

❷ Oliver Froehling. Internauts and Guerrilleros: The Zapatista Rebellion in Chipas, Mexico and its Extension into Cyberspace [C] // M. Crang, P. Crang, J. May. Virtual Geographies: Bodies, Space and Relations. London: Routledge. Fruehling Springwood. 1999.

❸ Oliver Froehling. Internauts and Guerrilleros: The Zapatista Rebellion in Chipas, Mexico and its Extension into Cyberspace [C] //M. Crang, P. Crang, J. May. Virtual Geographies: Bodies, Space and Relations. London: Routledge. Fruehling Springwood. 1999.

六、结论

本章探讨了一些个人在日常生活中利用媒体和新媒体的例证。首先，从思考肥皂剧和游戏节目等当代电视节目开始，理论家指出这些节目如何促进观众的创造性参与，例如个人会将肥皂剧中的场景和剧情比作他们自己的日常生活，或者将自己定位为游戏节目的参与者。其次，研讨了各种形式的印刷媒体。从专业制作的利基媒体杂志开始，展示了这些杂志内容在某些情况下，通过超越性或反思性处理传统性别身份和生活方式观念，如何反映出现代晚期个人不断变化的情感与生活方式。然后，本章将注意力集中于地下出版物和杂志，特别关注这类出版物促进形成一种抵抗主流媒体的话语形式的作用，分析与地下音乐和另类音乐场景有关的例证。最后，本章探讨了互联网作为沟通媒介在当代日常生活中的功能。从对“虚拟共同体”概念的批判性评估开始，随后思考互联网如何促进全球散居的个人群体之间就感兴趣话题进行更便捷的交流，交流的话题可以是音乐和滑板等休闲活动，也可以是新社会运动和 DIY 政治等。

第五章　时　　尚

时尚是一个本体论的范畴；在与时尚的互动中，主体性被创造出来，并在衣服和身体之间建立起世俗的关系。在日常用语中……我们所说的“身体”是衣服的客体，而衣服实际上覆盖着它，并产生某种意义。

——吉尔（Gill）[1]

当代社会众多商品和休闲娱乐资源是个体在日常生活中建构和形成身份的工具，而在这其中，时尚扮演着重要的核心角色。根据司特瑞（Storry）和希尔兹（Childs）的说法：“我们的穿着方式既可以在多方面进行身份确认也可以颠覆身份，比如针对性别、种族、阶级和年龄等因素。”[2] 正如这一观察所表明的，通过以特定方式组合特定时尚物品，并进行衣着和外表装扮，晚期现代人创造出个人形象，这既能定位自我，又能向他人传递文化编码信息。因此，时尚体现出一系列符号价值，这些价值穿插在不同的社会群体中，并获得集体性理解。而这种形象塑造的一个中心特征，就是对先前僵化的身份描述进行

---

[1] Alison Gill. Deconstruction Fashion: The Making of Unfinished, Decomposing and Re-assembled Clothes [J]. Fashion Theory, 1998, 2 (1): 43.

[2] Mike Storrey, Peter Childs. British Cultural Identities [C]. London: Routledge, 1997: 171.

加强或协商，尤其是那些与性别、种族民族、阶级背景和年龄有关的个人身份。

时尚为构建这种“个性化”身份提供了可能性，因此有人声称它为“个人主义的欢庆”结构提供资源，[1] 这是一种炫耀性消费形式，通过时尚消费，个人可以在当代大众城市社会的背景下展示自己的个性和独特性。然而，另一种理解时尚的方式，是将其视为打造新形式“集体性”身份的工具。由于个人越来越不受限于阶级、性别和种族的结构性体验，个人基于明确的反思性生活方式偏好建立了新的文化同盟。在这个过程中，时尚和视觉性外观在传达共同性方面起着相当大的作用。因此，正如朗格曼所指出的，晚期现代个人形成的文化同盟通常是“以共同的文化消费模式，（包括）品味和时尚消费等，（而不是）以更为传统的共同体形式相联系”。[2]

本章探讨时尚以及时尚在日常生活中的意义。本章从对时尚的日常意义考察开始，接下来会审查19世纪末社会学家西美尔和凡勃伦针对时尚所作的基础性研究。随后本章将深入思考时尚如何迎合现代社会中日益多样化和复杂化的消费者情感。本章这部分所涵盖的主题包括：青年、女性、男性、复古和民族时尚。

一、时尚作为一种“日常”资源

时尚提供了一种最现成的方式，使得个人可以对自己的身

[1] Frank Mort. Cultures of Consumption：Masculinities and Social Space in Late Twentieth – Century Britain ［M］. London：Routledge，1996：16.

[2] Lauren Langman. Neon Cages：Shopping for Subjectivity ［C］ //R. Shields. Lifestyle Shopping：The Subject of Consumption. London：Routledge，1992：60.

份做出富有表现力的视觉陈述。正如恩特威斯尔（Entwistle）所观察到的，“衣服暴露出的身份和隐藏身份之间的紧张关系”已经被时尚理论家们注意到很多年。❶ 恩特威斯尔认为，时尚的这一方面内容与“现代都市”环境尤其相关，身处都市，我们与一群“陌生人”混在一起，因此只有短暂的瞬间能够使别人印象深刻。❷ 在当代都市环境中，时尚是一种重要的资源，通过它个人能够向他人展示自己，而现代都市晚期相对无个性和快节奏的生活，要求个人以高度视觉化和相对即时的方式来表明自己的身份。正如许多时尚理论家所指出的，时尚物品的创造性运用可以用来描绘一系列以身份政治为中心的个人形象，例如，财富与地位、❸ 权力与名利❹或者地下的与波希米亚地位❺。正如芬克尔斯坦（Finkelstein）所观察到的：“在日常生活中，精心塑造的外表（被解释为）是穿着者性格、性偏好、财富实力和教育程度的体现（literalization）。”❻

然而，除了以这种方式吸引外界凝视之外，晚期现代性时

---

❶ Joanne Entwistle. The Fashioned Body: Fashion, Dress and Modern Social Theory [M]. Cambridge: Polity, 2000: 112.

❷ Joanne Entwistle. The Fashioned Body: Fashion, Dress and Modern Social Theory [M]. Cambridge: Polity, 2000: 112.

❸ Thorstein Veblen. The Theory of the Leisure Class: An Economic Study of Institutions [M]. New York: Mentor Books, 1994; David Frisby, Mike Featherstone. Simmel on Culture: Selected Writings [M]. London: Sage, 1997.

❹ Rucker, Margaret, Anderson, et al. Clothing, Power and the Workplace [C] //K. K. P. Johnson, S. J. Lennon. Appearance and Power. Oxford: Berg, 1999.

❺ Elizabeth Wilson. Bohemian Dress and the Heroism of Everyday Life [J]. Fashion Theory, 1998, 2 (3): 225 – 244; Suzanne Szostak – Pierce. Even Further: The Power of Subcultural Style in Techno Culture [C] //K. K. P. Johnson, S. J. Lennon. Appearance and Power. Oxford: Berg, 1999.

❻ Joanne Finkelstein. Chic – A Look That's Hard to See [J]. Fashion Theory, 1999, 3 (3): 376.

尚也会提供高度个性化的愉悦感。并且，这种愉悦不只是来源于时尚的视觉享受方面，也来源于服装本身的剪裁工艺和手感，而且对个人的日常现象体验具有重要意义。因此，芬克尔斯坦认为："时尚性涉及的是高度感性化的体验。织物的手感能够唤起私人性的愉悦。而服饰穿着合身可以满足个人对第二自我的一种幻想。"❶

这两种对时尚的日常生活意义解释都指向晚期现代性社会个人对时尚物品高度的资金投入。这与当代文化理论家费瑟斯通❷和钱尼❸在著作中针对个人在晚期现代性生活中对文化资源的创造性使用能力的分析是一致的。根据钱尼的说法，"时尚确实是个人品位的体现，是一种与主体感性的契合。在我们从公共词汇（也就是众多时尚流行款式）中做出个人选择后，我们运用并展示了个人的感性能力，并决定与规划了个人的选择与品位。"❹ 在针对这一主题的后续发展性研究中，朗格曼认为，这种个人运用时尚的能力，再加上晚期现代生活的其他附属品，导致了自我的多元化；自我"根据不同语境而获得不同的表达和体验。"❺ 根据朗格曼的观点，由时尚推动的反思性主体性变得越来越明确，并在日常生活的各个不同空间和领域呈现出一系列不同的个人身份。

---

❶ Joanne Finkelstein. After a Fashion [M]. Melbourne: Melbourne University Press, 1996: 58.

❷ Mike Featherstone. Consumer Culture and Postmodernism [M]. London: Sage, 1991.

❸ David Chaney. Lifestyles [M]. London: Routledge, 1996.

❹ David Chaney. Lifestyles [M]. London: Routledge, 1996: 132-133.

❺ Lauren Langman. Neon Cages: Shopping for Subjectivity [C] //R. Shields. Lifestyle Shopping: The Subject of Consumption. London: Routledge, 1992: 67.

这种个人对时尚的投资也是由时尚产业本身促成的，过去50年中，时尚产业在解读消费者品味以及分析这种品味如何与特定的感性生活方式相对应方面做得越来越专业。事实上，正如恩特威斯尔所说：“‘生活方式’营销已经微妙地改变了不只是时尚，还有食品等工业的商品生产、分销、经营和售卖的方式。”❶ 当代时尚产业的这方面影响受到一系列多种多样时尚杂志的支持，这些杂志向日益多样化的消费者群体传播“理想的形象”。❷ 布雷沃德（Breward）认为，当代时尚产业有效地将时尚活动营销为一种体现生活方式和个人品位的标志，并创造了一种新的国际时尚语言。布雷沃德认为，时尚已经成为一种当代世界公认的语言，并能够有效即时地跨越社会的或地理的界限。在这样的情况下，时尚的变化可以简单视为一种文化体验或“生活方式”的缩影。❸

布雷沃德的观点得到了其他理论家的认可，他们在承认时尚相对普遍的同时，又强调时尚感的地方性变异具有的持久性影响力，以及在特定社会背景下地方性知识情感在决定时尚附加意义时的重要性。❹ 同样，艾彻（Eicher）和萨姆伯格（Sumberg）指出，跨地区统一流行趋势的日渐盛行，总是以忽

---

❶ Joanne Entwistle. The Fashioned Body：Fashion，Dress and Modern Social Theory [M]. Cambridge：Polity，2000：225－226.

❷ Laird O'Shea Borrelli. Dressing Up and Talking About It：Fashion Writing in Vogue from 1968 to 1963 [J]. Fashion Theory，1997（3）：149.

❸ Christopher Breward. The Culture of Fashion：A New History of Fashionable Dress [M]. Manchester：Manchester University Press，1995：229.

❹ Anne Brydon，Sandra Niessen. Consuming Fashion：Adorning the Transnational Body [M]. Oxford：Berg，1998.

视异域特色与民族服饰风格的普及与保存相并行。❶ 事实上，正如本章后面将要讨论的，近年来，一些民族服饰形式本身已经成为一种跨地区时尚表达，成为非洲和亚洲侨民等流离失所群体之间的情感纽带。❷ 这一现象支持了艾彻和萨姆伯格的观点："在复杂的工业社会中，许多服装时尚风格同时存在，而不是被同质化。"❸ 以这种方式将民族服饰转变为时尚产品的事实情况，也对占据支配地位的"源自著名时尚中心，诸如巴黎的时尚风格"成规提出鲜明的质疑。❹

时尚还为个人提供一种在日常生活中管理自我身份的重要方法。正如恩特威斯尔所说，尽管个人能够意识到盛装的身体具有仪式性，并且通常具有高度欺骗性，但这"并不能阻止我们试图控制或预估我们的外表。"❺ 显然，流行服装并不是个人试图在视觉层面上构建自己的唯一途径；在这方面，同样重要

---

❶ Joanne B. Eicher, Barbara Sumberg. World Fashion, Ethnic and National Dress [C] //J. B. Eicher. Dress and Ethnicity: Change Across Space and Time. Oxford: Berg, 1995.

❷ Naseem Kahn. Asian Women's Dress: From Burqah to Bloggs: Changing Clothes for Changing Times [C] //J. Ash, E. Wilson. Cheap Thrills: A Fashion Reader. Berkeley and Los Angeles: University of California Press, 1993; Carol Tulloch. Rebel Without a Pause: Black Street Style and Black Designers [C] //J. Ash, E. Wilson. Cheap Thrills: A Fashion Reader. Berkeley and Los Angeles: University of California Press, 1993.

❸ Joanne B. Eicher, Barbara Sumberg. World Fashion, Ethnic and National Dress [C] //J. B. Eicher. Dress and Ethnicity: Change Across Space and Time. Oxford: Berg, 1995: 300.

❹ Joanne B. Eicher, Barbara Sumberg. World Fashion, Ethnic and National Dress [C] //J. B. Eicher. Dress and Ethnicity: Change Across Space and Time. Oxford: Berg, 1995: 300.

❺ Joanne Entwistle. The Fashioned Body: Fashion, Dress and Modern Social Theory [M]. Cambridge: Polity, 2000: 113.

的还有其他视觉要素，诸如发型[1]、化妆品，以及珠宝首饰等。同样，受朋克[2]和哥特[3]等青年文化风格的部分影响，像文身和穿孔之类的肉体改造形式现在也越来越普遍，成为一种时尚性身体修饰。[4] 从许多方面来说，这种身体改造比服装更能说明个人身份，因为它们在身体上永久存在。事实上，正如哈丁（Hardin）指出的，文身已经成为少数民族、男女同性恋等边缘群体的重要时尚资源。根据哈丁的观点，“通过标记自己的身体，个人可以置身于社会秩序之外，并且以他们的身体挑战秩序的合法性”。[5]

正如以上对时尚的理解所表明的，与晚期现代社会的其他消费品一样，时尚品允许个人构建自我身份并且在日常生活中呈现个人身份时具有高度的创造性。正如巴纳德（Barnard）所观察到的，时尚的文化“价值”和意义，和对时装设计师意图的理解一样，都取决于消费者的集体创造力。与近代社会其他形式的人工制品和商品一样，一旦时尚产品进入公共领域，它们就会反映消费者的日常文化环境并被赋予一系列新的含义。因此，正如巴纳德所言，虽然时装设计师通常对他们想要表达

---

❶ Steven Zdatny. The Boyish Look and the Liberated Woman：The Politics and Aesthetics of Women's Hairstyles［J］. Fashion Theory，1997，1（4）：367 – 398.

❷ Dick Hebdige. Subculture：The Meaning of Style［M］. London：Routledge，1979.

❸ Paul Hodkinson. Goth：Identity，Style and Subculture［M］. Oxford：Berg，2002.

❹ Paul Sweetman. Tourists and Travellers? “Subcultures”，Reflexive Identities and Neo – Tribal Sociality［C］//A. Bennett，K. Kahn – Harris. After Subculture：Critical Studies in Contemporary Youth Culture. London：Palgrave，2004.

❺ Michael Hardin. Mar（k）ing the Objected Body：A Reading of Contemporary Female Tattooing［J］. Fashion Theory，1999，3（1）：85

的服装含义有一个清晰的认识，但个人“适当地运用服装含义并将其改造，使其适应他们自己的意图”。[1] 这一观点认同菲斯克的分析[2]，即认为消费行为就是一种文化生产行为（见第三章）。根据巴纳德的分析，通过在日常生活的语境下对一些特别服装的相对质量和吸引力发表不同意见，消费者为时装赋予意义与价值的这一事实由此获得了清晰的说明。因此，他认为：

> 由于人们对服装或收藏品的意义价值存在分歧，并且这种歧义有时来自于设计师自己，有时来自于服装穿着者，既然他们都对物品有不同的解释，那么意义就不能简单地被理解为设计师意图的产物。[3]

因此，时尚在社会中成为一种强有力的视觉符号，人们用它来维护自己的个性，同时使自己与某些特定的社会群体保持一致。如此说来，时尚成为一种形式的社会力量。[4] 这与坎农（Cannon）的观察相符，即个人使用时尚“向自己和他人表明，他们是否认为自己属于另一个主体或群体，或者他们是否认为自己与其他主体或群体相比是平等的或者优越的”。[5] 一些最早讨论时尚的理论著作主要考察时尚业的社会作用，而这也是西

---

[1] Malcolm Barnard. Fashion as Communication ［M］. London：Routledge，1996：71.

[2] John Fiske. Understanding Popular Culture ［M］. London：Routledge，1989.

[3] Malcolm Barnard. Fashion as Communication ［M］. London：Routledge，1996：71.

[4] Margaret Rucker，Elizabeth Anderson，et al. Clothing，Power and the Workplace ［C］ //K. K. P. Johnson，S. J. Lennon. Appearance and Power. Oxford：Berg，1999.

[5] Aubrey Cannon. The Cultural and Historical Contexts of Fashion ［C］ //Consuming Fashion：Adorning the Trans – national Body. Oxford：Berg，1998：24.

美尔和凡勃伦研究著作的主要内容。

二、西美尔与凡勃仑论时尚

西美尔在他的论文《时尚的哲学》中首次尝试考量时尚在日常生活中的文化意义。[1] 西美尔对时尚解释的核心在于承认其作为一种方法的功能，通过时尚这种方式，作为新兴国际化中心的西欧的人民能够满足对一致性和差异性的双重渴望，根据西美尔的说法，这是人类状况的一个核心特征。[2] 西美尔指出，通过购买和穿着时尚服饰，个人既能传达出他们对社会趋势的认识，也能传达出一种集体认同感，同时还能创造出一种个人身份，从而使自己与城市大众区分开来：

> 时尚是对某一特定模式的模仿，从而满足适应社会的需要；它引导每个人走上个人道路，并且它还提供一种普遍情况将所有人的行为总结成一些范例模板。同时，在某种程度上来说，它满足了区分的需要、分化的趋势、对变化的追求以及个体之间的对比。[3]

西美尔进一步指出，这种个人对时尚的集体性反应，还受到更宽广的权力和地位问题限制，时尚成为一种视觉风向标，表明所建立的权力关系已深深地扎根于社会阶层之中。西美尔

---

[1] David Frisby, Mike Featherstone. Simmel on Culture: Selected Writings [M]. London: Sage, 1997.

[2] Peter Hamilton. The Street and Everyday Life [C] //T. Bennett, D. Watson. Understanding Everyday Life. Oxford: Open University and Blackwell, 2002.

[3] David Frisby, Mike Featherstone. Simmel on Culture: Selected Writings [M]. London: Sage, 1997: 189.

认为，时尚实际上成为财富和地位的一种视觉性表述，是个人展示自己属于某一特定社会群体的一种方式，以及彰显他们与社会地位较低群体之间的距离。对西美尔来说，时尚在再现阶级关系中扮演了关键性角色："时尚意味着与那些地位相同的人相联合，意味着一个以它为特征的一致性的社会圈子，在这样做的过程中，这些时尚群体向那些他们认为不属于自己群体的地位较低者关上了大门。"❶

凡勃仑也提出过类似观点，他重点围绕美国新兴的有闲阶层，展开针对时尚以及 19 世纪晚期消费文化其他层面内容的研究工作（另见第三章）。凡勃仑的研究意义重大，因为他代表了一种对时尚的早期认识，即个人可以通过获得财富在社会中形成流动，从而提高他们的社会地位，而不会固定停留于某一特定的社会经济群体中。在他分析时尚对有闲阶级的意义时，凡勃仑证明了昂贵时尚服装的一个关键性要素在于传达一个非常明确的信息，即除开工作、专业或其他职业类别等，服饰体现着穿着者的阶级成就：

> 优雅的服装不仅价格昂贵，而且达到了彰显高雅品位的目的，是有闲阶级的象征。它不仅表明穿戴者有能力进行相对较大价值的消费，同时也表明他这是一种无生产的消费。❷

---

❶ David Frisby, Mike Featherstone. Simmel on Culture: Selected Writings [M]. London: Sage, 1997: 189.

❷ Thorstein Veblen. The Theory of the Leisure Class: An Economic Study of Institutions [M]. New York: Mentor Books, 1994 [1924]: 105.

凡勃伦对时尚方面的研究，还以体现出消费者群体对时尚产品共同性审美价值的深度思考为特点。凡勃仑认为，炫耀性地消费时尚物和其他物品，都涉及一种对个人财富和“好品味”的集体性展示，这种展示不仅向外投射到其他社会群体中，而且投射到同一群体的其他成员身上。因此，炫耀性消费是群体内部的纽带，是对他们所表现出来的共同性社会地位的集体欢庆，并且这种社会地位在身体外表层面被不断地再强调。在凡勃仑的分析中一种基础性研究方法得以呈现，这种研究方法将时尚商品解释为具有美学意义的资源，并由不同个体进行共同消费，而个人购买某一特定范围或类型服装的主要理由是为了表达与声明这种共同的生活方式。

三、时尚与青年

在研究时尚和个人风格的集体性意义时，青年一直是一个特别突出的研究对象。正如历史研究所表明的那样，年轻人的“造反派”形象并不是一个什么新现象。罗伯茨（Roberts）对19世纪英国西北部的一个帮派索尔福德·斯库特勒（Salford Scuttlers）在这方面的描述就很有说服力。正如罗伯茨所指出的，这些小混混“有他们自己的着装风格——工会衬衫、喇叭裤、厚重的皮带，在花哨的图案上扎上大的钢扣装饰，并穿着厚底铁钉木鞋”。[1] 还有一些类似的例证可以在福勒（Fowlery）对纳布（Napoo）的描述中看到，纳布是一个“二战”期间在曼彻斯特成立的帮派，他们穿着“一套从美国黑帮电影中借鉴

[1] Robert Roberts. The Classic Slum [M]. Manchester: Manchester University Press, 1971: 123.

而来的非常有特色的制服，包括一身海军蓝套装、一件三角裤和一件粉色领巾”。❶ 第二次世界大战后，技术进步、富裕程度增加和人口结构变化的综合影响，使得青年人成为消费行业的高利润目标之一，而时尚产品和其他消费品的大规模生产导致一系列以个人风格为基础的青年文化的形成，尤其是工人阶级青年，他们是战后最富裕的消费者之一。❷

早期关于战后青年时尚风格文化的研究认为，工人阶级青年正在通过象征性方式改变时尚，并将其作为一种抵抗策略使用。伯明翰大学当代文化研究中心（CCCS）是这一研究方法最著名的倡导者（另见第一章），他们对年轻人基于时尚风格的这种社会反抗提出了多种解释。根据菲尔·科恩的观点❸，年轻工人阶级的“亚文化”倾向会导致集体性占有某类时尚产品，这与他们需要保留共同性意识有关，科恩认为，战后重建计划正威胁着传统的工人阶级共同体。科恩的时尚风格反抗理论是在 CCCS 对特定的青年文化的集中研究下发展起来的。其中克拉克在针对光头党青年文化的研究中指出，光头党青年文化风格是“试图通过‘不良少年的风格打扮’重新塑造传统工人阶级共同性，以取代先前共同性的一种尝试”。同样，杰斐逊认为，古惑仔的穿衣风格直接反映出他们“盛装打扮却无处

---

❶ David Fowler. Teenage Consumers? Young Wage - Earners and Leisure in Manchester, 1919—1939 ［C］ //Workers' Worlds: Cultures and Communities in Manchester and Salford, 1880—1939. Manchester: Manchester University Press, 1992: 144.

❷ Iain Chambers. Urban Rhythms: Pop Music and Popular Culture ［M］. Basingstoke: Macmillan, 1985; Robert Bocock. Consumption ［M］. London: Routledge, 1993.

❸ Phil Cohen. Subcultural Conflict and Working Class Community ［C］ //Working Papers in Cultural Studies 2. Birmingham: University of Birmingham, 1972.

可去”的星期六夜晚经历。古惑仔相对富裕的生活使得他们能够“购买”上流社会的行头——如爱德华时代的西装，这是由20世纪50年代萨维尔街的一批裁缝复兴的服装风格，最初打算用于面向上层市场。杰斐逊认为，古惑仔的服装代表着他们对符号现实作出表达和协商的象征性方式；通过服装，古惑仔为他们的集体困境赋予了文化意义。最后，赫布迪格指出光头党的不良青年风格，是对一成不变平淡无奇工作周的一种应对，不良青年试图通过“完全控制他的私人财产——以及他的外貌和休闲活动的选择”来弥补工作的无趣。[1]

作为一种引爆视觉“震撼”的战术手段，青年时尚概念在赫伯迪格的《亚文化：风格的意义》一书中得到进一步的发展。[2] 该书以20世纪70年代中后期的英国朋克摇滚为研究中心，大量借鉴了巴特（Barthes）[3] 和索绪尔（Saussure）[4] 的符号学理论。这一点在赫伯迪格对朋克风格的解释中最为明显。他指出，朋克风格反映出20世纪70年代末英国的社会经济动荡——不断增加的失业率、贫困的再次出现以及经济萧条的发生。根据赫布迪格的分析，英国社会日益失调的特征体现在朋克对于商品、价值观、常识等态度的惊人转变中。因此，赫布迪格观察到：

---

[1] Dick Hebdige. The Meaning of Mod［C］//Resistance Through Rituals：Youth Subcultures in Post - War Britain. London：Hutchinson，1976：91.

[2] Dick Hebdige. Subculture：The Meaning of Style［M］. London：Routledge，1979.

[3] Roland Barthes. Mythologies［M］. London：Paladin，1972.

[4] Ferdinand de Saussure. Course in General Linguistics［M］. London：Fontana，1974.

> 从最肮脏环境中借鉴而来的物品在朋克风格的服装组合中找到自己的一席之地：盥洗室链条以优美的弧线围绕在胸前，覆盖在衣服的塑料衬里上。安全别针从家庭的“实用”背景中提取出来，作为可怕的装饰品穿过脸颊、耳朵或嘴唇……头发显然是染过的（呈现出干草黄、墨黑或亮橙色，还有一撮绿毛，或是漂白成问号的形状），T恤衫和裤子的多个拉链和外侧缝线清晰地露在外面，讲述着它们自己的形成构造。❶

当代文化研究中心的研究成果是对视为日常生活象征性协商资源的青年时尚文化及其附属商品的审美价值早期认识的代表。文化研究中心研究失败的根本点在于对视觉化风格和个人身份之间文化关系的解释相当粗略。因此，他们所作出的理论假设是，青年亚文化对时尚物品的选择性占有，尽管在视觉上呈现出抓人眼球的方式，但这只会强化传统的、以阶级为基础的习惯与情感。❷

最近的研究工作试图重塑青年、风格和身份之间的关系，认为青年时尚不是在预先确定的结构主义意义上强调阶级的事实，而是允许更具反思性的身份表达。马格尔顿（Muggleton）提出的“后-亚文化”青年的概念❸有效地抓住了这种对青年

---

❶ Dick Hebdige. The Meaning of Mod [C] //Resistance Through Rituals: Youth Subcultures in Post-War Britain. London: Hutchinson, 1976: 107.

❷ Andy Bennett. Popular Music and Youth Culture: Music, Identity and Place [M]. Basingstoke: Macmillan, 2000.

❸ David Muggleton. Inside Subculture: The Postmodern Meaning of Style [M]. Oxford: Berg, 2000. 尽管马格林顿是第一个针对“后-亚文化青年”作出理论发展的人，但这个概念本身最早是由雷德黑德（Redhead, 1990）使用的。

风格含义的新认识。他表明，21 世纪的年轻人在个人风格选择，以及希望通过时尚风格塑造个人形象的方面追求更为独特个性化的规划。波希默斯（Polhemus）也表达了类似的观点，他认为，如果说年轻人的时尚风格曾经广泛代表着以阶级为基础的亚文化成员身份，那么在过去的 50 年中，青年时尚迅速更迭，再加上现在商业街和许多另类服装店中出现的越来越多的“复古”时尚，在年轻人中引发了一批新的时尚选择和组合。波希默斯认为：

> 我们现在生活在一个风格多元的超级市场中，风格就像一个个汤罐排列在无尽的货架上。我们可以在 50 多个不同的风格群落中进行选择。地理和历史元素混杂在一起，大约 1976 年的英国朋克风格货架就在 20 世纪 50 年代美国比特尼克或者晚期牙买加拉格风格的旁边……最后，风格组合中的可能性是无限的：一套阿玛尼套装，配上背靠背棒球帽和“老派”运动鞋，一件“Perfecto”黑色皮夹克搭配格子花喇叭裤，一件嬉皮士卡夫坦常衫搭配胶皮紧身裤、DMs 和香奈儿手袋。❶

针对这种青年时尚风格的后现代主义评论所产生的批评观点是，在理论家试图解构早期结构主义的解释时，他们同时也解构了作为共同情感的风格概念。当然，年轻人的风格似乎不再像往常一样，利用令人惊叹的着装形式为基础，形成易于辨

❶ Ted Polhemus. In the Supermarket of Style [C] //The Clubcultures Reader: Readings in Popular Cultural Studies. Oxford: Blackwell, 1997: 150.

认的形象，不过一个显著的个例是“哥特”风格形象。❶ 尽管如此，最近的研究表明，尽管年轻时尚的外表看起来更为中性化，但他们似乎仍然具有一种符号学的功能，即将穿着者归于某个特定的群体。因此，正如迈尔斯（Miles）指出的，当代年轻人总是通过将自己与“其他”类型的消费者相对比区分来界定他们的个性。❷ 尽管如此，仍有证据表明，视觉化形象和群体认同之间的关系现在已经不那么武断了。绍斯塔克·皮尔斯（Szostak - Pierce）在描述美国的一群技术迷时就说明了这一点：“（他们）展现的不是一种集体的服装风格，而是每个人都相当独特的民间风格混搭。周末着装风格也受到其他生活方式选择的影响。”❸ 不过与此同时，一系列新的文化上的嵌入符号似乎已经开始生效，结果是对当代青年的个人了解，仍然可以从基本的消费模式，特别是与时尚有关的消费模式，来进行确定。通过迈尔斯对 20 世纪 90 年代英国两个城市中年轻人消费模式进行的实证研究，这一点可以获得说明。作为研究的一部分，受访者被要求研究一些年轻人的照片，并根据图片中的形象描述这些青年的生活方式偏好：

> 尽管我的受访者承认，要正确地将特定的消费品与个人照片联系起来，从而准确描绘出这些人的形象是一种不可能的尝试，但他们还是发现很容易对此进行一些概括。

---

❶ Paul Hodkinson. Goth：Identity，Style and Subculture ［M］. Oxford：Berg，2002.

❷ Steven Miles. Youth Lifestyles in a Changing World ［M］. Buckingham：Open University Press，2000：138.

❸ Suzanne Szostak - Pierce. Even Further：The Power of Subcultural Style in Techno Culture ［C］ //Appearance and Power. Oxford：Berg，1999：147.

他们对消费文化的体验是如此丰富，以至于能够根据穿着打扮来判断一个人。❶

因此，迈尔斯认为，当代年轻人似乎是解读文化指向标的专家，通过“拼凑出消费品的拼图”，可以确定某个人的生活方式偏好以及与他人的可能关系。❷

四、时尚与女性气质

20 世纪 70 年代中期，女权主义理论家安吉拉·麦克罗比认为，青年文化研究的一个关键问题，在于忽视了与少女生活有关的时尚风格的抵抗模式❸（另见麦克罗比和加伯［Garber］，1976❹）。在随后针对时尚与文化方面的开创性研究中，麦克罗比展示出年轻女性如何通过对时尚服饰的占有而产生与年轻男性同样地具有颠覆性的反抗策略。例如，在评价英国朋克摇滚界的女性成员时，麦克罗比注意到“朋克女孩”是如何抢救了 20 世纪 70 年代中期意大利“喷气飞机”电影中的那种令人震惊的卢勒克斯织物迷你裙穿着，她们使得紧身罗纹套头

❶ Steven Miles. Youth Lifestyles in a Changing World ［M］. Buckingham：Open University Press，2000：138－139.

❷ Steven Miles. Youth Lifestyles in a Changing World ［M］. Buckingham：Open University Press，2000：138.

❸ Angela McRobbie. Settling Accounts with Subcultures：A Feminist Critique ［C］//S. Frith，A. Goodwin. On Record：Rock Pop and the Written Word. London：Routledge，1980.

❹ Angela McRobbie，Jenny Garber. Girls and Subcultures：An Exploration ［C］//S. Hall，T. Jefferson. Resistance Through Rituals：Youth Subcultures in Post－War Britain. London：Hutchinson，1976.

衫和塑料耳环［以及］性感鱼网袜服饰再次兴盛流行。[1] 不过根据麦克罗比的观点，这不只是女性身份的一种公开的另类表达，并起到颠覆主导父权制女性观念的作用。相反，她还指出，女性时尚风格表面上似乎与男性将女性视为欲望对象的传统观念下女性吸引力更为贴近，但实际上表达了女性对自己身体和外表的愉悦与满足。卡特进一步证实了这一观点，他指出，大量生产符合女性气质的风格时尚物品只是女性身份建构过程的一个方面，同样重要的是女性消费者自己对时尚商品的“解构、占有、颠覆和重组”。[2] 帕丁顿（Partington）也提出了类似的观点，他认为：

> 在试图将某些品味标准强加给消费者（这些标准符合主导的意识形态价值观）时，设计行业和营销行业（已经）创造了一个打破扮演“良好消费”角色的机会，无意中允许消费者围绕时尚商品生产出意想不到的意义。[3]

帕丁顿接着指出，虽然营销策略的目的是训练女性时尚消费者进入特定的消费模式，而这些消费模式符合与“女性气质

---

[1] Angela McRobbie. Postmodernism and Popular Culture［M］. London：Routledge，1994：147.

[2] Erica Carter. Alice in the Consumer Wonderland：West German Case Studies in Gender and Consumer Culture［C］//Gender and Generation. Basingstoke：Macmillan，1984：198.

[3] Angela Partington. Popular Fashion and Working - Class Affluence［C］// Cheap Thrills：A Fashion Reader. Berkeley and Los Angeles：University of California Press，1993：147.

和家庭生活”相关的主流意识形态价值观，❶ 但这一策略的实际效果是促进了“消费者积极使用日益复杂的‘服装语言’来表达差异”。❷ 帕丁顿认为，这一更加积极地参与女性形象塑造的一个重要层面在于女性作为男性“凝视”对象的角色转变。女性不再仅仅是男性凝视的被动接受者。相反，通过允许她们“管理”自己的身体，❸ 时尚为女性提供了主动邀请和引导男性目光的手段。因此，正如帕丁顿观察到的那样，“女性气质”从一种被社会所禁止的转变为一种“模仿”，一种对女性形象的展示——像一场“化装舞会”。❹

帕丁顿观点是由克雷克（Craik）的思想发展而来的，克雷克认为，认识到女性通过她们的时尚选择所做出的视觉性陈述具有这种重要性后，满足男性目光要求的愿望只能被视为控制女性着装选择的一个因素，也许还不是最重要的因素。克雷克认为：

> 性、性别和性取向之间的分离贯穿于服饰和装饰的复杂法则之中。此外，对这些区别理解不一定是男女共享的

---

❶ Angela Partington. Popular Fashion and Working - Class Affluence [C] // Cheap Thrills: A Fashion Reader. Berkeley and Los Angeles: University of California Press, 1993: 147.

❷ Angela Partington. Popular Fashion and Working - Class Affluence [C] // Cheap Thrills: A Fashion Reader. Berkeley and Los Angeles: University of California Press, 1993: 148.

❸ Jennifer Craik. The Face of Fashion: Cultural Studies in Fashion [M]. London: Routledge, 1994.

❹ Angela Partington. Popular Fashion and Working - Class Affluence [C] // Cheap Thrills: A Fashion Reader. Berkeley and Los Angeles: University of California Press, 1993: 156.

> ……有证据表明，将“男性凝视”模式作为看的准则和看的方式的基础可能只是约定俗成的。从着装行为方面来说，可能有多种对性特征暗示的理解。尽管有人说女人穿衣服是为了取悦男人，但其他证据表明，女人穿衣服主要是为了取悦其他女人。此外，对于女性如何“看待”其他女性的问题，目前还没有明确定式。❶

正如克雷克在这里指出的，女性服饰功能并不是简单按照父权制的常规要求，使女性看起来富有魅力。相反，女性消费者在选择衣橱内的服装和特定的着装方式时，也可能会遵循女性凝视的要求，即根据不同着装的感觉、品味来确定衣服的选择。同样，菲斯克也对这一观点提出了类似的批评：女性对时尚的敏感性完全受到父权制规则的限定。菲斯克对这一观点提出挑战，他认为通过对时尚服饰的创造性搭配，女性能够掌控自己的身体，决定自己的“外表”，从而对别人看待自己的方式施加影响：“好看的愉悦感不仅仅是指取悦于男性，还有控制自己的外表，从而控制别人对自己看法的这种愉悦感。”❷ 甘尼兹（Ganetz）支持这样一种观点：女性通过自己的着装选择，有效地影响他人对自己的看法。甘尼兹认为，这种对公共场合穿着的反思意识，是女性时尚感的集中体现。因此，她认为：“女性‘从外表’审视自己，这意味着她们可以花数小时穿脱衣服，以便为特定场合或特定人群找到合适的服饰搭配。女性

❶ Jennifer Craik. The Face of Fashion：Cultural Studies in Fashion［M］. London：Routledge，1994：56.

❷ John Fiske. Reading the Popular［M］. London：Routledge，1989：34.

不仅审视自我，也认识到自己是被他人观看的。”❶

20 世纪 90 年代末的一项研究表明，时尚界的女性主义新表现也开始在工作场所产生影响，尤其是在商业领域。在这种男性主导的环境下，传统观点认为，为了成功，“女性应该适应男性的支配或男性符号”。❷ 不过拉克尔（Rucker）等的研究表明，随着女性逐渐普遍居于更高职位，商业环境中已经开始显现出一种更加自由的前景。因此，现在的女性不再选择商务套装，而是更倾向于穿着精心挑选的单品，比如将外套、裙子和套头衫搭配起来。同样地，与男性通常穿着深色不同，女性喜欢更多样的颜色，包括更鲜亮的颜色，如红色和紫色。正如拉克尔等发现的，除此之外，商业环境下女性在选择服饰时已经培养出一种能力，既能显示她们在工作场所的权力和地位，同时又能在一定层面上展现个人女性气质。

五、时尚与男性气质

正如芬克尔斯坦所说：“在当代社会，人们经常抱怨男人被排除在时尚热潮之外。”❸ 确实，在 20 世纪 80 年代中期以前，这一评价还有充分的依据。虽然时尚产业为女性和年轻的男女消费者都提供了充足的服务，但是针对 25 岁以上男性的时尚选择，范围显然比较狭窄。在某种程度上，男性时尚产品的短缺是由男性气概的既定传统思想决定的，这些传统观念倾向

---

❶ Hillevi Ganetz. The Shop, the Home and Feminity as a Masquerade［C］// Youth Culture in Late Modernity. London：Sage，1995：78.

❷ Margaret Rucker，Elizabeth Anderson，et al. Clothing，Power and the Workplace［C］//Appearance and Power. Oxford：Berg，1999：61.

❸ Joanne Finkelstein. After a Fashion［M］. Melbourne：Melbourne University Press，1996：61.

于将“时尚与女性”等同起来，将他们视为“天生喜爱时尚的人类物种性别”。❶ 相比之下，那些对服装和视觉性外观表现出兴趣的男性，如果不是单纯关注服装的功能性意义，那么就会被视为是女性化的。因此，根据克雷克的说法，女性时尚物品的生产是为了“收获一种注视”，那么男性外表是为了加强他们所扮演的积极角色。❷

在20世纪80年代中期之前，男性时尚最显著的发展体现在青少年市场方面。而正是在青年时尚领域，最尖锐明显地挑战了男性性征主流模式。正如恩特威斯尔所观察到的，在20世纪70年代早期：

> ……摇滚乐团（如Roxy Music）以及大卫·鲍伊等表演者的穿着挑战了男性自我展示的一些标准与传统观念。他们夸张的服装、精致的头发和夸张的妆容，与传统的男性气质形成鲜明对比。后来，在20世纪80年代，与“新浪漫主义”运动有关的新兴乐队出现，同样挑战了男性着装中一些最有力的禁忌。像乔治男孩这样的流行歌星装饰着明显的化妆品、指甲油、发带和裙子，挑衅性地玩弄习俗陈规，不仅是对性别，而且对性取向也提出了挑战。❸

尽管这些时尚实验在青年和青年文化层面上挑战了男性性

❶ Jennifer Craik. The Face of Fashion: Cultural Studies in Fashion [M]. London: Routledge, 1994: 176.

❷ Jennifer Craik. The Face of Fashion: Cultural Studies in Fashion [M]. London: Routledge, 1994: 176.

❸ Joanne Entwistle. The Fashioned Body: Fashion, Dress and Modern Social Theory [M]. Cambridge: Polity, 2000: 175.

别和性征的主流观念，但它们对主流男性时尚情感的影响是很小的。然而，在20世纪80年代中期，男性时尚市场迅速扩张。在很短的时间内产生了许多新兴的、大幅度增加的服装类型可供男人选择。尼克松（Nixon）认为，男性时尚产业的这种扩张，反映出男性的社会身份角色越来越多样。尼克松还认为，男性时装的设计和实用性方面的变化，导致“男性视觉性语言的转变”，并产生了使男性身体性感化的效果。❶ 克雷克也提出了类似的观点，他认为“男性时尚传统观念的改变……将对男性气概的特征进行再加工（并且）将男性身体变成一个凝视、展示和装饰的对象”。❷

20世纪80年代中期，随着“设计师服装”的出现，男性时尚服饰开始走向更大范围的转变，设计师服装是指一系列以特定商标为特征的服装，并且这些商标通常在外部标签上醒目地展示。通过电影和电视明星代言，设计师服装的声誉得到极大的提升，尤其是在20世纪80年代流行的美国犯罪剧《迈阿密恶棍》（Miami Vice）中，该剧的主要演员都穿着一系列时髦的休闲设计师服装。设计师服装市场的兴起是两个相互关联因素的产物。首先，它反映出时装业设计完善一种新的“商业语言”，旨在吸引男性服装市场。❸ 这包括培养对时尚服装的需求

❶ Sean Nixon. Have You Got The Look? Masculinities and Shopping Spectacle [C] //Lifestyle Shopping: The Subject of Consumption. London: Routledge, 1992: 155.

❷ Jennifer Craik. The Face of Fashion: Cultural Studies in Fashion [M]. London: Routledge, 1994: 203.

❸ Frank Mort. Cultures of Consumption: Masculinities and Social Space in Late Twentieth – Century Britain [M]. London: Routledge, 1996: 9.

和购买的“审美”情感。[1] 而这一核心就是宣称可以通过购买一系列推荐的服装来获得一种理想的男性形象。正如莫特（Mort）所观察到的，广告商和时尚记者向设计师服装的消费者和潜在消费者发出的关键信息是，时尚不再被解释为“一个人所穿的衣服，而是一种精神状态”“一种态度、一种完整的生活方式”。[2]

设计师服装营销中包含的新兴时尚商业逻辑也对商业街服装店铺产生了显著影响。两家老牌男装零售商（尤其是伯顿）和新的商业街连锁店，如 Next 和 Top Man 品牌，都采用橱窗展示和广告宣传的形式，旨在向男性客户销售特定系列的服装。尼克松说：“将这些服装组织成一些松散的系列这一做法，使得男装相对有限的服装款式更受欢迎。这里的营销理念是提出一个与‘生活方式’结合相当紧密的服装套餐。”[3] 设计师服装传递的“生活方式”信息通过“利基”杂志进一步强化，如专门针对 20 ~ 30 岁读者的 *The Face* 和 *GQ* 杂志[4]（另见第四章）。尼克松认为，这类杂志在“传达关于风格、品味和生活方式定义的知识”方面发挥了重要作用。[5] 尼克松进一步研究了这些

---

[1] Frank Mort. Cultures of Consumption: Masculinities and Social Space in Late Twentieth – Century Britain [M]. London: Routledge, 1996: 121.

[2] Frank Mort. Cultures of Consumption: Masculinities and Social Space in Late Twentieth – Century Britain [M]. London: Routledge, 1996: 121.

[3] Sean Nixon. Designs on Masculinity: Menswear Retailing and the Role of Retail Design [C] //Back to Reality: Social Experience and Cultural Studies. Manchester: Manchester University Press, 1997: 177.

[4] Sarah Thornton. Club Cultures: Music, Media and Subcultural Capital [M]. Cambridge: Polity Press, 1995.

[5] Sean Nixon. Have You Got The Look? Masculinities and Shopping Spectacle [C] //Lifestyle Shopping: The Subject of Consumption. London: Routledge, 1992: 162.

杂志是如何确立他所说的“各种造型”（repertoire of looks）的，每一本杂志都精心制作，以生产某些特定形象，并将其作为系列形象“选择”呈现给读者。[1] 根据尼克松的说法，男性气概是通过服装和发型的组合而有意识地结合在一起的；人们的注意力集中在一种特定的“外表”上。除此之外，杂志还会煽动人们加入一种装饰规则；通过服装组合呈现出一种“外表”。[2]

设计师服装市场兴起的第二个因素，在于年轻人作为当代社会主要消费群体的地位不断下降。[3] 20 世纪 80 年代初，青年失业率的上升意味着时装生产商不得不寻找新市场。更为富裕的 25 ~ 45 岁年龄段人类成为时尚界的新目标。正如萨维奇（Savage）解释的那样：

> 这个年龄段的人获得雇用，通常居于“高层次”职位，并且已经在最活跃的青年时期接受了消费训练。商品市场上那些以青少年为目标的产品，其消费者现在……不是青少年而是中年人。[4]

萨维奇继续思考这一新的营销活动是如何通过 20 世纪 80 年代中期的一次全球广告活动而获得巩固的。这场广告重点突

---

[1] Sean Nixon. Have You Got The Look? Masculinities and Shopping Spectacle [C] //Lifestyle Shopping: The Subject of Consumption. London: Routledge, 1992.

[2] Sean Nixon. Have You Got The Look? Masculinities and Shopping Spectacle [C] //Lifestyle Shopping: The Subject of Consumption. London: Routledge, 1992.

[3] Ellis Cashmore. No Future: Youth and Society [M]. London: Heinemann, 1984.

[4] Jon Savage. The Enemy Within: Sex, Rock and Identity [C] //S. Frith. Facing the Music: Essays on Pop, Rock and Culture. London: Mandarin, 1990: 167.

出一种怀旧气息，旨在吸引日益老龄化的婴儿潮一代。正如萨维奇观察到的，巧妙制作的电视和电影广告使用了20世纪50年代和60年代的音乐和视觉化参照物，并将其与“一种新兴生活方式营销幻想”相结合，旨在通过怀旧气息营造来保持一种自由和冒险精神，使得婴儿潮抓住他们的青春，而这些都是广告有目的地设计的。❶ 萨维奇提到了李维斯501牛仔裤的广告作为例证，这支牛仔裤在20世纪80年代中期沿用了50年代流行的牛仔裤纽扣设计：

> 这则在大西洋两岸播放的电视广告，展示了一个拥有50年代达人那样优秀身材的年轻人，穿着一件过去30年里从来没有出现过的服装走进一家洗衣店……伴随着1968年经典之作《道听途说》(*I Heard It Through The Grapevine*)这一彰显品位、真实性和共同过去的曲调，年轻人脱下他的拳击短裤，在男女围观者的注视下晒太阳……正如李维斯公司的一位发言人所说，“这场运动在80年代捕捉了20世纪50年代的时尚氛围，并有效地‘跳转’回到过去，实现了形象、音乐、时尚之间戏剧性的引人注目的交叉”。❷

如果使用复杂的广告手段来销售男性时尚产品，相当于在某种程度上转变当代社会对男性和男性身份的认知，那么这也

❶ Jon Savage. The Enemy Within: Sex, Rock and Identity [C] //S. Frith. Facing the Music: Essays on Pop, Rock and Culture. London: Mandarin, 1990: 167.

❷ Jon Savage. The Enemy Within: Sex, Rock and Identity [C] //S. Frith. Facing the Music: Essays on Pop, Rock and Culture. London: Mandarin, 1990: 165.

涉及对根深蒂固的男性主导地位和优越感话语的挑战。这一点在芬克尔斯坦针对一则利用包豪斯建筑意象的男士商务套装广告的调查中得到了有效说明。芬克尔斯坦认为，广告的效果是产生一种令人迷惑的信息。一方面，建筑和西服的并置表明“两者都是男性气质的自然场所”。❶ 然而，另一方面，包豪斯建筑的不因循守旧和短暂流行，暗示着西服是一种更为“不同凡响的男性气质”的象征。❷

六、二手物品与复古时装

20 世纪 80 年代设计师市场的兴起，也是二手物品和复古时装开始日益流行的十年。20 世纪 80 年代以前，二手服装的交易一直很稳定，但这通常只限于老年人和那些没钱买衣服的人。类似地，在整个 20 世纪六七十年代，城市市场零售为时尚派、艺术家和其他具有前卫品味的人提供了一种二手服装资源。❸ 然而，20 世纪 80 年代由于失业率上升，对二手服装的需求大大增加。无独有偶，没钱花的大学生也开始频繁光顾二手服装店。最初出于经济原因购买二手服饰的年轻人很快形成了自己的风格观念，❹ 并且在实际上成为一种另类的时尚宣言。

❶ Joanne Finkelstein. After a Fashion [M]. Melbourne: Melbourne University Press, 1996: 363.

❷ Joanne Finkelstein. After a Fashion [M]. Melbourne: Melbourne University Press, 1996: 363.

❸ Angela McRobbie. New Sexualities in Girls' and Women's Magazines [C] //A. McRobbie. Back to Reality? Social Experience and Cultural Studies. Manchester: Manchester University Press, 1994.

❹ Angela McRobbie. New Sexualities in Girls' and Women's Magazines [C] //A. McRobbie. Back to Reality? Social Experience and Cultural Studies. Manchester: Manchester University Press, 1994.

一方面，学生和其他年轻买家很快意识到，二手店出售的服装，无论是用料还是工艺，往往都优于高街连锁店目前提供的时尚服装。另一方面，许多年轻人认为设计师服装店和其他商业街商店提供的服装平平无奇，而与此相比，一个充满想象力的二手服装衣柜成为彰显个性和独特性的象征。

二手市场的另一个显著特点是它为年轻人提供了进行“换装游戏”和“装扮”的可能性，可以尝试体验超越阶级、年龄和性别界限的不同视觉化身份。正如麦克罗比所指出的，二手服饰的风格所具有的颠覆性潜力，对年轻女性产生显著影响，她们通过对男性服装的占有，挑战主流的女性形象观念。麦克罗比还列举了一些女性榜样，包括朋克歌手帕蒂·史密斯（Patti Smith）和女演员黛安·基顿（Diane Keaton）（因在伍迪·艾伦电影《安妮·霍尔》中所扮演的角色而出名），麦克罗比认为，她们在“提醒女性注意男性衣柜的女性潜力，并让自己动手制作衣物使其看起来具有吸引力”。❶

对复古风格的崇尚，特别是喜爱那些70年代风尚，常常会被视为一种基于讽刺或玩弄的言不由衷情感。这一观点在以往的媒体报道中被强化，媒体报道通常会将70年代的流行文化简化为一系列固定类型的形象：（类似Slade乐队和the Sweet乐队，与70年代摇滚乐形象相同的）厚底靴和亮片夹克，或白色喇叭裤和奖章（形象借用自1978年的迪斯科舞蹈电影《周六夜狂热》主演约翰·特拉沃尔塔）。这种对70年代复古时尚的讽刺性利用最常见于《70年代之夜》节目，这些夜总会活动模

❶ Angela McRobbie. Postmodernism and Popular Culture [M]. London: Routledge, 1994: 149.

仿70年代的迪斯科舞厅设置，播放这十年的流行歌曲，鼓励顾客穿上70年代的时装。根据格雷格森（Gregson）等的观点，在《70年代之夜》和一些类似的情况，比如低级趣味派对中，[1]"70年代的风尚作为一项'服装秀'，出于低俗品味的欲望动机……穿着'全套服装'。[2]格雷格森等反过来指出，此类活动的服装环节在顾客接受和理解70年代时尚时起关键作用："在这里，合适的欣赏方式……是欢笑：穿着并不关乎精致，或者有何出处可以引证，而是关乎乐趣、欢笑和集体的'卑鄙羞耻感'。"[3]

这种自嘲式的"反时尚"意识与格罗斯伯格（Grossberg）的研究观察相契合，当代年轻人倾向于"与一切事物保持距离，讽刺地对待一切"。[4]不过根据格雷格森等人的观点，对20世纪70年代复古风格的挪用，不能用这种讽刺和自嘲的风格情感来统一解读。因此，他们认为，这里需要区分两种不同的服装占有方式，即"狂欢式"的和"知识式"的。狂欢式的挪用模式是指一种对70年代风格的非正式性回应，通常在《70年代之夜》这样的活动中可以观察到。根据格雷格森等的观点，这种形式的挪用可以被视为"一种化装和滑稽表演的戏剧形式，其灵感来源于某一时期的音乐形式/流派以及伴随而生的

[1] Geoffrey Beattie. England After Dark [M]. London: Weidenfeld and Nicolson, 1990.

[2] Nicky Gregson, Kate Brooks, et al. Bjorn Again? Rethinking 70s Revivalism through the Reappropriation of 70s Clothing [J]. Fashion Theory, 2001, 5 (1): 5.

[3] Nicky Gregson, Kate Brooks, et al. Bjorn Again? Rethinking 70s Revivalism through the Reappropriation of 70s Clothing [J]. Fashion Theory, 2001, 5 (1): 5.

[4] Lawrence Grossberg. Is Anybody Listening? Does Anybody Care?: On Talking About "The State of Rock" [C] //A. Ross, T. Rose. Microphone Fiends: Youth Music and Youth Culture. London: Routledge, 1994: 53.

（庸俗和媚俗）意义”。[1] 他们指出，从更深层次来看，通过这种不严肃的70年代服装购买装扮而产生的嬉戏感，可能是一种试图暂缓成人世界压力和责任的集体性尝试。因此，他们认为“70年代的复古服装秀是嘉年华的一种特殊版本，并且是建立在一种对安全的童年游戏世界的重新想象中”。[2]

格雷格森等确定的第二种占有方式，即“知性式”的，这是由传统时尚情感所决定的。正如格雷格森等观察到的，“了解”70年代复古时装的消费者，倾向于衡量并形成对材料质量和服装的一些相对排他性标准，来形成他们的消费选择。此外，请注意格雷格森等人的研究，他们了解到这类消费者穿着70年代的时装“成为他们日常生活中的一部分，而不是暂时性的（像70年代的狂欢化消费者那样）”[3]。实际上，通过这个例证，格雷格森等说明了现代时尚情感的复杂性，同样的服装资源被不同的消费者群体用于不同的目的。因此，他们了解到消费者在日常生活中穿着70年代时装，是为了阐明这种时尚的“真实性”而不是对其加以“讽刺”。在这样做的时候，他们利用70年代的时尚作为展示个性、知性、知识性和辨识力的手段，作为他们文化资本的一种表达方式，并以此构建自己与他人的差异。[4]

---

[1] Nicky Gregson, Kate Brooks, et al. Bjorn Again? Rethinking 70s Revivalism through the Reappropriation of 70s Clothing [J]. Fashion Theory, 2001, 5 (1): 11.

[2] Nicky Gregson, Kate Brooks, et al. Bjorn Again? Rethinking 70s Revivalism through the Reappropriation of 70s Clothing [J]. Fashion Theory, 2001, 5 (1): 12.

[3] Nicky Gregson, Kate Brooks, et al. Bjorn Again? Rethinking 70s Revivalism through the Reappropriation of 70s Clothing [J]. Fashion Theory, 2001, 5 (1): 12.

[4] Nicky Gregson, Kate Brooks, et al. Bjorn Again? Rethinking 70s Revivalism through the Reappropriation of 70s Clothing [J]. Fashion Theory, 2001, 5 (1): 16.

波希米亚式的装扮也能体现出类似的情感，这种穿衣风格也注重精心挑选与当代批量生产的时尚产品外观不相符的服装。正如威尔逊所指出的，波希米亚人在西方社会的出现与工业革命相吻合，波希米亚人的着装风格象征着对工业化以及由此产生的大规模生产合理化过程的一种抵抗。威尔森说："波西米亚人用服饰来传达内心的真实性和外在的戏剧化展现。成为一个波希米亚人就是要找到一种美学的表达方式，来表达对工业资本主义世界的真诚的疏离感。"❶ 威尔逊认为，在 20 世纪，波希米亚的特质在一系列反体制青年运动中表现明显，从 20 世纪 50 年代垮掉的一代和 60 年代末的嬉皮士反主流文化，到更当代的青年文化，如朋克和新时代旅行者。每一种流行文化的特点都体现了一种通过打造过与现代消费主义后期时尚情感格格不入的另类外观形象，追求打破主流规则的集体性愿望。

颠覆当代时尚情感的另一种尝试，是被称为"解构时尚"的运动，这种风格灵感来源于建筑、平面设计和媒体业中共同努力"摧毁现代主义文化形式"的一些类似性发展。❷"解构时尚"的特点是回收旧衣服和材料，生产新衣服。通常，这需要使用不匹配的面料，并将传统的隐藏在下面的"服装结构机制"如省道、缝线和拉链颠倒过来放在正面。❸ 吉尔认为，创造和毁灭的同时进行，是理解"解构时尚"提供给服装制造商和随后穿着者真实感的关键："服装制造者同时成形和变形、

---

❶ Elizabeth Wilson. Bohemian Dress and the Heroism of Everyday Life [J]. Fashion Theory, 1998, 2 (3): 239.

❷ Alison Gill. Deconstruction Fashion: The Making of Unfinished, Decomposing and Re - assembled Clothes [J]. Fashion Theory, 1998, 2 (1): 26.

❸ Alison Gill. Deconstruction Fashion: The Making of Unfinished, Decomposing and Re - assembled Clothes [J]. Fashion Theory, 1998, 2 (1): 27.

构造和破坏、制造和解开衣服。这种双向劳作在穿衣和穿衣过程中继续进行，因为衣服既塑造又破坏了身体，在构成的同时也在进行着分解运作。”❶

七、时尚与民族认同

在当代日常生活环境中，时尚对民族认同的表达也起着重要作用。如上所述，与其他形式的社会认同一样，民族认同不再被视为“真实的”或“本质性的”，而是一种“随着时间和地点的变化而变化的多方面现象”。通过时尚影响民族身份建立和表达的一个主要因素已经在文化上被替代了。由于各种原因，包括奴隶制、贫困、宗教或政治迫害等，被迫迁移到世界各地的流离失所的少数民族群体总是利用文化资源，如服饰和音乐等，为自己开辟新的文化空间。这在少数民族青年中尤为普遍。

20世纪70年代，迪克·赫布迪格（1979）的创新性著作研究了英国非洲加勒比移民群体的第二代成员是如何开创一系列风格创新，并在日渐充满敌意和排斥性的城市环境中，将其作为一种维护新式黑人身份的手段。赫布迪格考虑到一系列的时尚风格创新，从“小流氓”造型开始——这种风格采用了意大利“利落”的西装、短边帽和墨镜——试图体现英国街头黑色人种的新的身份表达。到了20世纪70年代初，英国黑人青年仿照牙买加拉斯塔法里运动者的视觉性时尚风格，演变出一种新的、更为激进的外貌形象。这种形象在泛加勒比海地区十

❶ Alison Gill. Deconstruction Fashion: The Making of Unfinished, Decomposing and Re-assembled Clothes [J]. Fashion Theory, 1998, 2 (1): 28.

分流行，因为它被雷鬼艺术家鲍勃·马利和彼得·托什所采用。[1] 而早期英国非洲加勒比青年的时尚风格创新已经被白人青年所接受，例如，不良少年和光头党都将自己的视觉化时尚风格模仿成小流氓的样子[2]（另见塔尔洛克［Tulloch］，1993[3]），而拉斯塔法里风格对于白人青年来说更难模仿。因此，正如赫布迪格所观察到的："拉斯塔风格所围绕的差异性，实际上是刻在黑人皮肤上的，正是通过外表，这种差异才得以延伸、阐述和实现。"[4]

普莱斯（Price）认为，从非洲加勒比青年的角度来看，拉斯塔造型"有助于注入一种急需的意识形态和文化团结感"。[5] 英国的拉斯塔开始流行一种更为"非洲"的形象，这与他们所听的雷鬼音乐艺术家的形象相一致。马海毛和涤纶等合成材料被羊毛和棉花等更为"天然"的纤维所取代。同样，虽然早期的黑人风格借鉴了西方时尚产品，但拉斯塔的外貌明显是非西方的风格。例如，短檐帽被"tam"取代，tam 是一种粗纺、宽松的帽子，被设计成可以戴在可怕的头发上，这本身就是拒绝西方理想的一种强烈象征。根据卡什莫尔（Cashmore）的说法，长发绺：

[1] Dick Hebdige. Cut 'n' Mix：Culture，Identity and Caribbean Music［M］. London：Routledge，1987.

[2] Dick Hebdige. Subculture：The Meaning of Style［M］. London：Routledge，1979.

[3] Carol Tulloch. Rebel Without a Pause：Black Street Style and Black Designers［C］//J. Ash，E. Wilson. Cheap Thrills：A Fashion Reader. Berkeley and Los Angeles：University of California Press，1993.

[4] Dick Hebdige. Subculture：The Meaning of Style［M］. London：Routledge，1979：43.

[5] Ken Price. Black Identity and the Role of Reggae［C］//D. Potter. Society and the Social Sciences：An Introduction. London：Routledge/Open University Press；1981：134.

……是黑人重新定义自我的一个因素；为了证明拉斯塔正准备与意识形态作对，用反定义来回应白人对他们的定义……发绺的外观以黑色著称：使得发绺的质量和拥有都表示获得一种尊重和肯定。❶

长发绺的重要性在于它反映了黑人的自豪感，这在 20 世纪 70 年代早期的美国便有所表现。正如默瑟（Mercer）所指出的，“发绺”曾经被大规模普及——尤其是通过雷鬼文化日益增加的战斗性——他们的恐惧逻辑描绘了对黑人的美化。❷威利斯提出一个类似的观点，他认为长发绺能够将黑暗皮肤可接受的内在差异性转变为开放的象征性斗争。❸

在其他少数民族群体中，也可以看到那些通过对时尚和风格的占有，促进民族认同建构的类似过程。例如，在对英国亚裔年轻女性着装模式的研究中，卡恩（Khan）发现，过去 30 年里，人们对穿传统服装的态度发生了重大变化。正如卡恩所观察到的，在 20 世纪六七十年代，母亲们试图将传统服饰强加给女儿，这造成了强烈的代际冲突：“因此，年轻女性与其说拒绝自己的文化，不如说是谨慎地将其保留下来。在街上是英

---

❶ Ellis Cashmore. Rastaman：The Rastafarian Movement in England［M］. London：George Allen and Unwin Ltd，1983：158－159.

❷ Kobena Mercer. Black Hair/Style Politics［C］//The Subcultures Reader. London：Routledge，1987：424.

❸ Paul Willis. Common Culture：Symbolic Work at Play in the Everyday Cultures of the Young［M］. Milton Keynes：Open University Press，1990：92.

国人，在家是亚洲人；在学校是一种行为，在家里是另一种行为。”❶

然后，卡恩接着描述了随后几年的发展，是如何改变亚洲年轻女性对着装和传统的看法。首先，到印度次大陆度假或探亲的英裔亚洲人开始意识到一系列新的“富有想象力的、探索并颂扬其印度本性的服装”，是一种“创造性的时尚大爆炸”。❷其次，新一代的英国亚裔妇女已经吸收英国普遍的女性独立观点，因此不太需要坚持传统的束缚。最后，反种族主义组织数量和力量的增长激发了亚洲人的“新的认同意识”。❸

据卡恩说，每一种因素都以各自的方式影响亚洲年轻人看待自己文化和遗产的方式，并形成重大的变化。这些因素不再仅仅被视作代沟问题。相反，它们成为文化认同的重要问题。从亚洲年轻女性的角度来看，身份问题在身体表面被尖锐地表现出来。模仿传统风格的时尚服装成为一种强烈的视觉化表达，表达了一种新的“亚洲人”情感。正如卡恩所解释的，这样的时尚：

> ……在年轻的亚洲人中被接受……这些衣服既吸收东西方的特点，又不需要她们在两个不同名词之间做出选择，这也反映了她们自信地以自己的方式来表现自己是西化的

❶ Naseem Kahn. Asian Women's Dress: From Burqah to Bloggs: Changing Clothes for Changing Times [C] //J. Ash, E. Wilson. Cheap Thrills: A Fashion Reader. Berkeley and Los Angeles: University of California Press, 1993: 68.

❷ Naseem Kahn. Asian Women's Dress: From Burqah to Bloggs: Changing Clothes for Changing Times [C] //J. Ash, E. Wilson. Cheap Thrills: A Fashion Reader. Berkeley and Los Angeles: University of California Press, 1993: 68.

❸ Naseem Kahn. Asian Women's Dress: From Burqah to Bloggs: Changing Clothes for Changing Times [C] //J. Ash, E. Wilson. Cheap Thrills: A Fashion Reader. Berkeley and Los Angeles: University of California Press, 1993: 68.

亚洲女性。[1]

德怀尔对年轻的英国穆斯林女性的研究也显示出类似的情感，许多受访者拒绝接受"亚洲"和"西方"服装的固定含义，试图提供新的含义，挑战"传统"与"现代"的"二分法"。[2]少数民族成员对不同时尚和穿衣风格的这种选择性占有以及由此产生的反思性认同，是理解近代多民族社会中民族认同本质的关键。在后现代性中，民族认同与其他形式的社会认同一样，是个体建构和繁衍的过程。例如，塔尔洛克注意到当代英国黑人青年[3]，就像马格林顿[4]的白人后-亚文化风格设计师一样，在创造个人身份的过程中从一系列黑人时尚和风格中汲取灵感。同样，在研究发型在种族认同框架中的重要性时，威利斯建议：

> 年轻的黑人可以在许多不同的可用发型之间进行选择和转换，从不同的来源获得象征性资源和风格灵感，例如书籍、博物馆杂志，以及音乐、时尚、电影或体育领域的

---

[1] Naseem Kahn. Asian Women's Dress：From Burqah to Bloggs：Changing Clothes for Changing Times ［C］//J. Ash，E. Wilson. Cheap Thrills：A Fashion Reader. Berkeley and Los Angeles：University of California Press，1993：70.

[2] Claire Dwyer. Contested Identities：Challenging Dominant Representations of Young British Muslim Women ［C］//T. Skelton，G. Valentine. Cool Places：Geographies of Youth Culture. London：Routledge，1998：57.

[3] Carol Tulloch. Rebel Without a Pause：Black Street Style and Black Designers ［C］//J. Ash，E. Wilson. Cheap Thrills：A Fashion Reader. Berkeley and Los Angeles：University of California Press，1993.

[4] David Muggleton. Inside Subculture：The Postmodern Meaning of Style ［M］. Oxford：Berg，2000.

特定明星。[1]

八、结论

本章探讨了时尚作为一项核心文化资源的重要性，在现代性晚期，个体通过时尚性来建构自己的身份，并在与他人的关系中定位自己。与其他消费品一样，时尚产品进入大众领域后，不再是纯粹的商品，而是具有一系列日常意义，这一点已经获得了明确的说明。这种意义部分源于消费者自己，他们以日常经验为基础，为具有重要意义的时尚产品刻上个人意义。时尚在日常生活文化中所具有的中心层面的影响，在于它能够传达关于个人地位的视觉化信息。本章已经说明了时尚如何在这方面为许多不同的人物角色服务。因此，时尚可以作为权力的象征，也是一种体现财富和个人成功的手段。另外，它也可以作为一种表示拒绝这种地位的手段，特别的款式或服装组合，显示出对波希米亚或其他替代价值体系的欣赏。类似地，复古和二手时装也被用来进行身份试验或修改身份，例如，“换装”或“梳妆打扮”，是个人象征性地与阶级、经济和教育地位等问题进行协商的过程。时尚也是一项有助于与其他层面被禁止的身份进行协商的策略，特别是与性别和种族有关的，正如本章所述，通过创造性地利用时尚服装，个人可以修改或强调某些身份的一些特定特征。

---

[1] Paul Willis. Common Culture：Symbolic Work at Play in the Everyday Cultures of the Young［M］. Milton Keynes：Open University Press，1990：93.

第六章　音　　乐

在日常生活中，音乐具有一种力量……可能会影响人们的身体构成、行为方式、经历时间的方式、他们对自己和他人的感受，以及对环境的感受。

——德诺拉（DeNora）[1]

正如德诺拉上述观察中所暗示的，谈论音乐在日常生活中的重要性，已经远远超出了音乐创作和音乐家创造力的问题。其实，音乐在许多层面上影响着日常生活，对音乐的“参与”既可以通过消费实践，也可以通过积极参与音乐生产过程。[2]音乐生活性方面的内容，在针对不同音乐风格的反应上研究非常彻底，尤其是年轻人与音乐之间的关系。自从20世纪50年代中期，流行音乐流派诸如摇滚乐的风靡激发了一系列在视觉上与众不同的风格形象，年轻的歌迷既表现出对某种音乐的依恋，又在更广泛的社会环境中脱颖而出。[3] 然而，音乐在日常

---

[1] Tia DeNora. Music in Everyday Life [M]. Cambridge. Cambridge University Press, 2000: 16－17.

[2] Andy Bennett. Popular Music and Youth Culture: Music, Identity and Place [M]. Basingstoke: Macmillan, 2000: 60.

[3] Dick Hebdige. Subculture: The Meaning of Style [M]. London: Routledge, 1979; Iain Chambers. Urban Rhythms: Pop Music and Popular Culture [M]. Basingstoke: Macmillan, 1985.

生活中的吸引力和意义绝不只是局限于年轻人，也不局限于“流行”音乐。研究已经表明不同风格的音乐是如何在日常生活中被听众进行多种多样的积极“使用”的。本章将探讨音乐的日常使用，并重点考察可以将音乐理解为晚期现代个人的符号性资源的一些方法。

一、音乐与“日常生活”

在当代社会语境中，音乐构成我们日常生活中不可或缺的一部分，在各种各样的社会环境中都有所体现，包括健身中心、❶ 机场候机室、购物中心或酒吧/酒馆❷。同样，在20世纪80年代早期，私人立体声的发展促进了一种新的音乐消费方式，个体的音乐选择为他/她对日常世界的现象学体验提供背景音。❸ 技术也使得音乐表演环境中艺术家/观众之间划分的重要性重新排序。从地下舞蹈音乐场景（计算机技术重新定义了“音乐家”的含义），❹ 到卡拉OK酒吧内（观众和表演者基本上是可以互换的），❺ 技术进步对音乐在日常生活中的功用和意

❶ Tia DeNora. Music in Everyday Life [M]. Cambridge: Cambridge University Press, 2000.

❷ Andy Bennett. "Going Down the Pub": The Pub Rock Scene as Resource for the Consumption of Popular Music [J]. Popular Music, 1997, 16 (1): 97-108.

❸ Michael Bull. Sounding Out the City: Personal Stereos and the Management of Everyday Life [M]. Oxford: Berg, 2000.

❹ Keith Negus. Producing Pop: Culture and Conflict in the Popular Music Industry [M]. London: Edward Arnold, 1992.

❺ Robert S Drew. Embracing the Role of the Amatuer: How Karaoke Bar Patrons Become Regular Performers [J]. Journal of Contemporary Ethnography, 1997, 25 (4): 449-468; Robert S Drew. Karaoke Nights: An Ethnographic Rhapsody [M]. Walnut Creek, CA: Alta Mira Press, 2001; Robert S Drew. "Scenes" Dimensions of Karaoke in the US [C] //A. Bennett, R. A. Peterson. Music Scenes: Local, Trans-local and Virtual. Nashville, TN: Vanderbilt University Press, 2004.

义产生了相当大的影响。

过去的20年间，音乐在广告中的广泛使用和复古音乐市场的增长，也见证了音乐与生活方式之间关系的扩大。与时尚一样（见第五章），音乐现在被用来有效地表达当代社会日益多样化的生活方式。同样，音乐在构建和表达民族身份方面也发挥了重要作用，[1] 而最近全球范围内的音乐，如Rap说唱和彭戈拉音乐，已经形成新模式的跨区域分散性群体，他们共同经历了流离失所、种族主义和社会排斥，导致形成一种相互认同和团结的新形式，并且这一团结通过共同占有音乐文本而象征性地实现。[2]

弗里斯认为，音乐的特殊之处在于“它似乎使一种新的自我认知成为可能，并使我们从阻碍我们社会身份的日常生活和期待中解放出来”。[3] 在他们对音乐文本的占有和使用中，个人也象征性地进入集体参与音乐相关的日常、游戏、娱乐和抗议的规定中，促进了当代社会背景下日常生活的象征性协商。格罗斯伯格进一步强调了这一点，他认为理解音乐“需要问它带给歌迷什么东西，它如何赋予他们权力，以及他们如何赋予音乐权力。音乐能否使他们适应日常的生活”。[4] 虽然格罗斯伯格在这里主要关注摇滚乐和青年文化，但他的观察可以广泛应用

---

[1] Martin Stokes. Ethnicity, Identity and Music: The Musical Construction of Place [M]. Oxford: Berg, 1994.

[2] Paul Gilroy. The Black Atlantic: Modernity and Double Consciousness [M]. London: Verso, 1993.

[3] Simon Frith. Towards an Aesthetic of Popular Music [C] //R. Leppert, S. McClary. Music and Society: The Politics of Composition, Performance and Reception. Cambridge: Cambridge University Press, 1987: 144.

[4] Lawrence Grossberg. Is There Rock After Punk? [J]. Critical Studies in Mass Communication, 1986, 3 (1): 52.

于日常生活的音乐功用分析。最近研究表明，从摇滚乐❶到爵士乐❷以及民谣❸的一系列音乐风格是如何被听众积极运用，借此理解他们个人的日常生活，并在日常环境中为自我作出定位。正如德诺拉所观察到的："音乐是一种工具或资源，人们通过它来调节自己，使自己成为日常生活中的审美、情感、思维和行为主体。"❹

二、场景、共同体与亚文化

绘制音乐日常意义的常见方法是使用这三种基本理论模型"场景""共同体"和"亚文化"的其中一种。每种模式的共同点，都是试图理解音乐的"文化"属性，也就是说，特定的音乐风格如何被个人或群体所利用，并被集体性用作区别于其他社会群体的手段。

1. 场景

早期尝试用场景视角描绘音乐文化意义的是在贝克尔（Becker）针对专业爵士乐音乐家所作出的研究中。❺ 贝克尔认

❶ Deena Weinstein. Heavy Metal: The Music and its Culture [M]. 2nd edn. New York: Da Capo Press, 2000.

❷ Paul Lopes. The Rise of a Jazz Art World [M]. Cambridge: Cambridge University Press, 2002.

❸ Niall MacKinnon. The British Folk Scene: Musical Performance and Social Identity [M]. Buckingham: Open University Press, 1993.

❹ Tia DeNora. Music in Everyday Life [M]. Cambridge: Cambridge University Press, 2000: 62.

❺ Howard S. Becker. The Professional Jazz Musician and his Audience [C] // R. S. Denisoff, R. A. Peterson. The Sounds of Social Change. Chicago: Rand McNally and Company, 1951.

为，爵士乐舞台的核心是区分音乐家和听众的概念：

> 音乐家被认为是一个异于常人，拥有神秘艺术天赋的艺术家。拥有这种天赋，他就不应该被缺乏天赋的外人所控制。天赋是不能通过教育获得的东西，因此局外人不能成为群体的一员。[1]

贝克尔注意到爵士乐音乐家通过将非音乐家称为“方形人”（squares）来巩固他们的群体联想感和场景成员感，后者反映了非音乐家固有的一系列特征，包括对音乐的不恰当理解：“方形人被认为是无知的，令人害怕的不宽容的人，因为他产生的压力迫使音乐家们进行不切实际地演奏。”[2] 场景透视法现在比较多运用为一种包含更广泛音乐形式以及其他音乐的一种实践（例如，见本尼特和彼得森，2004[3]）。在这一背景下，不同个人的音乐投入找到了一种集体发声与表达的形式；场景成员覆盖多项音乐活动，除了表演之外，还包括制作、推广、新闻和消费。[4]

有人认为，音乐场景在日常生活中的重要性是由于它们在地方环境的嵌入而获得强调的。例如，山科（Shank）对德克

---

[1] R. S. Denisoff, R. A. Peterson. The Sounds of Social Change [C]. Chicago: Rand McNally and Company, 1972: 249.

[2] R. S. Denisoff, R. A. Peterson. The Sounds of Social Change [C]. Chicago: Rand McNally and Company, 1972: 252.

[3] Andy Bennett, Richard A. Peterson. Music Scenes: Local, Trans - local and Virtual [M]. Nashville, TN: Vanderbilt University Press, 2004.

[4] Paul Lopes. The Rise of a Jazz Art World [M]. Cambridge: Cambridge University Press, 2002.

萨斯州奥斯汀当地音乐制作场景的实证研究，描绘了当地社会关系网络与当地音乐场景构建和维护之间的关联性。[1] 同样，科恩对利物浦本地音乐界的研究[2]表明，地方音乐家对音乐创作的基本态度和观点与他们的社会经济环境有着内在的联系。因此，科恩观察到：

> 在城市里人们可能会以对待考试的态度一样拿起吉他，因为每个人找到全职工作的机会都是一样的，加入乐队是一种公认的生活方式，可以提供一种证明自己存在的方式。[3]

在其他场景中，这被理解为是一种单纯的地方现象。而斯特劳（Straw）指出，音乐场景超越特定的地方，“反映并实现不同人群和社会群体之间的特定关系状态，这些群体围绕特定的音乐风格而结合在一起”。[4] 霍德金森（Hodkinson）支持了这一观点，他重点研究了哥特文化的歌迷、音乐家和企业家之间的跨地区网络是如何维持的。[5] 最后，彼得森和本尼特注意

---

[1] Barry Shank. Dissonant Identities: The Rock ‘n’ Roll Scene in Austin, Texas [M]. London: Wesleyan University Press, 1994.

[2] Sara Cohen. Rock Culture in Liverpool: Popular Music in the Making [M]. Oxford: Clarendon Press, 1991.

[3] Sara Cohen. Rock Culture in Liverpool: Popular Music in the Making [M]. Oxford: Clarendon Press, 1991: 2.

[4] Will Straw. Systems of Articulation, Logics of Change: Communities and Scenes in Popular Music [J]. Cultural Studies, 1991, 5 (3): 379.

[5] Paul Hodkinson. Goth: Identity, Style and Subculture [M]. Oxford: Berg, 2002; Paul Hodkinson. Trans – Local Connections in the Goth Scene [C] //A. Bennett, R. A. Peterson. Music Scenes: Local, Trans – local and Virtual. Nashville, TN: Vanderbilt University Press, 2004.

到，日渐增强的互联网联络通道使得歌迷组成“虚拟”的音乐场景，他们的互动纯粹或主要发生在聊天室或电子邮件列表等互联网在线状态下。❶

2. **共同体**

共同体思想主要以两种方式应用于音乐研究。首先，它作为一种手段，说明地方制作的音乐如何成为个人认同某个特定城市、城镇或地区及其所在地的方式。因此，正如刘易斯所说：“人们将特定音乐视为某一地区的象征性特点，并将其视作群体性、归属和共同过去的标志。”❷ 这一观点得到了道伊（Dawe）和本尼特的支持，他们认为：“音乐是一种特别有力的代表性资源……是共同体成员能够识别自己并向他人展示这种身份的一项手段。”❸ 共同体在音乐中的第二个应用，主要关注其作为一种象征性意义的重要性，也就是说，共同体作为一种手段，能够使得缺乏共同地方经验的个人，尝试把音乐本身塑造为一种“生活方式”和群体性的基础。一个相关例证是20世纪60年代后期嬉皮士反主流文化对摇滚乐的重视。正如弗里斯所说：“‘共同体’成为音乐创造的东西，并描述了一种音乐体验。这是成为摇滚乐的核心思想观点。”❹ 在将音乐作为一种

---

❶ Andy Bennett，Richard A. Peterson. Music Scenes：Local，Trans－local and Virtual［M］. Nashville，TN：Vanderbilt University Press，2004.

❷ George H. Lewis. Who Do You Love?：The Dimensions of Musical Taste［C］//J. Lull. Popular Music and Communication. London：Sage，1992：144.

❸ Kevin Dawe，Andy Bennett. Introduction：Guitars，People and Places［C］// A. Bennett，K. Dawe. Guitar Cultures. Oxford：Berg，2001：4.

❹ Simon Frith. The Magic That Can Set You Free：The Ideology of Folk and the Myth of Rock［J］. Popular Music，1981（1）：167.

独立的音乐追随者相互联系纽带的过程中，共同性的相似情感也十分明显。根据福纳罗（Fonarow）的说法，独立音乐（Indie）的核心是音乐家和他们的听众之间的“共同性和相联系的情感感受”。❶ 在表演层面，这种共同体精神通过短小简单的独立歌曲以及对小型场地的强调而得到加强，而独立音乐家和他们的歌迷用这些因素共同来表达他们的真实感和独特性，不过歌迷们明显受到“商业的”与“经过包装”的流行音乐排行榜的影响。❷

3. 亚文化

在研究对音乐的集体性反应时，第三个也是最广泛使用的概念模型就是“亚文化”。亚文化概念最初由芝加哥学派引入学术研究，作为一种对犯罪或越轨行为提供社会学解释的手段，在 20 世纪 70 年代早期，伯明翰当代文化研究中心（CCCS）的文化理论家较早采用亚文化概念，用以研究战后英国青年文化群体，如古惑仔、不良少年和朋克文化❸（另见第一章和第五章）。尽管 CCCS 较为直接地将亚文化与青年风格联系起来，而

---

❶ Wendy Fonarow. The Spatial Organisation of the Indie Music Gig ［C］ //K. Gelder, S. Thornton. The Subcultures Reader. London：Routledge, 1997：364. “Indie”是独立音乐“independent music”的缩写，这一术语首次应用于英国小型独立唱片公司及其在后朋克时代签约的乐队。虽然“独立”的概念已经被主流唱片公司所利用，仅仅将其视为一种营销策略（见 Negus, 1992），但它在音乐家和歌迷中仍然十分流行（见 Street, 1993；Bennetr, 2001a）。

❷ Andy Bennett. Plug in and Play! UK Indie Guitar Culture ［C］ //A. Bennett, K. Dawe. Guitar Cultures. Oxford：Berg, 2001.

❸ Stuart Hall, Tony Jefferson. Resistance Through Rituals：Youth Subcultures in Post – War Britain ［M］. London：Hutchinson, 1976；Dick Hebdige. Subculture：The Meaning of Style ［M］. London：Routledge, 1979.

不是与音乐相关，CCCS之后关于青年文化的研究工作却越来越多地将亚文化概念应用于集体性占有和使用音乐的研究。例如，韦恩斯坦（Weinstein）在研究重金属音乐时指出，在现场音乐会的氛围下，群体消费重金属音乐的行为对肯定金属亚文化及其集体价值观和共同体意识有很大帮助。事实上，重金属音乐的观众，声称对音乐拥有集体所有权。因此，正如韦恩斯坦所观察到的：

> 乐队演唱的歌曲体现了亚文化的价值。乐队演唱曲目并不是随机选择的，特别是如果他们已经发行了几张专辑的话。音乐会上最受欢迎的是那些通过理想化方式表达亚文化主题的音乐。❶

另一个关于音乐“亚文化”意义的例证是由萨迪罗（Sardiello）对“Deadhead”（迷幻摇滚乐队The Grateful Dead的粉丝）的描述。正如萨迪罗指出的，这些歌迷围绕乐队的巡演日程安排他们的生活，平日承担一些“临时性工作，如餐馆工作等以负担其旅行费用”，从而保留他们在Deadhead亚文化中的粉圈成员资格。❷

三、音乐与青年

20世纪50年代，年轻人成为战后新兴休闲产业的目标。

---

❶ Deena Weinstein. Heavy Metal: The Music and its Culture [M]. New York: Da Capo Press, 2000: 218.

❷ Robert Sardiello. Dentity and Status Stratification in Deadhead Subculture [C] //J. S. Epstein. Youth Culture: Identity in a Postmodern World. Oxford: Blackwell, 1998: 132.

尽管拥有全职工作，但仍住在父母家中的16～21岁青年人，是战后最富裕的消费者之一。❶“年轻化”产品的繁荣对青年休闲文化产生了重大影响，同时也改变了青年人的社会地位：

> 闲暇时光的作用不再是从工作中进行简单休息和恢复元气，而是成为家庭关系和私人教化的一个特殊区域。它被扩大到形成一种潜在的生活方式，使消费主义成为可能。买一张特别的唱片，或者选择一件剪裁成特定时尚风格的夹克或裙子，或者仔细搭配鞋子的颜色，就等于打开了一扇积极构建个人生活方式的大门。❷

正如钱伯斯在这里指出的，通过对音乐或相关文体产品的占有，年轻人也同时获得了新的情感。音乐，以及与之相关的青年人“配饰”，成为体现个人生活方式的一部分，成为一种进行系列个人身份声明与表达的手段，这些东西的宗旨在于将“青年”与父辈文化区分开来。音乐与这方面的关联性，在青年人面对首个被标记为积极“青年”音乐的摇滚乐的反应中体现明显。布拉德利认为，摇滚乐成为青年反叛精神的配乐，是一种“抵制某些关于可能性或许可话语的手段”。❸ 1956年第一部摇滚电影《24小时摇滚》放映期间，年轻观众在电影院过道

---

❶ Les Back. Race, Identity and Nation within an Adolescent Community in South London [J]. New Community, 1993, 19 (2): 217－233.

❷ Iain Chambers. Urban Rhythms: Pop Music and Popular Culture [M]. Basingstoke: Macmillan, 1985: 16.

❸ Dick Bradley. Understanding Rock 'n' Roll: Popular Music in Britain 1955－1964 [M]. Buckingham: Open University Press, 1992: 125.

上跳舞，把座位掀翻。[1] 荷兰针对这部电影的禁令导致了街头抗议行动，年轻人“为他们看电影的权利而示威”。[2]

摇滚乐表演者自身的外表形象和行为举止，进一步强化了摇滚乐与年轻观众之间的联系。正如弗里斯（1983）[3] 所观察到的那样，战后的流行偶像，像猫王埃尔维斯·普雷斯利（Elvis Presley）和披头士乐队（Beatles），他们的个人年龄和社会经济背景都与购买唱片和参加音乐会的年轻歌迷相同。因此，这些艺术家很容易成为年轻观众的榜样。摇滚表演者和他们的观众之间明显“自然性”的联系，通过他们在媒体上的表现进一步获得强调。针对猫王早年电视采访的描述，舒姆威（Shumway）指出，“这部电影在猫王镜头和观众镜头之间切换……体现出观众是如何成为节目的一部分的……他们的反应告诉我们表演者正在引发轰动”。[4]

正如上述观察所揭示的，理解摇滚乐和战后流行音乐流派对年轻人的重要性，关键在于理解它们为年轻人建立新的文化领域方面所起的作用。这些领域成为生产“青年”集体身份的重要场所，青年人可以在这里象征性地协调他们在社会中被剥夺的地位。格罗斯伯格认为：

---

[1] Strinati D, S. Wagg. Come on Down?: Popular Media Culture in Post – War Britain [M]. London: Routledge, 1992.

[2] Lutgard Mutsaers. Indorock: An Early Eurorock Style [J]. Popular Music, 1990, 9 (3): 307.

[3] Simon Frith. Sound Effects: Youth, Leisure and the Politics of Rock [M]. London: Constable, 1983.

[4] David Shumway. Rock and Roll as a Cultural Practice [C] //A. DeCurtis. Present Tense: Rock and Roll and Culture. Durham, NC: Duke University Press, 1992: 127.

> 年轻人在日常生活中的情感差异被定义为一种特定的社会生活方式。摇滚是对某种孤独和不确定感的一种回应：它是青年通过构建临时物质规划来提供新的认同和归属可能性的方式。因为年轻人生活在社会秩序中，这使得他们得按照别人提供的信息、别人的梦想和别人的轨迹去生活。❶

流行音乐和年轻人的文化情感之间的这种相互作用在20世纪60年代和70年代变得更加明显，那时摇滚乐变得更为政治化。20世纪60年代末的嬉皮士运动试图利用音乐的文化力量来改变世界秩序，拒绝资本主义社会的技术官僚倾向，❷ 并转而选择以农村集体生活为基础的另类生活方式❸（另见第八章）和对东方宗教以及精神致幻药物，特别是LSD2的尝试。❹ 事实上，20世纪60年代末把音乐视为一种社会变革手段与力量的集体尝试，可能比战后流行音乐的其他任何时代都更加突出。正如艾尔曼（Eyerman）和贾米森（Jamison）所观察到的："发动变革运动的思想、图像和情感在流行音乐中传播，同时，时

---

❶ Lawrence Grossberg. We Gotta Get Out of This Place：Popular Conservatism and Postmodern Culture［M］. London：Routledge，1992：179.

❷ Theodore Roszak. The Making of a Counter Culture：Reflections on the Technocratic Society and its Youthful Opposition［M］. London：Faber and Faber，1969.

❸ Colin Webster. Communes：A Thematic Typology［C］//S. Hall，T. Jefferson. Resistance Through Rituals：Youth Subcultures in Post – War Britain. London：Hutchinson，1976.

❹ Stuart Hall. The Hippies：An American "Moment"［C］//Birmingham Centre for Contemporary Cultural Studies：University of Birmingham，1968. LSD（麦角酸二乙胺）是瑞士化学家阿尔伯特·霍夫曼在20世纪30年代开发的一种合成致幻药。

代运动影响了流行音乐在形式和内容上的发展。”[1]

十年之后，英国经济低迷并且当权派相当拒绝承认国家日益严重的社会经济危机，针对这一情况，英国朋克摇滚乐团发动了一场同样重要的青年抵抗运动。愤怒而不和谐的朋克音乐与年轻的朋克音乐追随者的内心产生共鸣，朋克爱好者的视觉化外观包含着对民族文化有关形象的讽刺性诽谤，尤其是针对英国国旗和女王照片。钱伯斯说：

> 通过对音乐和穿着打扮风格的创新，（朋克）提出并扩大了一种变革性文化“游戏”的空间……朋克文化宣称有必要违背平静的、日常的生活规定。它还提出一种对潜在理想主义“英国性”的讽刺夸张性模仿——一种冷酷的实用主义，认为除了现在之外没有未来，并且除了从过去传承下来的、显然没有改变的东西之外，也不存在现在。[2]

这种音乐的文化意义和社会经济环境之间的共鸣，可以在“极端”金属乐这一更为现代性的例证中看到，重金属音乐与城市问题之间的对话，以及青年人生活机会的减少，都为这种亚文化音乐生产了许多全球的追随者。[3] 在谈到重金属的吸引力时，科塔巴（Kotarba）认为这主要归因于“一种能够集体性

---

[1] Ron Eyerman, Andrew Jamison. Music and Social Movements: Mobilizing Traditions in the Twentieth Century [M]. Cambridge: Cambridge University Press, 1998: 108.

[2] Iain Chambers. Urban Rhythms: Pop Music and Popular Culture [M]. Basingstoke: Macmillan, 1985: 185.

[3] Keith Harris. Roots?: The Relationship Between the Global and the Local Within the Extreme Metal Scene [J]. Popular Music, 2000, 19 (1): 13-30.

地将个体成长经历概念化的一种叙事能力”,[1] 而哈雷尔（Harrell）则更进一步，将极端金属乐定义为“一种对工业主义情感孤立和暴力的非官方表达”。[2] 这一点是由伯格（1999）[3] 提出的，他描绘了极端金属音乐中具有侵略性和令人不安的情感色调，以及极端金属乐音乐家和粉丝日常体验之间的一系列相关性。因此，根据伯格的说法，这些年轻人的日常生活中，与社会经济失调以及风险和不确定性因素有关的挫折感和焦虑感,[4] 在极端金属音乐中找到一个富有表现力的发泄口。正如伯格观察到的：

> （极端）金属乐的沉重感和主观情绪并非源于作曲家的独特个性与精神情感；而是由社会行动者在众多背景下的实践活动形成的，包括英美流行金属的发展和反工业化倾向。参与者对冷酷情绪的探索，并不是一种自主的审美体验，而是被用来服务于更为广泛的其他目的，即强调一种抛开障碍，激励自我，为行动扫清道路的精神。[5]

---

[1] Joseph A. Kotarba. The Postmodernization of Rock ‘n’ Roll Music：The Case of Metallica ［C］ //J. Epstein. Adolescents and their Music：If it's too Loud you're too Old. New York：Garland，1994：143.

[2] Jack Harrell. The Poetics of Destruction：Death Metal Rock ［J］. Popular Music and Society，1994，18（1）：91.

[3] Harris M Berger. Metal，Rock and Jazz：Perception and the Phenomenology of Musical Experience ［M］. Hanover，NH：Wesleyen University Press，1999.

[4] Ulrich Beck. The Risk Society：Towards a New Modernity ［M］. trans. M. Ritter. London：Sage，1992.

[5] Harris M. Berger. Metal，Rock and Jazz：Perception and the Phenomenology of Musical Experience ［M］. Hanover，NH：Wesleyen University Press，1999：272.

伯格对极端金属乐文化意义的解释说明了这种风格在年轻观众中的流行，并指出无论在抒情性还是音乐性上，这种音乐是如何与听众对后工业社会相关的风险意识和不确定性日常体验相关联的。极端金属乐在内心层面感动观众，为他们提供一个集体平台，让他们体验到愤怒和沮丧情绪，“而不必承受后果”。❶

半个多世纪以来，音乐一直是一代又一代年轻人促进日常政治表达的重要资源。考虑到年轻人的弱势地位，音乐和随之而来的文体资源已经成为表达对立立场和建立另类文化空间的少数几个可利用手段之一。此外，尽管许多青年的反抗尝试都很短暂，即使是像朋克和垃圾摇滚这样的激进音乐形式最终也被主流音乐产业所占据，❷ 但音乐作为青年“代言人”的作用已获得证明，并且仍在发展和变化。每一代人心中，新兴音乐风格都在一定程度上反映出青年人的社会经济状况。

四、音乐与民族认同

音乐在民族认同方面也扮演着重要的角色，因为民族认同是在日常生活中被建构、表达和体验的。如第五章所述，人口迁移模式和由此产生的移民社会文化导致少数民族群体寻求在新的环境中进行重新自我定位的方式。在这方面，音乐已被证明是一种非常重要的文化资源。正如斯托克斯（Stokes）所观察到的：“音乐活动，从集体舞到将磁带或 CD 放入机器的行为，都会唤起和组织一种群体性记忆，并以任何其他社会活动无法比拟的

❶ Harris M. Berger. Metal, Rock and Jazz: Perception and the Phenomenology of Musical Experience [M]. Hanover, NH: Wesleyen University Press, 1999: 272.

❷ Dick Hebdige. Subculture: The Meaning of Style [M]. London: Routledge, 1979.

强度、力量和简单性呈现当下的体验。”[1] 斯托克斯认为，音乐的关键功能在于它能够轻易地表达出一种集体的文化认同感。在音乐文本中刻有一系列的文化指涉，它们通过表演、舞蹈和歌唱立即变得生动起来。参与这种音乐化的群体性文化身份定位，对流离失所的少数民族群体生活起到非常重要的作用。

如果说音乐为特定地区或城市环境下民族认同感的特殊表达奠定了重要基础，那么它也在象征性地将散居人口相联系的方面起到非常重要的桥梁作用。吉尔罗伊（Gilroy）的相关研究[2]意义重大，他说明了美国和加勒比海地区少数民族音乐的商业化，以及从少数民族音乐走向全球流行音乐风格的这种转变，是如何引起跨地区的民族认同感表达。在研究雷鬼音乐的过程中，吉尔罗伊指出，由于雷鬼音乐在全球音乐产业的占有份额和营销，“使其不再是一种纯粹的牙买加风格民族乐，而是从新的全球定位和它对泛加勒比文化的表达中，衍生出一种不同的文化合法性”。[3] 这一点与赫布迪格（1979）[4] 的观点相呼应，他认为雷鬼音乐通过结合类似雷鬼艺术家鲍勃·马利一般的拉斯塔法里人形象，并在 20 世纪 70 年代中期接受了英国非洲加勒比青年的改造，将雷鬼音乐作为为自己建立文化空间的一种手段，象征性地抵制他们日常遭受的种族主义和社会排斥（另见第五章）。

---

[1] Martin Stokes. Ethnicity, Identity and Music: The Musical Construction of Place [M]. Oxford: Berg, 1994: 3.

[2] Paul Gilroy. The Black Atlantic: Modernity and Double Consciousness [M]. London: Verso, 1993.

[3] Paul Gilroy. The Black Atlantic: Modernity and Double Consciousness [M]. London: Verso, 1993: 82.

[4] Dick Hebdige. Subculture: The Meaning of Style [M]. London: Routledge, 1979.

在最近一段时间里，说唱音乐也被世界各地方城市的少数民族青年所改造。说唱音乐起源于20世纪70年代早期的纽约布朗克斯区，是一种被称为嘻哈的非裔美国人街头文化类型，黑人街头文化还包括霹雳舞和涂鸦等类型，❶ 由于说唱歌手如Ice T和Run DMC在商业上的巨大成功，饶舌音乐在20世纪80年代早期风靡全球。与雷鬼音乐一样，说唱乐早期吸引人的一点，在于它为非洲散居的年轻人群体提供了一种新的城市配乐。贝克（1996）❷ 注意到早期伦敦说唱音乐是由英国黑人艺术家主导的，他们从收音机和MTV播放的非裔美国人说唱音乐中汲取灵感，但为了适应英国的环境，他们对其进行了重新设计。同样，法国黑人说唱艺术家MC Solaar，通过强调其音乐与非裔美国说唱歌手音乐在主题和审美上的区别性，❸ 也为说唱音乐成为非洲流亡青年群体的全球配乐做出一定贡献。然而，值得注意的是，说唱音乐也开始吸引一些来自不同种族背景的更为广泛的全球青年听众。例如在德国、土耳其和摩洛哥年轻人将非裔美国人的商业说唱音乐与他们的传统父辈文化音乐相结合，经常在说唱时加入一些土耳其语或摩洛哥语歌词。❹ 这些歌词

---

❶ Tricia Rose. Black Noise：Rap Music and Black Culture in Contemporary America［M］. London：Wesleyan University Press，1994.

❷ Les Back. New Ethnicities and Urban Culture：Racisms and Multiculture in Young Lives［M］. London：UCL Press，1996.

❸ Rupa Huq. Living in France：The Parallel Universe of Hexagonal Pop［C］// A. Blake. Living Through Pop. London：Routledge，1999.

❹ Andy Bennett. Hip Hop am Main：The Localisation of Rap Music and Hip Hop Culture［J］. Media，Culture and Society，1999，21（1）：77－91；Andy Bennett. Popular Music and Youth Culture：Music，Identity and Place［M］. Basingstoke：Macmillan，2000；Ayhan Kaya. Sicher in Kreuzberg－Constructing Diasporas：Turkish Hip－Hop Youth in Berlin［M］. Piscataway：Transaction Publishers，2001.

的主题内容一般集中在一些地方性问题上，例如非德国居民在获得德国公民身份方面遇到的问题，或者是法西斯主义倾向在德国的再生等。正如本尼特指出的，来自土耳其、摩洛哥和其他拥有少数民族背景的年轻说唱歌手“开始意识到他们和非洲裔美国人一样，秉持一种独特的（种族性）生活方式，这便要求他们有自己的本土化的和特殊的表达方式”。[1]

在贝尔斯特瑞（Bjurström，1997）[2] 对斯德哥尔摩说唱乐和少数民族青年文化的研究以及米切尔（Mitchell，1996）[3] 关于新西兰毛利嘻哈文化的研究中，我们可以看到类似的地方性说唱音乐的实例。在每一个例证中，年轻的说唱歌手都接受了“说唱乐风格的基本原则，并通过融入本土知识和情感方式对这些原则进行了改造，从而将说唱音乐转变为一种在特定地区发挥作用的沟通方式”。[4]

音乐在整个欧洲和世界其他地区的南亚少数民族青年给自己建立文化空间的方面也发挥了同样重要的作用。20 世纪 80 年代初，伦敦、伯明翰和其他英国城市的年轻亚洲音乐家们创造出一种融合旁遮普传统民乐彭戈拉和西方流行音乐的融合音乐。根据班纳吉和鲍曼的说法，这种风格被称为“彭戈拉节奏”，这正是新一代人想要的音乐。年轻、新鲜、活泼和现代，

---

[1] Paul Gilroy. The Black Atlantic：Modernity and Double Consciousness [M]. London：Verso，1993：82.

[2] Erling Bjurström. The Struggle for Ethnicity：Swedish Youth Styles and the Construction of Ethnic Identities [J]. Young：Nordic Journal of Youth Research，1997，5 (3)：44 -58.

[3] Tony Mitchell. Popular Music and Local Identity：Rock，Pop and Rap in Europe and Oceania [M]. London：Leicester University Press，1996.

[4] Andy Bennett. Cultures of Popular Music [M]. Buckingham：Open University Press，2001：93 -94.

这一音乐既是真正的印度乐，又带有明显的迪斯科风格。[1] 在20世纪90年代早期，彭戈拉节奏被一系列后-彭戈拉亚洲风格所取代，这些风格借鉴了浩室音乐和科技音乐等新的电子舞蹈音乐形式。[2] 从南亚青年的视角看，彭戈拉音乐为他们提供了一种文化表达方式，不过由于父母的压力，以及英国白人对南亚少数民族的刻板印象，他们一直被拒绝接受。正如胡克（Hutnyk）所观察到的，从主流英国白人社会的观点来看，南亚人被“认为是不聪明的……是顺从、勤奋、被动和墨守成规的”。[3]

从南亚年轻人自己的角度来看，这种排斥感因为他们在英国生活的矛盾经历而加剧。尽管他们与父母移民前的价值观相距甚远，[4] 而且对他们成长的城市地区的日常文化情感、“风格、言语和消费模式”更为熟悉，但是年轻的南亚人仍然很难融入英国的日常文化生活。[5] 因此，彭戈拉和后-彭戈拉风格成为打造新兴“英式亚洲人”身份的一种资源，并对年轻南亚人发现自己所处的矛盾地位作出回应，年轻南亚人发现自己希望融入英国日常文化生活的愿望被普遍的种族主义成见所阻碍。[6] 正如

---

[1] Geoffrey Beattie. England After Dark [M]. London: Weidenfeld and Nicolson, 1990: 142.

[2] Andy Bennett. Cultures of Popular Music [M]. Buckingham: Open University Press, 2001.

[3] Sanjay Sharma, Johu Hutnyk, et al. Dis-Orienting Rhythms: The Politics of the New Asian Dance Music [C]. London: Zed Books, 1996: 63.

[4] Zygmunt Bauman. Postmodernity and its Discontents [M]. Cambridge: Polity, 1997.

[5] Parminder Bhachu. Culture, Ethnicity and Class Among Punjabi Sikh Women in 1990s Britain [J]. New Community, 1991, 17 (3): 408.

[6] Raminder Kaur, Virinder S. Kalra. New Paths For South Asian Identity and Creativity [C] //S. Sharma, J. Hutnyk, A. Sharma. Dis-Orienting Rhythms: The Politics of the New Asian Dance Music. London: Zed Books, 1996.

考尔和卡拉所观察到的，英式亚洲人标志着南亚青年处于传统亚洲文化和英国白人文化的不同文化情感之间的一个新的文化领域。这种新的英式亚洲青年文化也对其母体的文化和宗教与英国文化之间的分歧提出质疑，认为这种紧张关系“无助于解决英国亚洲人所遭受的边缘化、排斥和敌意情感”。❶ 根据考尔和卡拉的说法，彭格拉和后－彭格拉风格音乐的作用是“形成一个无障碍的和普适性的平台，以阐明这种动态的社会变化”。❷

五、音乐与酒吧文化

尽管音乐的日常意义在更公开的社会政治背景下最容易被注意到，并对包括权力、抵抗和文化认同等问题产生影响，但其实音乐在一系列更平凡的日常环境中也扮演着重要的角色。这样的日常场景其一是“酒馆”（是一种公共场所），其一是酒吧。许多酒吧都会有一个自动点唱机，而没有点唱机的酒吧都会有一个调到 MTV 或类似音乐频道的电视机。长期以来，酒吧一直是共同欣赏音乐的一个重要场所。皮克林（Pickering）对杜松山（Juniper Hill）所作的描述就是一个很好的案例。杜松山是 19 世纪一个位于牛津郡乡村的公共场所，这里的顾客“每晚都聚集在一起喝一些麦芽酒，讨论当地的事件、工作和政治、讲讲故事或唱唱歌”。❸ 酒吧唱歌的传统延续至今。许多酒吧，

---

❶ Andy Bennett. Cultures of Popular Music [M]. Buckingham: Open University Press, 2001: 112.

❷ Sanjay, Sharma, John Hutnyk, et al. Dis－Orienting Rhythms: The Politics of the New Asian Dance Music [C]. London: Zed Books, 1996: 218.

❸ Michael Pickering. Popular Song at Juniper Hill [J]. Folk Music Journal, 1984, 4 (5): 481.

特别是那些为老顾客服务的酒吧，都会有一位常驻钢琴家或风琴手，他们演奏的曲目都是为了鼓励人们上去“唱唱歌”。❶

酒吧也是民间俱乐部团体最喜欢的场所，每周的音乐活动经常由熟客组建，他们轮流演唱民歌，其他观众也可以加入其中。值得注意的是，尽管民间俱乐部借鉴了酒吧唱歌的古老做法，但民间音乐舞台本身历史短暂，是在20世纪50年代和60年代的民间音乐复兴中兴起的。❷在其发展的早期阶段，英国民间俱乐部试图“重塑”一种民间音乐传统，这一项目必然涉及对过去的一种怀旧感和过度浪漫美化。这一尝试主要借用了美国民间复兴运动❸的一种意识形态，它强调民间音乐的有机性，以及与商业化生产的流行音乐的人为性相比的“真实性”。然而近年来，这种对过去传统的再创造已不那么受重视，民间俱乐部现在主要被视为“现场性的、无障碍的、小规模音乐制作”的场所。❹

酒吧也是生产和消费更现代化音乐风格的重要场所，尤其是一些摇滚乐和流行乐。许多研究表明，酒吧内的摇滚乐和流行表演，其吸引力主要集中在酒吧营造的亲密环境以及表演者和观众之间现场互动上面。此外，在某些情况下酒吧也是一个庆祝和凸显地方性身份的关键性场所，这一点通过当地乐队的

---

❶ Ruth Finnegan. The Hidden Musicians：Music - Making in an English Town [M]. Cambridge：Cambridge University Press，1989.

❷ Dean MacCannell，Juliet Flower MacCannell. Social Class in Postmodernity：Simulacrum or Return of the Real? [C] //C. Rojek，B. S. Turner. Forget Baudrillard? London：Routledge，1993.

❸ Simon Frith. Sound Effects：Youth，Leisure and the Politics of Rock [M]. London：Constable，1983.

❹ Niall MacKinnon. The British Folk Scene：Musical Performance and Social Identity [M]. Buckingham：Open University Press，1993：66.

表演来获得表达。因此，正如本尼特所说：

> 作为本地社交的主要场所，酒吧可能比任何其他音乐场所都更具地方特色，能够将音乐生产和消费过程具体化，尤其是在乐队和观众是由共同的本土性相联系的情况下。在酒吧这一场所的背景下，地方音乐家和观众对社会的共同性体验将他们联系在一起，这反过来又在确立表演或观众反应的方针意见方面起到决定性的作用。[1]

本尼特对英国北部城市赫尔和纽卡斯尔当地酒吧摇滚表演者及其观众的民族志研究中继续钻研这一情况。正如本尼特所发现的，在每一场景中，地方表演者和观众在表演环境之外都是彼此认识的。因此，他们分享的地方性日常经验成为演出的一个组成部分。在讲笑话或表演时，艺术家和观众经常利用当地人能够理解的轶事和当地的特殊方言进行交流。这就是艺术家和观众之间的纽带，演唱的歌曲“通常与当地乐队或演唱者联系在一起，而不是与原生艺术家联系在一起”。[2] 在纽卡斯尔，当地音乐家和他们的听众之间的这种联系在“Benwell Floyd”乐队（一个当地的 Pink Floyd 致敬乐队）中获得强化，成功地将乐队和观众对他们所在地纽卡斯尔本威尔区的共同依恋感，以及他们对粉红弗洛伊德音乐的共同热爱联系在一起。同样，酒吧营造的亲密关系也促进了乐队和观众之间的地方性

---

[1] Andy Bennett. Popular Music and Youth Culture：Music，Identity and Place［M］. Basingstoke：Macmillan，2000：169.

[2] Andy Bennett. “Going Down the Pub”：The Pub Rock Scene as Resource for the Consumption of Popular Music［J］. Popular Music，1997，16（1）：101.

音乐对话：

> 每一场［Benwell Floyd 的］表演同时是一场共同音乐品味爱好者庆典和一场地域性狂欢，方言和音乐话语同时交织在一起。同样，乐队的名字本身也构成了一种双重表达的文化声明，同时表达出对音乐品味和地域的认同感。❶

关于酒吧环境中流行音乐文本的这种地方化现象，另一个例证是比恩伯格（Björnberg）和斯托克费尔特（Stockfelt）针对丹麦东北部小镇斯卡根当地酒吧斯坎森进行的研究。这项研究的重点是苏西和利奥，一个当地十分流行的封面组合，每周在斯坎森的表演为他们赢得了地方偶像的地位。比恩伯格和斯托克费尔特认为，这是因为苏西和利奥的表演超越简单的音乐活动，表达了他们与酒吧常客之间的一些共同感受：

> 音乐家们是一个更大“团体”的一部分，这是一个“志同道合”的创作者圈子，在这个群体内，音乐创作是最重要的共同性，但也只是基本组成部分中的一个方面。在这项活动中，群体的长存和夜晚的互动扩展本身似乎是圈子最重要的一部分内容。❷

近年来，随着卡拉 OK 的日益普及，酒吧作为一种音乐化

---

❶ Andy Bennett. Popular Music and Youth Culture：Music，Identity and Place［M］. Basingstoke：Macmillan，2000：191.

❷ Alf Björnberg，Ola Stockfelt. Kristen Klatvask fra Vejle：Danish Pub Music，Mythscapes and “Local Camp”［J］. Popular Music，1996，15（2）：142.

和本土话语相互交织的场所，其重要性获得进一步的说明。在演唱期间，酒吧顾客会被邀请上台，并在特别制作的背景音乐的伴奏下演唱自己选择的歌曲。卡拉 OK 起源于 1972 年的日本，当时神户市一家酒吧老板发现，为他所雇佣的歌手安排伴奏，而不是为整个乐队买单，在经济上更划算。❶ 正如德鲁（Drew）所解释的："很快顾客们就想自己轮流拿话筒演唱……随着卡拉 OK 在业余歌手中的流行，日本各地都开设了卡拉 OK 酒吧。"❷

在很短的时间内，卡拉 OK 已经成为一种全球性现象。德鲁区分出参与卡拉 OK 活动的几种不同模式，他认为这些模式与卡拉 OK 表演的特定环境有关。❸ 因此，他指出，在酒店酒吧或机场休息室等短暂停留的空间内，卡拉 OK 参与者往往表现出一种释放和被抛弃的感觉，因为他们知道在这样的环境中他们是相对匿名的。但是，在当地酒馆或酒吧，显而易见体现出一种截然不同的卡拉 OK 情感，这种情感在"常客"之间产生了一种集体感，对他们来说，参加卡拉 OK 是一种更为广泛的社会场景。德鲁说："表演者本身经常强调卡拉 OK 人群的团结性和支持力……随着卡拉 OK 的发展，表演者逐渐以同事或团

---

❶ Robert S. Drew. Embracing the Role of the Amatuer: How Karaoke Bar Patrons Become Regular Performers [J]. Journal of Contemporary Ethnography, 1997, 25 (4): 449 - 468.

❷ Robert S. Drew. Embracing the Role of the Amatuer: How Karaoke Bar Patrons Become Regular Performers [J]. Journal of Contemporary Ethnography, 1997, 25 (4): 450.

❸ Robert S. Drew. Karaoke Nights: An Ethnographic Rhapsody [M]. Walnut Creek, CA: Alta Mira Press, 2001; Robert S. Drew. "Scenes" Dimensions of Karaoke in the US [C] //A. Bennett, R. A. Peterson. Music Scenes: Local, Trans - local and Virtual. Nashville, TN: Vanderbilt University Press, 2004.

队的身份集体参与。”❶。

在某些方面，卡拉 OK 活动的功能类似于酒吧里的民间音乐表演。音乐活动规模小，相对容易进入；任何人只要愿意都可以演唱自己选择的歌曲，为晚会提供一些娱乐活动。这反过来又使得表演者和观众之间的隔阂被打破，舞台上的演奏者和观众可以进行互换。此外，卡拉 OK 获得通过为参与者提供一种特殊形式的音乐所有权，增添了这种无障碍的感觉。个人可以以自己的方式来诠释歌曲，在音乐中融入一些个人因素。福纳斯（Fornäs）观察到：

> 卡拉 OK 参与者不仅有机会成为音乐聆听的意义制造者，也有机会成为歌唱的发声者，在混合的视听结构中看到和听到自己的声音……（他们的）演唱风格和音效都不用自己控制，但（他们）个人声音仍然可以表达一些独特的东西，使每一次表演都与众不同。❷

与在酒吧里表演民间音乐一样，可以说卡拉 OK 活动是酒馆和酒吧场所为小型的和无障碍的音乐创作提供空间的又一例证。

六、音乐与都市声音景观

另一种理解音乐日常生活重要意义的方法，是将其视为都

---

❶ Robert S. Drew. Embracing the Role of the Amatuer：How Karaoke Bar Patrons Become Regular Performers［J］. Journal of Contemporary Ethnography，1997，25（4）：460.

❷ Johan Fornäs. Karaoke：Subjectivity，Play and Interactive Media［J］. Nordicom Review，1994（1）：97.

市声音景观的一个元素。因此有人认为，晚期现代人越来越将音乐视为广义城市体验的一部分，在都市的街道上、购物中心、公共交通终点站、餐馆等地点都能听到不同的音乐。正如兰扎（Lanza）所观察到的，“背景音乐……同时出现在一天中的不同时刻，从地方到城市，从一个州到一个国家，电梯、办公室、机场或百货公司里传出的音乐似乎突然间都在播放我们自己的歌曲”。[1]

这种对城市空间音乐的自发联系和占有，反过来又影响着个人体验这些空间的方式，音乐既影响个人对地方的感知，又增强个体将自我定位于特定地方的反思性能力。因此，根据德诺拉的说法：“在社会空间里……音乐的凸显可能暗指审美的能动性模式——强调感觉、存在、位移、表演——因此一些审美风格可以顺便视为参照对象。”[2]

科技也对人们的日常生活音乐体验方式产生影响。特别是在20世纪80年代早期，个人立体声音响的发明提供了一种新的音乐体验，私人倾听者的音乐空间与听众在一天中经过并暂时居住的公共空间融为一体。对个人音响的研究表明，它吸引人的一个关键因素在于，它在个人选择陪伴日常活动的音乐景观上提供更多自由，从而促进个人对日常生活进行一种新的安排与经营。在对首款商用个人立体声音响“随身听”作出早期研究后，细川（Hosokawa）提供了以下观察结果：

[1] Joseph Lanza. Elevator Music：a Surreal History of Muzak，Easy－Listening and other Moodsong［M］. London：Quartet，1994：59.

[2] Tia DeNora. Music in Everyday Life［M］. Cambridge：Cambridge University Press，2000：123.

> 随身听的实际意义由现实与现实之间、城市与城市之间、他人与自我之间的特殊性距离产生。它解构给定的城市－文本的连贯性，同时似乎也将与之不一致的每一种情境都情境化了。[1]

细川对随身听文化解读的核心，在于理解随身听在日常叙事中的审美价值。皮克林和格林提出："歌曲构成一种处理丰富经验世界的方法……支持或挑战'事物是怎样的看法'"。[2]随身听，以及最近的个人立体声格式，如微型磁盘播放器和iPod，允许主要是由个别听众选择的，一种更加便捷的和激动人心的歌曲叙事转换，并且进入日常叙事中。个人在日常生活中所目睹和经历的场景情节，与他/她的个性化音乐安排相互组织与领悟，成为日常生活的背景配乐。这个想法是由布尔提出的，他讨论了个人音响的一系列用途，并将其称为对日常生活的一种"管理"。因此，布尔认为，许多个人音响的用户通过使用音乐来安排从事各项日常活动的时间，例如在从家庭到工作地的路途中。根据布尔的观点：

> （通过音乐）用户既可以将走向路途终点的时间打包划分成若干个段，也可以专注于情绪的维持以度过旅程时间。用户有时会将一个片段反复拷贝到同一个磁带上，或者反复倒带收听同一个片段的音乐，以达到这种时间暂停

[1] Shuhei Hosokawa. The Walkman Effect [J]. Popular Music, 1984 (4): 171.

[2] Michael Pickering, Anthony Green. Towards a Cartography of the Vernacular Milieu [C] //Everyday Culture: Popular Song and the Vernacular Milieu. Milton Keynes: Open University Press, 1987: 3.

的效果。[1]

另一方面，布尔表明，个人立体声有助于用户通过使用音乐来改变他/她对外界的体验："个人立体声音响将外部世界声响，替代为另一种更直接、更易控制的声音景观。"[2] 此外，布尔认为，个人音响还可以为听者提供一个与日常生活相关的全新的感官体验。当沉浸在日常城市环境的时候，聆听一个自我选择的音乐节目，会为个人听觉和视觉的刺激关系引入一种新的美学维度。正如布尔所观察到的："个人音响的使用大大扩展了用户在审美上重现日常体验的可能性……个人立体声用户通常把他们的体验称为'电影般的'。"[3] 因此，个人立体声通过电影镜头的方式观察日常生活，将事实和虚构模糊在一起，允许听众进入另一种日常生活叙述，从而为用户提供一个与单调平凡的日常生活相协商的机会。从个人立体声用户的角度来看，这种经由音乐文本而对日常生活产生的电影感体验，是由他/她之前所接触过的电影或电视经验而获得强化的，在这些影视作品中经常创造性地利用音乐的联想特性来达到感官效果。所以，就像当代城市街头剧通常会使用说唱音乐一样，说唱音乐与街头文化之间预先形成的联系为观众创造了一种特殊的

---

[1] Michael Bull. Sounding Out the City: Personal Stereos and the Management of Everyday Life [M]. Oxford: Berg, 2000: 56.

[2] Michael Bull. Sounding Out the City: Personal Stereos and the Management of Everyday Life [M]. Oxford: Berg, 2000: 78.

[3] Michael Bull. Sounding Out the City: Personal Stereos and the Management of Everyday Life [M]. Oxford: Berg, 2000: 86.

体验。[1]

七、音乐与广告

音乐进入日常生活词汇表的另一种方式是通过运用于广告之中。正如卡普兰（1987）[2] 所指出的那样，特别是 1981 年音乐频道 MTV 推出以来，音乐和广告之间的联系变得越来越具有诱惑力，所有类型的青年生活方式产品都被包装在商业广告中，旨在与 MTV24 小时音乐节目无缝结合。不过，早在 MTV 推出之前，在广告中使用音乐是一种销售策略。此外，并不是只有年轻人是音乐主题商业广告的目标。自 20 世纪 70 年代初，以音乐为主要卖点的各种各样的生活方式产品在广告中获得了推广。这些广告中使用的音乐种类繁多，既有摇滚乐，也有乡村音乐，甚至还有古典音乐——著名的例子有雀巢广告中所使用的格里格“埃尔金特组曲”中的“清晨”，以及在推广老香料须后水时所采用的奥尔夫令人动情的“布兰诗歌”。

批评家们有时会谴责对古典音乐的这种形式的利用，认为这使得古典乐沦为一种销售策略，并剥夺了音乐艺术的完整性。不过，很明显这种对古典音乐的商业化使用反而会产生深远的相反效果，使得音乐和表演者的地位大大提高。例如，英国广播公司（BBC）决定用意大利歌剧歌手帕瓦罗蒂演唱的普契尼的《图兰朵》作为报道 1990 年意大利世界杯的主题音乐，结果这首歌在音乐排行榜上名列第一，并使得帕瓦罗蒂晋升为一

[1] Craig S. Watkins. Representing：Hip Hop Culture and the Production of Black Cinema［M］. Chicago：University of Chicago Press，1998.

[2] E. Ann Kaplan. Rocking Around the Clock：Music Television，Postmodernism and Consumer Culture［M］. London：Methuen，1987.

名流行音乐表演者。第二年帕瓦罗蒂在海德公园举办了一场万人观众的免费音乐会。媒体对这一事件所作的报道表明，其中许多观众都是以前因为歌剧的精英光环和高票价而对其望而却步的人。❶

音乐排行榜的歌曲也经常被用于广告。事实上，一些排行榜歌曲，例如新探索者乐队（The New Seekers）的《我想教世界歌唱》（I'd Like To Teach The World To Sing）和巴比伦动物园（Babylon Zoo）的《太空人》（Spaceman），因为在广告中的使用而成为热门歌曲。即使是像麦当娜这样“重要”的流行音乐艺术家，显然也没有因为她的音乐出现在广告中而失去其艺术完整性。❷ 同样，当代流行音乐艺术家莫比在1999年发行的专辑《Play》，有效地巩固了他作为一名备受尊敬的歌曲写手家和创作家的声誉，并且在电视时尚广告中播放了几首这张专辑的歌曲后，专辑获得了大范围宣传。根据斯特里纳蒂（Strinati，1995）❸ 观点，音乐和广告能够以这种方式成功结合，与一种新的商业逻辑有关，这一逻辑反映出广告公司对个人如何与媒介图像之间产生关联具有一种更为敏锐的理解。在后现代性媒介饱和的语境下，个体更倾向于将自己的意义运用于图像，并在符号和所指之间构建自己的关系。这便形成围绕图像声音的创造性并置而产生的一种新的广告方式。因此，斯特里纳蒂认为：

---

❶ John Storry. An Introduction to Cultural Theory and Popular Culture［M］. 2nd ed. London：Prentice Hall，1997.

❷ Leslie Savan. Commercials Go Rock［C］//S. Frith，A. Goodwin，L. Grossberg. Sound the Vision：The Music Video Reader. London：Routledge，1993.

❸ Dominic Strinati. An Introduction to Theories of Popular Culture［M］. London：Routledge，1995.

广告过去常常告诉我们一种产品有多值钱和多有用。然而现在，他们很少直接谈论产品，而是更多地关注通过引用其他广告、使用来自流行文化的资源以及自觉表明自己地位的方式来夸张地演绎广告。❶

不过这一广告趋势的一个明显范例，是在面向富裕的婴儿潮一代受众的时尚产品广告中，却使用了20世纪50~70年代的“经典”摇滚和流行歌曲。正如弗里斯所说：

什么是惊人的……广告商对音乐的使用就是，他们选择的曲目是那些热门歌曲，那些在青年文化、灵魂、情感或“艺术”方面最“具有影响意义”的曲目。大多数经纪公司并不把摇滚歌曲简单地当作一种吸引“大众”听众的偷懒的方式；歌曲是根据它们所代表的内容而选择的。❷

一个相关例证是2001年福特美洲狮的广告。荒原狼（Steppenwolf）的歌曲《天生狂野》（*Born To Be Wild*）因其曾是1969年反文化公路电影《逍遥骑士》（*Easy Rider*）的主题曲而闻名。❸广告的主角是《逍遥骑士》的原主演丹尼斯·霍珀，他是福特美洲狮的司机。通过使用最先进的数码编辑技术，今

❶ Dominic Strinati. An Introduction to Theories of Popular Culture [M]. London: Routledge, 1995: 232-233.

❷ Simon Frith. Video Pop: Picking Up the Pieces [C] //S. Frith. Facing the Music: Essays on Pop, Rock and Culture. London: Mandarin, 1990: 90.

❸ R. S. Denisoff, William D. Romanowski. Risky Business: Rock in Film [M]. New Jersey: Transaction, 1991.

天的霍珀与他在《逍遥骑士》中扮演的角色比利一起，骑着他的哈雷·戴维森摩托车，广告直接引用了这部电影的内容。这种将过去与现在并置的设计，是为了通过记忆和怀旧的媒介，提醒观众注意产品——汽车——并以此来吸引婴儿潮一代的老年消费者。20 世纪 60 年代的偶像霍珀的选择，在“当时”和“现在”之间提供了一个重要的联系。正如弗里斯指出的，这种广告风格涉及“旧摇滚价值观”的重演——“这种傲慢的个人主义（和）年轻人的反叛……作为曾经一代的记忆和渴望，只有在花钱购买商品时才能获得”❶。

八、音乐与一代人

从日常生活的层面看，这种 20 世纪 60 年代的图像和文献材料流通，很明显不仅有助于婴儿潮一代成员抒发怀旧情感，而且在他们如何构建其当今身份方面也起到了重要作用。罗斯（Ross）说：

> 整整一代父母都沉浸在这样的幻想之中，他们自己仍然年轻，或者至少在文化上更为激进，并且在某种程度上与年轻人一样，甚至比现在的年轻人还要激进……不仅仅是米克·贾格尔和蒂娜·特纳将自己想象成 18 岁的形象露面；大量的婴儿潮一代人都在他们的日常生活中部分地实

❶ Simon Frith. Video Pop：Picking Up the Pieces ［C］//S. Frith. Facing the Music：Essays on Pop，Rock and Culture. London：Mandarin，1990：90. 关于流行音乐和怀旧风格更进一步的讨论，见 Bennett（2001b）。——作者注

践了这种观念。[1]

罗斯认为，从这个意义上说，婴儿潮一代沉溺于20世纪60年代青年文化“黄金时代”的过度浪漫主义情感中，并且用其来作为评价和估计当代青年文化叛逆性和“真实性”的一种方法。[2] 在大众通俗新闻领域，这导致对当代年轻人的大量激烈攻击，他们被指控为消极和心怀不轨的。[3] 年轻人的这一特征受到杨（Young）的密切关注，尽管他断言：

> “青年文化”这个词充其量不过具有一些历史价值，因为与之相关的风俗习性已经被真正的年轻人抛弃了……关键是现在的青少年不再滥交，不再吸毒，很少去听流行音乐会。他们把这些都留给25岁以上的人……无论现在青年都以什么样的形象示人，都有一个必要条件：一定表现得不像青少年。[4]

然而，最近研究表明，音乐并不是以这种方式统一强调代际分工，而是可能在父母和兄弟姐妹之间起到承上启下的作用。1994年，记者亚当·斯威丁在回顾粉红色弗洛伊德乐队（Pink Floyd）在伯爵宫举办的一场音乐会时写道：“蜂拥而至的不只

---

[1] Andrew Ross. Introduction, Microphone Fiends: Youth Music and Youth Culture [M]. London: Routledge, 1994: 8.

[2] Andy Bennett. Cultures of Popular Music [M]. Buckingham: Open University Press, 2001.

[3] T. Young, The Shock of the Old [N]. New Society, 1985-02-14: 246; Emma Forrest. Generation X [N]. The Sunday Times, 1994-07-10: 17.

[4] T. Young. The Shock of the Old [N]. New Society, 1985-02-14: 246.

是30～50多岁的粉丝。还有一批新一代听众，他们在小时候，十几岁或二十几岁就受到父母或哥哥姐姐们的熏陶。”

斯威丁观察到的现象，受到本尼特对纽卡斯尔粉红色弗洛伊德致敬乐队“本威尔·弗洛伊德”所作研究的支持。本尼特注意到，乐队大多数成员都在十几岁或二十出头，他问他们最初是从哪里了解并喜爱上粉红色弗洛伊德的音乐的。乐队成员的反应暗指他们在家庭内接受的非正式的音乐教育，通过这种教育，音乐品味可以代代相传。因此，正如乐队鼓手所说：“（粉红色）弗洛伊德已经风靡了那么久……他们从1967年开始制作唱片，而且现在还在活动……所以会有广泛的听众……我是和他们一起长大的……我哥哥在年轻时候就喜欢他们，而我从小也喜欢他们。”[1]

本尼特认为，音乐品味和家庭生活之间的这种共鸣产生了一系列非常特殊的意义。音乐，在本例证中是粉红色弗洛伊德的音乐，为家庭成员从童年到成年的珍贵家庭记忆提供了一个共同的声音平台，和一些能够随时获取的参考材料。正如本尼特所观察到的，当本威尔·弗洛伊德乐队的现场表演中，家庭成员也出现在观众席上时，表演就部分地成为：

> ……一种庆祝……这些年来所积累的音乐性时刻使得演出成为可能。当乐队和家庭共同唱起粉红色弗洛伊德的歌曲时，他们共同重温了集体回忆，对他们来说，这些记忆已经编织成对这些歌曲的理解。同样地，某些音乐乐句

[1] Andy Bennett. Popular Music and Youth Culture：Music，Identity and Place［M］. Basingstoke：Macmillan，2000：180.

的表演也可以引发一些共同性意义，对于特定的家庭群体来说，这些意义已经嵌入这些乐句。❶

九、音乐与舞蹈

个人在日常生活中参与音乐的另一个重要的活动常常遭到忽视，那就是舞蹈。舞蹈也许是最容易理解的音乐一种表达形式，因为它为音乐的外在化体现提供了一种手段。正如汉娜（Hanna）所说："舞蹈是传达身份信息的一种独特方式：代际差异、性别、种族和社会阶层等。身体运动中也包含与欲望、幻想、挑衅和愤怒有关的信息。"❷

纵观历史，舞蹈伴随音乐出现在仪式性训练或者愉悦情感释放的各种场合。❸ 对舞蹈的后一种解释在现代性晚期变得越来越突出，战后流行音乐流派内逐渐产生了一些舞蹈形式，这些舞蹈形式至少在表面上看来是相对自发的。从摇滚乐的"扭动"和"摇摆"风格，到临时舞蹈音乐俱乐部中可以看到一些结构更为松散的舞蹈风格，这些类型的舞蹈通常与一些规则约束背道而驰，例如，古典芭蕾认为"身体（应被视作）一件必须通过训练而能够完成古典动作的乐器"。❹ 然而，正如汉娜所

---

❶ Andy Bennett. Popular Music and Youth Culture：Music，Identity and Place［M］. Basingstoke：Macmillan，2000：181.

❷ Judith Lynne Hanna. Moving Messages：Identity and Desire in Popular Music and Social Dance［C］//J. Lull. Popular Music and Communication. London：Sage，1992：176.

❸ Helen Thomas. The Body，Dance and Cultural Theory［M］. Basingstoke：Palgrave，2003.

❹ Cynthia J. Novack. Sharing the Dance：Contact Improvisation and American Culture［M］. Madison，Winsconsin：The University of Wisconsin Press，Wisconsin，1990：31.

指出的，各种形式的舞蹈，不管它们看起来多么自然，都会使用一些特定结构，所有舞蹈者都会遵循这些结构。在集体性层面上，汉娜认为："结构就是一种生成语法，也就是说，有一套规则规定了舞蹈动作进行有意义地结合的方式。"❶

布拉德利认为，舞蹈作为能够共同地理解音乐性的一种重要表达形式，体现出一系列伴随而生的文化情感，并且当舞蹈从表面看来变得更加个人化的时候，其重要性也逐渐扩大：

> 矛盾的是，舞蹈风格的衰落牵涉到舞者之间频繁而持续的接触，对舞蹈动作模式作出精确的预先规定，以及几乎没有审美正规模式的"自由"风格的兴起，这不是个体性的，而是集体性的。每个舞者都与其直接相关——通过他或她与音乐同步的动作，这样，部分（音乐家、舞者或在场的其他舞者）的可见性标志是地板上舞动的多种多样但统一的人群。❷

最近针对当代舞蹈的研究与布拉德利的现象观察相符。除了确定出这些舞蹈风格中固有的特定规则系统之外，这些舞蹈研究还针对每种舞蹈风格是如何结合特定的策略来抵抗施加在个人日常生活中的压力和限制而作出了分析与说明。举一个关于碰碰舞 Slamdancing 研究的例证，碰碰舞是一种在朋克和独立场景中很常见的舞蹈风格，舞者们故意互相撞击，最后通常会

---

❶ Judith Lynne Hanna. Moving Messages：Identity and Desire in Popular Music and Social Dance [C] //Popular Music and Communication. London：Sage，1992：31.

❷ Dick Bradley. Understanding Rock 'n' Roll：Popular Music in Britain 1955—1964 [M]. Buckingham：Open University Press，1992：114.

摔倒在地上，舞台的劲舞区（Tsitsos）显示出这种舞蹈风格是如何被集体理解为反抗主流的一种朋克象征：

> 碰碰舞……通过发生在舞池中的象征性秩序的崩溃，反映朋克意识形态。❶ 快速逆时针转动的舞蹈演员使得舞池变成了一个看似混乱的漩涡。尽管碰碰舞者自己也遵循着防止舞池陷入混乱的规则，但是从外面看，舞池看起来就像一个无法无天的王国。朋克的敌人是主流，而碰碰舞允许朋克们展示这种具有威胁性的混乱状态，并同时仍然保持着他们之间的团结性。❷

对当代舞蹈音乐俱乐部内舞蹈风格的研究表明，在舞蹈实践中也有一些类似形式的反抗策略。从一个层面来说，舞蹈在俱乐部环境中的重要性已经与夜总会的吸毒活动相联系。❸ 因此20世纪60年代后期的嬉皮士舞蹈风格被认为是一种“唤起并伴随着放弃控制和在毒品中迷失自我的体验”，因此当代俱乐部成员被认为应该从事一些能够帮助他们获得更高层次经验性意识的舞蹈练习。❹ 因此，根据美乐奇（Melechi）的说法：“随着舞蹈、音乐和摇头丸相结合，性、欲望和浪漫的亚文化

---

❶ Tsitsos在这里指的是“劲舞区”，舞台正前方的舞池区域，在朋克和独立俱乐部中用于碰碰舞和劲舞。

❷ William Tsitsos. Rules of Rebellion：Slamdancing，Moshing and the American Alternative Scene［J］. Popular Music，1999，18（3）：407.

❸ Antonio Melechi. The Ecstasy of Disappearance［C］//S. Redhead. Rave Off：Politics and Deviance in Contemporary Youth Culture. Aldershot：Avebury，1993.

❹ Cynthia J. Novack. Sharing the Dance：Contact Improvisation and American Culture［M］. Madison，Winsconsin：The University of Wisconsin Press，Wisconsin，1990：39.

传统已经转移到另外一个愉悦层面，将身体滑入安非他明的幸福感和网络空间的享受之中。”[1]

马尔本（Malbon）更为详细地探索研究了当代俱乐部如何通过舞蹈而获得快乐享受，从而颠覆日常生活的世俗秩序。与美乐奇不同，马尔本认为，无论是否使用药物，俱乐部环境中的舞蹈标准对所有人都是可用的。根据马尔本的说法，舞蹈本身可以导致意识状态的改变：

> 通过了解如何使用和身体的摆放，可能会经历一种瞬间的内省（或狂喜）感觉……以这种方式，舞蹈既为个人俱乐部成员，也为他们所属群体提供了“暂时”成为他人的机会……或者“重新变成他们永远都不会成为的那种人”。[2]

最后，麦克罗比注意到舞蹈为妇女提供一种抵抗形式，以反对在现代社会中仍然盛行的父权制习俗。麦克罗比认为，舞蹈行为“为女孩和女人带来了极大的愉悦感，这似乎常常暗示着一种被取代的、共同的、模糊的情欲，而不是一种强烈异性恋‘目标导向’驱力的、直截了当的浪漫情怀”。[3] 皮尼（Pini）对麦克罗比针对狂欢和当代舞蹈俱乐部文化方面的观点作出研究，他认为，鉴于在这种环境下更自由的规则，麦克罗

---

[1] Antonio Melechi. The Ecstasy of Disappearance ［C］ //S. Redhead. Rave Off: Politics and Deviance in Contemporary Youth Culture. Aldershot：Avebury，1993：35.

[2] Ben Malbon. Clubbing：Dancing，Ecstasy and Vitality ［M］. London：Routledge，1999：100 – 101.

[3] Angela McRobbie. Dance and Social Fantasy ［C］ //A. McRobbie，M. Nava. Gender and Generation. London：Macmillan，1984：134.

比指出与舞蹈有关的抵抗性具有逐渐增强的意义。因此，皮尼认为，在舞蹈俱乐部环境下，女性“感觉到从传统的性邀请舞蹈中解脱出来”，能够“公开展示身体的愉悦和情感”。❶ 根据皮尼的说法：“狂欢代表着出现了一种特殊形式的‘舞蹈享受’，一种更集中于身体和精神转化的实现，以及另一种最好可以被理解为无阳具形式的愉悦感。”❷

十、结论

本章主要探讨音乐在日常生活中所扮演的角色。首先思考了研究音乐日常使用时所应用的关键理论框架——场景、共同体和亚文化。接着讨论了音乐对青年人的意义，指出音乐作为一种文化资源在身份建构中的重要性，以及其具有赋予权力的作用。接下来，探讨了音乐对散居人口产生的影响，特别是音乐如何通过传播一种被普遍理解的信息将这些人口联系起来，同时音乐也成为散居者开拓新的文化空间的一种手段。第二部分讨论了音乐性生活中一些覆盖不那么广泛的方面。在酒吧和俱乐部环境下，音乐起到重要的作用，既可以作为一种背景音乐，也可以通过促进个人的创造性参与从而发挥重要作用，例如，吸引个人参加唱歌活动或自愿参与卡拉 OK 活动。还有人注意到音乐在日常生活中的影响是如何通过引入个人立体声音响而得到进一步的加强，个人立体声音响允许个人创作个性化

❶ Angela McRobbie. New Sexualities in Girls' and Women's Magazines ［C］ //A. McRobbie. Back to Reality? Social Experience and Cultural Studies. Manchester：Manchester University Press，1997：166 – 167.

❷ Angela McRobbie. New Sexualities in Girls' and Women's Magazines ［C］ //A. McRobbie. Back to Reality? Social Experience and Cultural Studies. Manchester：Manchester University Press，1997：167.

日常配乐。音乐在广告方面的功用也有所考量，在广告中，音乐的选择可以大大增强特定广告的影响力，不仅是在商业上的影响，而且在美学角度上具有影响。之后探讨了音乐品味和世代的关系。有理论家分析指出音乐如何扮演一种代沟冲突的根源，或者代与代之间沟通的桥梁。最后，本章讨论了音乐与舞蹈之间的关系。有理论家指出，与音乐影响日常体验的许多种不同方式相比，舞蹈的重要性在于它提供了一种个体能够具身化地体现音乐文本的关键方式，音乐风格的韵律节拍为个体通过舞蹈进行情感表达活动提供了基础。

第七章　旅游业

自20世纪中叶，旅游不再是少数富裕者追求的项目，而是成为一种被广泛接受和体验的休闲娱乐形式。在很大程度上来说，技术的突破使得更为高效、更具成本效益的运输方式出现，因此越来越多的人能够进行长途旅行。[1] 这反过来又促进旅游和旅游形式更加多样化，因为旅游公司力求尽可能满足更多游客的口味和喜好。到了20世纪末，旅游业已经成为全球主要产业，每年世界各地都会出现新的度假村、主题公园或其他旅游景点。另外，对于那些受到非工业化深远影响的国家来说，旅游业的重要性已变得非常突出。例如英国的后工业城市利物浦、曼彻斯特和利兹，近年来进行有效的自我改造，其工业产业残余和当地其他历史风物正在转变为旅游景点。[2] 这些创新促进地方经济也促进城市复兴，使这些城市在21世纪初有了新的使命。

除了经济上具有的重要性之外，旅游业在当代社会中也具有重要的审美价值。与本书迄今为止所考察的其他休闲消费形

---

[1] John Urry. Consuming Places [M]. London: Routledge, 1995.

[2] Sara Cohen. More than the Beatles: Popular Music, Tourism and Urban Regeneration [C] //S. Abram, J. Waldren, D. V. L. Macleod. Tourism and Tourists: Identifying with People and Places. Oxford: Berg, 1997; John Gold, Margaret Gold. Cities of Culture: Tourism, Promotion and Consumption of Spectacle in Western Cities Since 1851 [M]. Aldershot: Ashgate, 2000.

式一样，旅游业为日常生活审美提供了独特的可能性。[1] 旅游目的地的多样性和旅游形式的多样性使其成为“生活方式”的一个重要组成部分，[2] 并与一系列审美价值观相联系，尤其是身体意识、饮食以及语言、艺术、服饰等方面的个人趣味。在选择某个特定旅游目的地，以及体验该目的地的特定方式时，个人对自我的表达与通过其他休闲和消费选择所做出的表达方式大致相同。选择“成为”哪种游客通常与个人更宽泛的身份政治相对应，影响游客情感的审美偏好与影响其他日常生活仪式和实践的审美偏好是一致的。本章即探讨旅游业作为休闲追求的文化意义，以及旅游作为理解当代社会休闲与生活方式之间关系的一种方式的深远意义。

一、旅游业的发展

正如维尔林（Wearing）所说：“旅游本质上是一种现代西方现象……与现代性的出现密切相关，并且还强调经济上的切实可行性。”[3]（另见麦肯康奈尔［MacCannell］，1976[4]。）事实上，直到20世纪后半叶，旅游活动只对一小部分精英阶层有可能，对他们来说，这是“一种地位的象征”。[5] 在这些精英阶层

---

[1] Mike Featherstone. Consumer Culture and Postmodernism［M］. London：Sage，1991.

[2] David Chaney. Lifestyles［M］. London：Routledge，1996.

[3] Stephen Wearing，Betsy Wearing. Conceptualizing the Selves of Tourism［J］. Leisure Studies，2001，20（2）：143.

[4] Dean MacCannell. The Tourist：A New Theory of the Leisure Class［M］. London：The Macmillan Press Ltd.，1976.

[5] John Urry. Consuming Places［M］. London：Routledge，1995：130.

中，去异国他乡或海外旅行成为一种炫耀性消费，[1] 与穿着昂贵的时尚服装以及在高级餐厅就餐不相上下。然而，20 世纪的社会进步以及海上和空中交通业的发展使得旅游成为一项更为广泛的休闲活动。到了 20 世纪 60 年代，西班牙、希腊和其他地中海度假胜地推出的平价度假套餐，使得工人阶级和中产阶级家庭的海外度假活动成为可能，对于他们来说，这样的奢侈在以前是无法承受的。[2]

旅游业的经济影响相当大。在英国，一年大约会迎来 4 亿国际游客（1960 年为 6000 万），是全世界国内游客人数的 3 ~4 倍。国际游客以每年 4% ~5% 的速度增长，每年花费 2090 亿美元，创造约 6000 万个就业机会，并填补 1050 万个酒店床位。预计到 2025 年，前往地中海（世界上最受欢迎的旅游目的地之一）的游客人数将增至 7. 6 亿人。[3]

在 20 世纪，旅游业也逐渐变得越来越合理化，其中最重要的例证就是“游乐园”和“主题公园”的蓬勃发展。[4] 这些游乐设施的优势在于，所有的景点以及其他一些重要的便利设施，如酒店住宿和餐饮等，都集中于同一个地点内，所以十分便利。同样，还有一些重要性的基础设施，例如电力和水供应、食品配送和垃圾处理等，都被战略性地放置在游客视线之外，从而

[1] Thorstein Veblen. The Theory of the Leisure Class：An Economic Study of Institutions ［M］. New York：Mentor Books，1994.

[2] John Urry. Consuming Places ［M］. London：Routledge，1995：130.

[3] John Urry. Consuming Places ［M］. London：Routledge，1995：174 –175.

[4] George Ritzer，Allan Liska. “McDisneyization” and “Post – Tourism” ［C］ //C. Rojek，J. Urry. Touring Cultures：Transformations of Travel and Theory. London：Routledge，1997.

既确保主题公园的“平稳运行”，又不会中断游客体验。❶ 根据瑞泽尔和利斯卡的说法，这样对游客来说会产生一种安全且基本上是“可预测”的体验：“中途没有诈骗者榨取游客；只有一队清洁工人，在完成例行清洁任务后，跟随每晚的游行队伍清理残余物……主题公园尽力确保游客不会遇到任何意外事项。”❷

二、旅游业与晚期现代性

如上所述，20 世纪后半叶旅游业取得了巨大发展，这也使得旅游越来越成为受人喜爱的活动。事实上，对于当代西方社会的成员来说，旅游是一种常态，旅游活动已经成为生活必不可少的一部分。正如厄里所说：“能够去度假，不用去工作而是去休闲被认为是现代公民的一个典型特征，并且这一特征已经纳入人们对健康和幸福的思考。”❸ 如果越来越多的人进行旅游活动，那么旅游业也就成为一种越来越专业化的追求，并导致现在旅游形式扩大化与多种多样，例如有海滩度假村参观、主题游乐公园、探险旅游，或者是更为经济的背包旅行等。每种旅游形式都说明社会上日益多样化的品位和偏好。个人的消费选择与体验更加差异化，因此他们要求不同类型的旅游体验。

许多理论都试图解释旅游活动对近代个人的美学意义。而对旅游业具有的吸引力所作的初步解释认为，这是一条“文化

❶ Alan Bryman. Theme Parks and McDonaldization [C] //B. Smart. Resisting McDonaldization. London: Sage, 1997: 104.

❷ George Ritzer, Allan Liska. “McDisneyization” and “Post – Tourism” [C] //C. Rojek, J. Urry. Touring Cultures: Transformations of Travel and Theory. London: Routledge, 1997: 97.

❸ John Urry. Consuming Places [M]. London: Routledge, 1995: 130.

上被认可的西方旅行者的逃生路线”,❶ 也就是说，个人可以通过这种方式暂时超越他们日常生活的世俗性与单一性。科恩和泰勒（1976)❷ 认为，从西方化的观点来看，旅游业和旅行活动并为培养自我意识提供了一种手段，用以与日益技术化的生存背景抗争，因为这种技术化的存在状态阻碍了人们在日常环境中的自我意识正常发展。

游客凝视

近年来，旅游这种“逃避现实”的意义解释被一些其他解释所替代，其他的分析重新定位游客，使其成为旅游体验创造中更为积极的参与者。这种对游客的概念化有效体现在厄里(1990)❸ 提出的“游客凝视”概念中。根据厄里的说法，在当代媒体饱和的社会，个人对特定国家和地区的看法，首先是通过他们所接收到的媒体生成图像而来的，媒体感知实际上成为一种主要的体验形式，创造了一系列的地方印象（另见钱尼，2002❹)。阿尔南（Alneng）通过他的观察得出了与乌尔大致相同的观点：“在自愿旅行之前，会对潜在目的地进行幻想。这些日常幻想是由阿帕杜赖（Appadurai）称为‘媒体景观’（me-

---

❶ Stephen Wearing, Betsy Wearing. Conceptualizing the Selves of Tourism [J]. Leisure Studies, 2001, 20 (2): 150.

❷ Stanley Cohen, Laurie Taylor. Escape Attempts: The Theory and Practice of Resistance to Everyday Life [M]. London: Penguin, 1976.

❸ John Urry. The Tourist Gaze: Leisure and Travel in Contemporary Societies [M]. London: Sage, 1990.

❹ David Chaney. Cultural Change and Everyday Life [M]. Basingstoke: Palgrave, 2002.

diascapes）所提供的大量图像和叙事所组成的”。❶ 因此，旅游成为一种实现梦境的手段，也就是说，是一种个人进行的有所期待的活动，他们把对某个地方先入为主的想象戏剧性地带入真实生活中。因此，厄里认为，游客寻求“在现实中”体验他们在想象中已经经历过的愉快的剧目。❷

根据厄里的说法，游客凝视导致他所说的“体验的崇高”。❸ 与当代社会其他物品和图像一样，旅游地逐渐被游客视为一种商品，其吸引力在于它们为游客所提供的时间享受。正如厄里所说：

> “西方”的每个人现在都有权参与视觉性消费，或多或少地在世界任何地方欣赏风景和城市景观……作为一名旅游者，带着兴趣和好奇心去欣赏风景（并享受提供的许多相关服务），已经成为一项公民权利，在“西方”很少有人被正式排除在这项权利之外。❹

这种对视觉化消费场所的渴望对当地旅游业产生交互性影响，这些行业现在积极地推销农村和城市景点，而其推销方式与其他消费品的销售方式也大致相同。例如，在美国，荒野小径、“西部荒野”体验、迪士尼乐园和约翰逊航天中心等特色景点的作用，都是为了保有海外游客在度假时对美国预先形成

❶ Victor Alneng. What the Fuck is a Vietnam? Touristic Phantasms and the Popcolonization of (the) Vietnam (War) [J]. Critique of Anthropology, 2002, 22 (4): 464.

❷ John Urry. The Tourist Gaze: Leisure and Travel in Contemporary Societies [M]. London: Sage, 1990: 13.

❸ John Urry. Consuming Places [M]. London: Routledge, 1995: 177.

❹ John Urry. Consuming Places [M]. London: Routledge, 1995: 176.

的特定印象。同样，英国北部城市约克郡，尤其是约克中心（一个建造在原始维京人定居地的互动式博物馆，也是约克城最初的发展地），除了拥有一系列相当吸引游客的旅游景点外，多年来还引进了一系列更小型、更分散的景点，如“盖伊福克斯”酒吧，旨在满足游客对参观一个充满历史感的世界著名城市的期望。❶ 事实上，这种地方对游客的营销力度如此之大，以至于游客的期望和当地人之间产生了利益冲突，对他们来说，地方体验往往会有质的不同。正如伊德（Eade）所指出的，尽管当地旅游业努力向外来者呈现“某种代表性的城市空间”，但当地人在自己的空间中也带来了自己的意义和解释。❷ 因此，伊德评论道：“（城市）试图修复并建立其独特性的愿望，受到了动态的和零碎的挑战。”❸ 此外，这种社会空间的利益冲突不只是局限于城市中心，而且逐渐扩展到农村空间的消费和理解方式。赫瑟林顿对英国西南部的古老纪念碑巨石阵的研究就说明了这一点。巨石阵作为一个具有重要考古意义的地方，也是新世纪旅行者和其他新世纪爱好者的聚集之地，巨石阵的意义和重要性存在争议，这座纪念碑的功能可能是“使得不同的实

---

❶ 这家酒吧在20世纪90年代初更名为“盖伊福克斯”。酒吧所在的建筑是盖伊·福克斯的出生地，1606年，盖伊·福克斯试图炸毁议会大厦，以抗议君主制企图宣称对教堂的权威，因此被处决。福克斯和他的同谋于1605年11月5日在威斯敏斯特宫被捕。每年的11月5日，这项活动都以英国传统的篝火之夜为标志。——作者注

❷ John Eade. Adventure Tourists and Locals in a Global City: Resisting Tourist Performances in London's "East End" [C] //S. Coleman, M. Crang. Tourism: Between Place and Performance. Oxford: Berghahn Books, 2002: 138.

❸ John Eade. Adventure Tourists and Locals in a Global City: Resisting Tourist Performances in London's "East End" [C] //S. Coleman, M. Crang. Tourism: Between Place and Performance. Oxford: Berghahn Books, 2002: 138.

践和个性化生活方式合法化”。❶ 对游客来说，巨石阵的意义在于它提供了有关古代英国文化风俗的线索。对于旅行者来说，巨石阵与古不列颠的联系促进并帮助维持了“新异教徒的精神复兴”。❷ 在这两种情况下，巨石阵都被部分虚构，游客和假日游客都根据自己对巨石阵所代表内涵意义的看法，对纪念碑进行了特定的叙述。

根据一些理论家的观点，游客凝视的关键性影响还在于其对旅游地的神话化。近几十年来，由于全球媒体，特别是受到电影和音乐的影响，旅游空间被重新定义为神话景观的现象变得越来越普遍。一个很好的例证就是弗劳林·斯普林伍德（Fruehling Springwood）关于日本游客对美国中西部农业的浪漫主义观点的研究。根据弗劳林·斯普林伍德的说法，沉浸于特定的电影和电视文本，使得日本游客具备了“想象‘美国’的优先方式”。❸ 这反过来又导致日本游客渴望参观美国中西部地区，那里是《梦幻之地》等热门电影和《草原上的小房子》等电视节目的录制地。格拉齐安（Grazian）在 2003 年针对芝加哥蓝调俱乐部的研究也记录了这种类似的旅游朝圣形式。正如格拉齐安所观察到的，除了把芝加哥神话为“蓝调之乡”之外，到这座城市的游客总是在城市中寻找一些“经典”的俱乐

❶ Kevin Hetherington. Stonehenge and its Festival：Spaces of Consumption ［C］//R. Shields. Lifestyle Shopping：The Subject of Consumption. London：Routledge，1992：89.

❷ Kevin Hetherington. Stonehenge and its Festival：Spaces of Consumption ［C］//R. Shields. Lifestyle Shopping：The Subject of Consumption. London：Routledge，1992：88.

❸ Charles Fruehling Springwood. Farming，Dreaming，and Playing in Iowa：Japanese Mythopoetics and Agrarian Utopia ［C］//S. Coleman，M. Crang. Tourism：Between Place and Performance. Oxford：Berghahn Books，2002：177.

部或场所，努力在真实的城市环境中体验“蓝调文化”。这种实践活动涉及对芝加哥蓝调音乐场景及其历史和发展的一些预先了解的知识，而这些知识有的是基于音乐，有的是基于文学的。

近年来，摄影技术的迅速发展成为另一个对游客凝视的本质产生重大影响的因素。随着科技的进步，游客对景点和风景的需求也发生了变化。例如彩色摄影技术的进步使得人们对前往“未受破坏”和具有视觉冲击的地点具有更高的需求，比如那些没有城市蔓延、污染、没有高速公路、发电站和一些荒废的地方。[1] 同样，高质量夜景摄影的可能性不断增加，也使得人们对天黑后拍摄影像产生需求。因此，一系列城市特色景观，从教堂和历史建筑到雕像和装饰性喷泉，现在都会在夜间进行灯光照明，以增强游客的审美享受，满足他们对高质量假日照片的渴求。克劳肖（Crawshaw）和厄里认为，在现代性晚期，人们很容易获得相对便宜和易于使用的摄影设备，摄影术也已经成为旅游业不可或缺的甚至是“仪式性”的一个重要方面。克劳肖和厄里认为，摄影已经成为一种手段，游客可以通过摄影将自己定位在一个非比寻常的或异域的景观之中，并对他们的旅游体验赋予某种顺序。景观被仪式性地转化为一系列场景和剧目，并通过摄像机的捕捉，从而为游客所拥有和保存：

> ……摄影是一种社会组织仪式。它涉及人们在新的或特殊的环境中所面临和承担的一系列规则和角色。不合拍的感觉可以通过一系列摄影仪式抵消。它涉及面对“他

---

[1] John Urry. Consuming Places [M]. London: Routledge, 1995: 176.

者”时的一系列动作技能——而这个他者也可能是可怕的、威胁性的或神秘的。❶

三、旅游者的邂逅

通过“旅游邂逅”的概念，克劳奇（Crouch）等提供了又一种能够更进一步理解旅游美学意义的方法。一般理论认为，现代社会中个人作为一个积极的行动者，本能地参与日常生活，以他/她自己的方式理解日常活动和日常环境。克劳奇等认为，研究旅游体验的关键在于如何在个人层面回应和理解这一点。因此，他们表明：

> ……把游客想象成“正在完成旅行活动”是可能的，也是有用的。通过游客，旅游变得言语化，从而变得活跃、主动。这也是主观性的，游客通过自己的感觉来了解发生了什么，并借鉴一些其他东西……他们自己去面对世界的资源。因此，作为游客，中介性和主体性是旅游过程的关键部分。❷

根据克劳奇等的说法，“游客邂逅”是一个双向过程。一方面，它指面对景点时的外部感官刺激——新的视觉和声音体

❶ Carol Crawshaw, John Urry. Tourism and the Photographic Eye [C] //C. Rojek, J. Urry. Touring Cultures: Transformations of Travel and Theory. London: Routledge, 1997: 183.

❷ David Crouch, Lars Aronsson, et al. Tourist Encounters [J]. Tourist Studies, 2001, 1 (3): 254.

验、非同寻常的异国情调等方面。另一方面，游客邂逅也是由身体本身所加强的，或者更确切地说，是由身体对新环境的反应和改变方式形成。旅游邂逅的审美价值正是它涉及个人主体的方式、身体的运动、定位和总体装配，以及它所表达的个人主体性，是旅游遭遇的必要组成部分，并使其对个人有特别的意义：

> 不是简单地认为身体是篆刻的接受者——海滩上的裸体，或穿着特殊的服装——身体是表达的、行动的、转动的、可触摸的，可以移动或保持静止，这些传达了自我意义。富于表现力的身体，用意义来书写空间。游客通过步行，用双脚发现，或靠着，或伸出去，来休息享受或忍耐。❶

克劳奇等因此提出了一种游客之间更复杂的关系，比厄里(1990)❷ 旅游凝视概念设想更复杂的旅游景点和东道主共同体认识。游客们不再把地方视为“消费”的东西，而是与他们的新环境形成了一种感官和肉体的联系，后者促进了一种形式的联系实践。维尔林等也提出了类似的观点，他们认为旅游涉及“自我”的转变，无论是对旅游者还是作为东道主共同体的人来说，他们都试图适应和容纳对方在旅游地的存在。根据维尔林等的观点，“游客和主人的自我是建立在一个主观的、累积

❶ David Crouch, Lars Aronsson, et al. Tourist Encounters [J]. Tourist Studies, 2001, 1 (3): 260 - 261.

❷ John Urry. The Tourist Gaze: Leisure and Travel in Contemporary Societies [M]. London: Sage, 1990.

的、非本质主义的，但具体化的和情感化的”我“在与重要他人的互动中建构和重建的旅游体验”。[1] 当地人根据观光客的期望来改变自己的身份，这是菲利普奇对意大利北部旅游小镇巴萨诺（Bassano）居民进行研究的核心。正如菲利普奇所观察到的那样，通过每年一度的街头活动，比如当地的狂欢节，巴萨诺的居民参与到他们的地区遗产和当地传统的盛大庆祝活动中。嘉年华因此成为一个“主体间的场域”，因为它让当地人和游客都能参与构建地方的叙事。因此，在满足游客的愿望时，当地人也放纵自己的欲望，将狂欢节作为一个活动来呈现，在这个活动中，过去被戏剧性地带回了生活，并展示了“本质上是”地方性的东西。[2]

旅游业与狂欢节

狂欢节的概念在当代一些旅游学术著作中也呈现出更形而上学的共鸣，一些理论家将旅游等同于巴赫金（Bakhtin，1984）[3] 的“狂欢节”概念。从这个意义上说，旅游业成为一种个人可以暂时重塑自己的方式，玩弄身份，参与日常生活中不允许的“狂欢”行为。因此，正如钱尼所观察到的那样，“假日或旅游景点通常会将违法行为和放纵行为合法化，类似于中世纪的先例”。[4] 谢尔兹的一项研究认为，旅游胜地是一种

---

[1] Wearing Stephen, Wearing Betsy. Conceptualizing the Selves of Tourism [J]. Leisure Studies, 2001, 20 (2): 152.

[2] Paolo Filipucci. Acting Local: Two Performances in Northern Italy [C] //S. Coleman, M. Crang. Tourism: Between Place and Performance. Oxford: Berghahn Books, 2002: 75.

[3] Mikhai M. Bakhtin. Rabelais and his World [M]. trans. H. Isowolsky. Cambridge, MA: MIT Press, 1984.

[4] David Chaney. Cultural Change and Everyday Life [M]. Basingstoke: Palgrave, 2002: 146.

“边缘空间”，即个人可以暂时脱离他们更正常的日常身份，体验新的自我和存在方式的“中间地带”。谢尔兹采用“海滩”的例子，将其描述为“日常行为、着装和活动规范之外的……实践行为和互动模式集合”。[1]

桑切斯·泰勒（Sánchez Taylor）对加勒比海西部白人女性性旅游的研究，可以看出这种“狂欢式”旅游敏感性的另一个维度。正如桑切斯·泰勒所指出的，这些女性将加勒比海打造成一个异国情调的空间，在那里她们可以从事在她们的家庭环境中不允许的行为，包括向外表有吸引力的男人求爱。此外，桑切斯·泰勒认为，通过这种方式与当地男性进行性交易的能力为这些女性提供了一种在日常家庭生活中经常缺失的赋权感：

> 拥有“健康”和性感的身材反过来被否定，并重申了女性游客作为“第一世界”公民享有的特权……她们的经济实力和白皙意味着她们不被当作当地妇女对待，而是受到尊重和保护。她们的身体也比当地妇女的身体更受重视，她们得到了一个舞台，在这个舞台上，她们可以通过控制当地男子和拒绝她们的白人男子的能力，同时肯定自己的女性气质。[2]

---

[1] Rob Shields. Places on the Margin：Alternative Geographies of Modernity［M］. London：Routledge，1991：75.

[2] Jaqueline Sánchez Taylor. Dollars are a Girl's Best Friend? Female Tourists' Sexual Behaviour in the Carribean［J］. Sociology，2001，35（3）：760

四、旅游业与生活方式

虽然上述每一种理论方法都有助于揭示旅游在现代性晚期的美学意义，但是，要更为广泛地理解旅游在日常生活中的作用，关键在于理解旅游美学与那些影响日常生活实践其他方面的美学之间的关联性。这一观点得到了钱尼的支持，他认为在21世纪初，旅游业必须被视为生活方式的一个方面，一种与其他生活方式选择和偏好密切相关的活动。钱尼认为，当代旅游体现了一种自我意识的表现，与生活方式意识的自反性一致。[1]克雷克也表达了类似的观点，他认为在后现代性的背景下，"旅游业在某种程度上与休闲和文化消费相融合"。[2]

将这一解释应用于当代旅游的不同形式，可以清楚地观察到旅游活动与更广泛生活方式偏好之间的关系。事实上，正如普林查特（Pritchard，2001）[3] 所观察到的，当代旅游业的营销策略现在已经牢牢地定位于特定的目标受众。例如，典型的地中海式度假套餐将温暖、阳光明媚的气候与更加"熟悉"的食物、饮料和娱乐选择结合在一起，特别适合汉纳茨所说的"反对周游世界者"，即"以家庭为目的而旅行"的人。[4] 另一方面，假日冒险，如白水漂流和独木舟，迎合了那些更喜欢"亲力亲为"、运动性和最终风险更大的活动的人。此外，根据定

[1] David Chaney. Lifestyles [M]. London: Routledge, 1996: 134.

[2] Jennifer Craik. The Culture of Tourism [C] //C. Rojek, J. Urry. Touring Cultures: Transformations of Travel and Theory. London: Routledge, 1997: 121.

[3] Annette Pritchard. Tourism and Representation: A Scale for Measuring Gender Portrayals [J]. Leisure Studies, 2001, 20 (2): 79-94.

[4] Ulf Hannerz. Cosmopolitans and Locals in World Culture [C] //M. Featherstone. Global Culture: Nationalism, Globalisation and Modernity. London: Sage, 1990: 241.

义此类假期的所选活动要求预先拥有一定的技能和经验，因此与选择这种旅游的人的日常爱好和兴趣，即一般生活方式取向相联系。同样，对“另类”旅游日益增长的选择需求表明了许多人对旅游业日益商业化的一种自反性意识，而且往往伴随着怀疑的态度。因此，这类游客会寻找与主流商业旅行社所提供的旅游项目相比较而言具有更为“真实”旅游体验的度假选择。“背包旅行”是自助旅游的一种形式，由经济型旅社、长途铁路旅行卡和环球机票支持，对学生和其他财力有限的年轻人来说，这是一个特别有吸引力的旅行选择。[1] 最后，近年来舞蹈音乐和俱乐部文化在全球范围内的日益普及[2]催生了一种称为“舞蹈旅游”的全新的青年旅游形式。[3] 利用为满足年轻经济型旅行者而设立的廉价旅行选择，舞蹈音乐爱好者组织他们的海外旅行，参观以舞蹈俱乐部闻名的特定城市，或参加舞蹈音乐节。本章的其余部分将探讨当代旅游的几种形式，这些形式说明了现代社会晚期旅游与生活方式之间的关系。

五、反对周游世界者与后－旅行者

正如世界各地专门建造越来越多且基本统一的度假胜地综

[1] Luke Desforges. “Checking Out the Planet”: Global Representations/Local Identities and Youth Travel [C] //T. Skelton, G. Valentine. Cool Places: Geographies of Youth Culture. London: Routledge, 1998.

[2] Sarah Thornton. Club Cultures: Music, Media and Subcultural Capital [M]. Cambridge: Polity Press, 1995.

[3] Ben Carrington, Brian Wilson. Global Clubcultures: Cultural Flows and Late Modern Dance Music Culture [C] //M. Cieslik, G. Pollock. Young People in Risk Society: The Restructuring of Youth Identities and Transitions in Late Modernity. Aldershot: Ashgate, 2002; Arun Saldanha. Music Tourism and Factions of Bodies in Goa [J]. Tourist Studies, 2002, 2 (1): 43－62.

合体所表明的那样，全球旅游业的一个主要关注点是为游客，主要是西方发达国家游客，提供具有异国情调的地理风光同时又提供熟悉舒适的居家环境，尤其是在食物和饮料的选择上，也可能是符合游客口味和期望的电视、报纸和娱乐形式。事实上，正如汉纳兹所观察到的，对于许多游客来说：

> 理想的旅行是一种附加的居家感……对于某种程度上不可预测的各种体验……没有普遍的开放性；人员流动受到严格监管……现在很多旅游业都是这样的。人们专门为了某种因素去另一个地方……“加分项”通常与自然因素有关，比如美丽的海滩。❶

然而，促进反对周游世界旅游的并不仅仅是这些刻板定型的“阳光度假村”。相反，现在有一系列的度假选择，游客可以享受“如家”般的旅行体验。在这方面，一个特别成功的项目是“主题公园”。正如罗耶克所观察到的，主题公园是“围绕着一系列奇观和需要参与的景点组织起来的”。共同的特征包括奇幻和奇异的景观、异域风情以及“白痴”游乐设施。❷正如罗耶克的描述所暗示的那样，主题公园旨在提供一种“全面体验”，完全满足游客的需求和愿望。

世界上第一个官方“主题公园”迪士尼乐园，1955 年由儿童卡通大亨沃尔特·迪士尼在加利福尼亚州开张。虽然迪士尼

❶ Ulf Hannerz. Cosmopolitans and Locals in World Culture［C］//M. Featherstone. Global Culture：Nationalism，Globalisation and Modernity. London：Sage，1990：241.

❷ Chris Rojek. Ways of Escape：Modern Transformations in Leisure and Travel［M］. Basingstoke：Macmillan，1993：137.

乐园的目的是充当如米老鼠和唐老鸭，以及改编自流行儿童故事的各种迪士尼电影，包括《白雪公主》和《睡美人》等迪士尼动画角色的载体，但沃尔特·迪士尼的愿景是“创造一个成年人和儿童共同热衷于参观的环境”。❶ 因此，迪士尼并没有把迪士尼乐园的娱乐价值完全放在孩子的想象力上，而是寻求各种方式来塑造吸引成年人日常情感的景点。正如布莱曼（Bryman）所观察到的：

> ……迪士尼乐园被认为是对美国过去的庆祝和对进步的赞歌……前一种元素让沃尔特·迪士尼在许多景点和环境中加入了浓浓的怀旧情怀，他认为这会直接吸引成年人。❷

从童年到老年，这种吸引各代人口味的多媒体时尚化景点，一直是主题公园的核心理念。自20世纪中叶以来，主题公园的数量和种类不断增加。主题公园现在已成为一种主要的旅游形式。除了原来的迪士尼乐园和其他迪士尼主题公园的变体，迪士尼世界（奥兰多）和巴黎迪士尼乐园（原欧洲迪士尼），其他受欢迎的主题公园包括海洋世界和环球影城（都在洛杉矶）。❸ 在试图解释主题公园的流行吸引力时，许多理论家认为这可以归因于他们称为“后－旅游”的日益普遍的情感。与反

---

❶ Alan Bryman. The Disneyization of Society ［J］. The Sociological Review, 1999, 47 (1): 31.

❷ Alan Bryman. The Disneyization of Society ［J］. The Sociological Review, 1999, 47 (1): 31.

❸ Alan Bryman. Theme Parks and McDonaldization ［C］ //B. Smart. Resisting McDonaldization. London: Sage, 1999.

对周游世界者一样，后-旅游者渴望的是一个可以提供家庭舒适感的假期——在假期中，异国情调的存在只是为了它的娱乐价值，而不是一些完全包围着游客，主导着度假体验的东西。一些理论家将后-旅游与当代社会中后现代主义特征的出现联系在一起，尤其是日益占主导地位的拟像概念。因此，根据瑞泽尔和利斯卡的观点：

> 可以说，生活在一个以拟像为主导的后现代世界中的人们越来越想要，不仅如此还坚持想要，在旅行时进行模拟……在这样的世界里，游客即使能找到真实的体验，也不会知道。而且，每天生活在拟像中，当一个人成为一名游客时，就会产生对模拟的渴望。游客们习惯了麦当劳式的模拟就餐体验，他们一般不想在篝火旁拼凑食物，也不想靠在树林里散步时摘下的坚果和浆果生存。后者可能是“正宗”的，但与当地快餐店或国际连锁酒店的餐厅相比，它们非常困难，而且难以预测。大多数作为后现代世界产物的个人都愿意在篝火旁吃东西，只要它是酒店草坪上的模拟篝火就行。❶

虽然用这种方式描述旅游体验的模拟本质也许是准确的，但瑞泽尔和利斯卡的叙述将后-旅游者定位为一种文化上的愚弄者，其特点是对旅游体验不加批判地接受。然而，正如罗耶克指出的，这种对后-旅游者的解读与早期大众传媒受众的解

❶ George Ritzer, Allan Liska. “McDisneyization” and “Post - Tourism” [C] //C. Rojek, J. Urry. Touring Cultures: Transformations of Travel and Theory. London: Routledge, 1997: 107.

读是不准确的（见第一章）。罗耶克认为，后旅游者非但没有被“快餐旅游业”（McTourism）的模拟乐趣所吸引，反而［完全］意识到旅游体验的商品化，并简单地将其视为一种游戏。[1]此外，对于后-旅游者来说，这有明显的好处。因此，尽管麦肯奈尔认为“阶段真实性”破坏了游客对“真与美”的追求，但对于后-旅游者来说，这种阶段真实性既被期待，又受到青睐，因为它能产生一个基本上没有风险的环境。[2]在后-旅游体验中，人们发现了一个明显矛盾的组合：一方面，人们渴望“一系列（旅行）体验和与当地人的直接接触”，另一方面，明显的反世界主义敏感性和自愿接受游客遭遇的状态管理性质。[3]正如费瑟斯通所观察到的，使得后-旅游者：

> 现在可以轻松地去世界上更具异国情调的偏远的地方，这就相当于进入了一个旅游保留区，在那里他们可以享受“如家感”……一些后-游客一点也不担心，他们看到的是当地文化的模拟；他们感兴趣的是“幕后”的全部装备以及表演和布景的建设……这种地方的舞台模拟可以从令人安心的卡通风格的模仿（魔幻王国中的丛林巡游）到小规模的“走进来，看到并触摸”的关键建筑和图标的模拟，在大众的想象中，这些都是代表一个民族文化的……为努力保存整个文物产业和全面恢复过去生活工作的一些

[1] Chris Rojek. Ways of Escape: Modern Transformations in Leisure and Travel [M]. Basingstoke: Macmillan, 1993: 177.

[2] Dean MacCannell. The Tourist: A New Theory of the Leisure Class [M]. London: The Macmillan Press Ltd., 1976: 103.

[3] Mike Featherstone. Undoing Culture: Globalization, Postmodernism and Identity [M]. London: Sage, 1995: 120.

案例。❶

纳托尔（Nuttall）在关于阿拉斯加的“包团游”的作品中提供了一个有效的例证，说明世界上更偏远和不可接近的地区正越来越多地满足后-游客的需求。正如纳托尔所解释的，阿拉斯加是“一个最高级和最极端的地方，在那里仍然可以体验到原始的和未受侵扰的自然”。❷ 阿拉斯加旅游业的组织方式使得游客带到该地区的各种期望相对容易实现。游客们可以很容易地到达自然美景区，参观当地的美洲土著社区，观赏鲸鱼，甚至可以在北极光下完婚。很明显，即使他们看起来是完全不同的旅游追求，阿拉斯加的“荒野边疆”和主题公园密封的欢乐穹顶都是按照同样的后期现代合理化原则包装和呈现给游客的。此外，根据纳托尔的说法，为确保向游客展示的阿拉斯加形象，旅游业将做出协调统一的努力，排除游客希望忽视地区的那些方面。在讨论这一过程与阿拉斯加相关土著群体的困境时，纳托尔指出：

> 到阿拉斯加旅游的游客希望体验到真实和传统的本土文化，他们不希望听到关于社会问题和阿拉斯加村庄如何被失业、酗酒和滥用药物蹂躏的讲座。有些东西值得游客

---

❶ Mike Featherstone. Undoing Culture: Globalization, Postmodernism and Identity [M]. London: Sage, 1995: 120-121.

❷ Mark Nuttall. Packaging the Wild: Tourism Development in Alaska [C] //S. Abram, J. Waldren, D. V. L. MacLeod. Tourism and Tourists: Identifying with People and Places. Oxford: Berg, 1997: 226.

体验，而有些东西是他们看不见的。❶

斯帕尔克（Spark）对澳大利亚维多利亚州土著人建立的文化中心“布朗巴克”（Brambuk）的研究也提供了类似的例证。该中心最初是为了引起人们对白人定居者对土著文化破坏的关注，但最终还是屈服于地区政府的压力，要求降低该中心的内容和展品，以便让游客更为“接受”。正如斯帕尔克所观察到的：

> 新的布朗巴克……呈现出较少对抗性的图像，推广了一种被认为是真正土著居民的简化版本。这一变化反映了旅游业和维多利亚政府塑造代表性的力量，并调动了一种看待地方的方式，即将其浪漫化和物化。❷

正如上面的例子所示，后-旅游包含一系列非常不同的旅游体验。然而，每个问题的核心都是旅游者和当地旅游业者对旅游体验提供无风险环境的理解。对于后-旅游的游客来说，愉快的旅游体验取决于提供舒适的家庭环境，以及一系列“状态管理”景点，从这些景点中可以系统地去除不必要的形象和遭遇。这种旅游体验的状态管理现在可以在一系列不同的旅游环境中实现，包括那些在世界上更具异国情调和偏远地区的旅游环境。

---

❶ Mark Nuttall. Packaging the Wild：Tourism Development in Alaska［C］//S. Abram，J. Waldren，D. V. L. MacLeod. Tourism and Tourists：Identifying with People and Places. Oxford：Berg，1997：231.

❷ Ceridwen Spark. Brambuk Living Cultural Centre：Indigenous Culture and the Production of Place［J］. Tourist Studies，2002，2（1）：38

六、另类旅游

如果说主题公园和相关的“舞台性”旅游形式迎合了后现代性日益普遍的后－旅游情感，那么另类旅游则意味着一种完全不同的后现代旅游情感。拒绝那些他们认为是与“后－旅游”目的地相关的商业的和耸人听闻的旅游景点，选择另类旅游的个人努力追求他们认为更为“真实”的旅游体验。正如麦肯奈尔指出的，这种旅游情感的特点是“渴望分享所参观地方的真实生活”，或者至少看到真实日常中的生活方式……“不走寻常路”和“与当地人相处”。[1] 麦肯奈尔的观察得到了汉纳兹“世界主义”概念的支持。根据汉纳兹的说法，世界主义者讨厌被旅游者带走，他们希望自己沉浸在其他文化中，或者在任何情况下都可以自由地这样做。他们想成为参与者，或者至少不想在参与者群体中太容易被识别，也就是说，致力于成为“异地家乡的当地人”。[2]

正如麦克列奥德（MacLeod）指出的，另类游客认为自己在个人品位和总体面貌上与更多“主流”的游客完全不同，这一说法常常通过他们的视觉形象来表达：“整体形象是一种随意性：有时彰显个性，往往是彰显自由—— 一种结构化的反传统性。”[3] 根据麦克列奥德的说法，另类游客会积极寻找那些缺

---

[1] Dean MacCannell. The Tourist：A New Theory of the Leisure Class ［M］. London：The Macmillan Press Ltd，1976：96－97.

[2] Ulf Hannerz. Cosmopolitans and Locals in World Culture ［C］ //M. Featherstone. Global Culture：Nationalism，Globalisation and Modernity. London：Sage，1990：241.

[3] Donald V. L. MacLeod. Alternative Tourists on a Canary Island ［C］ //S. Abram，J. Waldren，D. V. L. Macleod. Tourism and Tourists：Identifying with People and Places. Oxford：Berg，1997：132.

乏旅游基础设施的旅游目的地，因为这些地方对“不太喜欢冒险的游客”没有吸引力。[1] 另类游客也会尽量融入所选目的地的当地文化：“另类”游客除了偏爱属于当地人的住宿外，更倾向于在当地购物……他们也在当地餐馆吃饭，在当地酒吧喝酒。[2] 类似地，另类游客也常常试图融入当地群体，例如，学习当地语言，尝试与当地人交谈，并对当地文化和传统方面表现出兴趣。

如上所述，“另类旅游”虽然是当代休闲活动的一种形式，是通过个人决定在旅游活动中反映出一系列审美价值观，但它转化为一种集体形式，抵制更多在这背后潜藏商业、资本主义利益的“主流”旅游形式。因此，在选择成为“另类旅游者”时，个人将其所持有的信仰转变为一种对集体生活方式的声明，通过与旅游相关的一系列共同信仰和实践活动进行交流，这是一项涉及、尊重和关注东道国文化的活动。因此，麦克列奥德观察到：

> 某些人有意识地决定成为“另类”游客……展示个人身份和社会身份的融合。一个人对自我、个人身份或现实的亲密感觉可以反映或吸收进入一个有着相似利益的群体中。这种现象表明了个人身份和社会身份如何以有形的方式结合在一起，个人的私人情感和意见可以由一个群体表

---

[1] Donald V. L. MacLeod. Alternative Tourists on a Canary Island [C] //S. Abram, J. Waldren, D. V. L. Macleod. Tourism and Tourists: Identifying with People and Place. Oxford: Berg, 1997: 129.

[2] Donald V. L. MacLeod. Alternative Tourists on a Canary Island [C] //S. Abram, J. Waldren, D. V. L. Macleod. Tourism and Tourists: Identifying with People and Places. Oxford: Berg, 1997: 140.

达出来。❶

除了希望跳出“商业”旅游领域和普遍存在的阶段性真实性之外，另类旅游也可以看作个人对个人财富的追求。正如克雷克所说，“旅游体验体现了自我完善、教育、发现和个人主义的各个方面”。❷ 就另类旅游而言，旅游体验的这些方面具有特别高的吸引力。对“一揽子度假”或主题公园体验的背弃体现了个人对晚期现代社会中日常生活商品化更深刻的抵制。这种对“打包”的旅游体验的本能的超脱和排斥，深深地铭刻在另类旅游的美学中。事实上，在确定自己与“主流”游客之间的这种临界距离时，另类游客会本能地实施罗耶克所说的游客/旅行者区别，将自己牢牢地归入后一类：

> 游客表现为缺乏主动性和个性。他们不大胆，缺乏想象力，性格乏味。对他们来说，旅行就像放牧一样——他们机械地消耗旅行社喂给他们的任何东西。它们的存在使旅游景点的质量变得粗糙……相反的是旅行者。旅行者与敏锐、尊重和品位的高雅价值观联系在一起。❸

另类游客相对于那些选择“家庭+套餐度假”和类似“旅

❶ Donald V. L. MacLeod. Alternative Tourists on a Canary Island [C] //S. Abram, J. Waldren, D. V. L. Macleod. Tourism and Tourists: Identifying with People and Places. Oxford: Berg, 1997: 138.

❷ Jennifer Craik. The Culture of Tourism [C] //C. Rojek, J. Urry. Touring Cultures: Transformations of Travel and Theory. London: Routledge, 1997: 126.

❸ Chris Rojek. Ways of Escape: Modern Transformations in Leisure and Travel [M]. Basingstoke: Macmillan, 1993: 175.

游陷阱”地点的游客所持的关键立场在于提出了旅游/旅游关系的另一个重要方面。因此，与近代休闲和消费的其他方面一样，旅游实践表现出一系列多元化和竞争性的情感。这样，不仅是旅游业的做法，而且这种做法发生的空间也变得有争议。因此，尽管另类游客对商业化的度假胜地表示厌恶，也痛恨“主流”游客侵犯自己“偏僻”的度假目的地，因为这些游客似乎不尊重当地文化，最终，这两种类型的游客都在参与一种身份政治，在这种政治中，空间的使用成为自我隐喻建构的一个特征。这又与旅游业在近代大众文化中的嵌入性和大众文化对日常生活的多元化影响有关。游客、空间和地点的感受力，无论如何构建和表达，都与更广泛的消费主义情感以及由此产生的不同的生活方式策略相一致。因此，正如钱尼所观察到的：

> 一个旅游景点所代表的内容和方式在游客和当地人之间会有所不同，但这两个类别都不会是同质的，因此意义是分散的，同时存在于多个维度上，并且会随着后续的预期浪潮而变化。旅游业的意义问题是大众文化向大众娱乐业转变的一部分，在大众娱乐业中，商业提供的文化在日常生活中变得更为重要，然而，几乎自相矛盾的是，“文化”已经失去了统一性和连贯性，变得更成问题。❶

七、背包客与自助游

随着旅游业的扩张，与满足不同类型游客的不同审美需求，

❶ David Chaney. The Power of Metaphors in Tourism Theory ［C］ //S. Coleman, M. Crang. Tourism: Between Place and Performance. Oxford: Berghahn Books, 2002: 194.

它也适应了个人旅游者的金融资源。除了昂贵的“豪华游”和中档旅游选择外，还有许多低预算旅游机会。低成本旅行和廉价度假住宿的可能性选择对年轻人尤其有吸引力，他们在很大程度上乐于放弃富裕游客所享受的奢侈品，并将旅行本身视为一种冒险形式。事实上，从年轻人的角度来看，低成本旅行通常有其自身的吸引力。铁路卡的推出，在一个或多个国家提供固定时间内的无限旅行，以及环球机票，使年轻人有可能组织自己的旅行，并根据自己的喜好选择目的地。正如德斯福吉斯（Desforges，1998）[1] 所观察到的那样，这种低预算的自助旅游方式对那些教育中“休学一年”的年轻人或那些在短期雇佣合同或“麦当劳低薪工作”的年轻人中间特别具有吸引力。

低成本青年旅游的流行使得它现在已经成为当代社会年轻人生活方式的一部分。例如，贝尔指出，在当代新西兰，年轻人的离校/大学旅行实际上已成为成长过程中的一个预期部分，是走向成年的一种仪式。根据贝尔的说法，这种“海外经验”被“许多年轻人和他们的父母……作为一种有效的替代教育。除了实际飞行到地球另一边之外，这是一次发现世界和自我的精神旅程”。[2] 与运行经验相关的其他教育质量包括一系列学习经验，从个人独立和自给自足到通过到国外旅行而产生的个人充实和转变。因此，海外经验成为新西兰年轻人的一种塑造身份的方式，通过这种方式，新西兰年轻人可以根据他

[1] Luke Desforges. “Checking Out the Planet”：Global Representations/Local Identities and Youth Travel ［C］ //T. Skelton，G. Valentine. Cool Places：Geographies of Youth Culture. London：Routledge，1998.

[2] Claudia Bell. The Big “OE”：Young New Zealand Travellers as Secular Pilgrims ［J］. Tourist Studies，2002，2（2）：144.

们在国外的遭遇和经历，反思和重塑自己。正如贝尔所观察到的那样，这种身份的重塑既适用于作为具有特定品位和偏好的个人，也适用于他们的国家身份以及这种身份在更广阔的世界中的地位。

> 一旦离开，年轻的新西兰人就不再是一个被视为理所当然的文化的局内人，而是变成了其他地方的局外人。在海外经历上有重建自己的自由。海外经历超越了居住在新西兰小镇，甚至是一个过于熟悉的城市的智力和精神局限。一个巨大的选择和经验的世界突然打开了。在他们不在的时候，他们也会对新西兰产生一种“局外人”的看法。他们现在可以拥有比待在家里的人更大的视野。[1]

与此类似，德斯福吉斯认为，青年旅行通常有助于年轻人通过他们所说的“收藏地”来发展他们的个人传记。根据德斯福吉斯的说法，这是对世界“框架”的描述，在这个框架中，知识和经验可以通过旅行“被收集”。[2] 世界的经验是通过经历不同的地方而获得的，并将这些经历记在记忆中，以便日后再次叙述。因此，收集地点涉及建立一种基于体验差异的世界表现，即与家“不同”的地方：“差异被旅行者定义为可以通过

[1] Claudia Bell. The Big “OE”: Young New Zealand Travellers as Secular Pilgrims [J]. Tourist Studies, 2002, 2 (2): 147.

[2] Luke Desforges. “Checking Out the Planet”: Global Representations/Local Identities and Youth Travel [C] //T. Skelton, G. Valentine. Cool Places: Geographies of Youth Culture. London: Routledge, 1998: 178.

旅行了解、理解和体验的东西”。❶ 收集地点的过程类似于厄里(1995)❷ 的“消费场所”概念：一个地方必须有一系列相对容易获得的呈现方面，并给人充分体验过一个地方的感觉。因此，正如德斯福吉斯所观察到的：“旅行者代表的目的地包含了许多可收藏的地方，例如，以某种方式‘认识’秘鲁，将该国普遍划分为沙漠、山区和雨林，作为旅行的基础。”❸

德斯福吉斯继续提出，“收集地点”的实践构成了一种文化资本形式。❹ 年轻的旅行者不仅通过参观过的地方描述一次旅行，而且使用广泛的叙述，例如，叙述个人发展、对世界的了解增加、视野开阔以及看待其他文化的新方式：

> 旅行者将“收藏地”转化为文化资本的主要方式是通过对个人发展的叙述和对世界的权威知识。观众可以与这种叙事合谋，甚至可以通过分享对旅游的尊重而获得文化资本。❺

---

❶ Luke Desforges. “Checking Out the Planet”: Global Representations/Local Identities and Youth Travel [C] //T. Skelton, G. Valentine. Cool Places: Geographies of Youth Culture. London: Routledge, 1998: 178 – 179.

❷ John Urry. Consuming Places [M]. London: Routledge, 1995.

❸ Luke Desforges. “Checking Out the Planet”: Global Representations/Local Identities and Youth Travel [C] //T. Skelton, G. Valentine. Cool Places: Geographies of Youth Culture. London: Routledge, 1998: 179. 埃尔斯鲁德（Elsrud, 2001）认为，这种经历是长期和经验丰富的背包客中普遍存在的风险和冒险论述的一部分。根据埃尔斯鲁德的说法，对于背包客来说，涉及风险和冒险的经验交换是构建和叙述身份的核心。——作者注

❹ Pierre Bourdieu. Distinction: A Social Critique of the Judgement of Taste [M]. trans. R. Nice. London: Routledge and Kegan Paul, 1984.

❺ Luke Desforges. “Checking Out the Planet”: Global Representations/Local Identities and Youth Travel [C] //T. Skelton, G. Valentine. Cool Places: Geographies of Youth Culture. London: Routledge, 1998: 189.

“收集地点”的概念也是阿尔南对越南西方背包客进行研究的核心。阿尔南认为：“旅游业不是从旅游开始的，而是从构建一个世界图景开始，使世界变得‘可旅游的’”。[1] 阿尔南接着考虑收集地点的实践活动是如何通过媒体图像来传达的，后者将事实和虚构交织在一起，创造出对地方特别诱人的恋物癖，并提出游客必须体验的特定“方式”。阿尔南认为，以越南为例，年轻背包客在越南旅游的普遍看法主要是“战争”的画面，这些画面既来自真实的纪录片镜头，也来自好莱坞电影。通过背包客经常在越南旅游的方式，这种对越南的幻象进一步加强了，例如使用当地交通服务，而不是专门为游客组织的交通服务，尽管这一交通伴随着不适和危险。同样，当地的旅游业通过各种博物馆和其他以越南战争为重点的景点来支持这样的游客期望。阿尔南认为，这个背包客用这种方式“认识”越南，既可以被看作对该国解体的庆祝，也可以被看作对冷战偏执狂不加批判的“坚持，以及对共产主义敌人的好莱坞神话化”[2]。不过，这就是说，越南战争旅游路线的“实践”经验可能会颠覆西方对战争的主导看法，其中大部分展示的内容与战争期间牺牲的平民生命有关。从这个意义上说，收集地点的做法发生了变化，最初的地方形象被一个地方的实际经历所改变或调整，尽管是通过当地旅游业的意识形态视角。

---

[1] Victor Alneng. “What the Fuck is a Vietnam? Touristic Phantasms and the Popcolonization of (the) Vietnam (War)” [J]. Critique of Anthropology, 2002, 22 (4): 485.

[2] Victor Alneng. “What the Fuck is a Vietnam? Touristic Phantasms and the Popcolonization of (the) Vietnam (War)” [J]. Critique of Anthropology, 2002, 22 (4): 475.

八、结论

本章着重探讨了旅游作为现代社会后期日常生活的一个方面的意义。本章首先概述了20世纪中叶旅游业作为一种大众休闲追求而发展的因素，然后考虑了一些关键的理论观点，这些观点被用来解释旅游业对近代个人的文化意义。在每一种情况下，人们都注意到旅游业的文化意义是如何与现代性晚期的一系列其他趋势联系在一起的，特别是媒体形象的主导地位，后者使旅游者对不同的城市和农村空间产生了特殊的期望，旅游商品化的方式与当代社会休闲和生活方式的其他方面相一致。第二部分通过考察三种不同的旅游情感——反世界主义/后旅游、另类旅游和自助旅游——以及每种旅游形式如何与更广泛的生活方式政治相适应，从而发展了对旅游业的这种解释。

第八章　非主流文化

本书第二部分已经说明了全球媒体和消费产业的日益发展是如何与现代社会生活方式的多样化品味和偏好直接对应的。然而，正如第四章至第七章所讨论的研究表明的那样，关注生活方式使我们理解研究后现代身份的意义，在很大程度上局限于对主流消费主义活动的审查，尤其是媒体使用、时尚、音乐消费和旅游。然而，值得注意的是，尽管有些自相矛盾，晚期现代性也见证了越来越多的非主流文化的发展—— 一种“另类”生活方式策略和情感，积极排斥那些集中定义后现代社会的信仰、习俗和文化习俗。

特别地，过去20年的特点是与前现代主义相关的意识形态和实践的复兴，其中著名的例子是新时代主义、巫术、异教和“土地回归”运动。每一个都体现了一系列关于生活质量、环境保护和身心健康的假设，所有这些都被认为体现了现代社会对科学技术日益依赖的危害。同样，对民俗、传说、超自然现象、不明飞行物和形而上学概念的信仰，如体外经验、死后生命和转世，都在某种程度上表明了对理性科学解释的拒绝或不信任，以及技术先进社会对这种解释的信仰。除了这些前现代和反现代的信仰之外，似乎更世俗的活动，如有机农业、素食主义、替代疗法和药物，也在一定程度上拒绝了后现代对技术和科学生产模式的强调。

虽然某些形式的“前现代”实践和信仰是在个人层面上进行的，并与更传统的生活方式品味和偏好相结合，但另一些形式需要更大程度的承诺，通常包括采用一套完全不同的生活实践方式，例如，新时代的旅行者群体拒绝城市生活，转而选择乡村、半游牧的生活方式。这一章总结了一些前现代和反现代实践的例子，以及它们产生的另类生活方式策略。这一章将讨论这些信仰如何提供一个不同的意识形态和政治话语的范围，通过这些话语，个人可以在日常生活中定位自己。这也说明有多少这样的另类生活方式策略，虽然其反对后现代社会的理性化本质，但往往仍旧表现出对后现代消费主义实践的依赖和接受，正如本书前几章所反复显示的，后现代消费主义现在是当代社会日常生活的一个重要方面。

一、技术统治与非主流文化革命

对技术进步的恐惧和不信任一直是人类历史的一个方面。例如，在19世纪中叶的英国，图表主义者和路德派运动对抗快速工业化和随之而来的从传统的以农业为基础的生活方式向以有酬的工厂劳动为基础的新的商业价值观的转变。[1] 在勒德主义的例子中，对工业化的抵制尤为极端，包括英国农村农场工人对新型机械化脱粒机的毁坏。[2]

对资本主义及其对科学和技术的依赖的抗议持续到20世纪，讽刺的是，由于通信系统的改进，这种抗议更具全球性。

---

[1] Frank Peel. The Risings of the Luddites, Chartists and Plug－Drawers［M］. 4th ed. London：Cass，1968.

[2] Dorothy Thompson. The Chartists：Popular Politics in the Industrial Revolution［M］. New York：Pantheon Books，1984.

这种抗议活动也变得更加复杂，不仅抵制技术进步本身，而且抵制被认为强加给主导文化的意识形态思维。20 世纪 60 年代末的非主流文化运动是当代反抗资本主义理性科学逻辑的一个重要催化剂，这一运动的灵感主要来自披头士乐队和吉米·亨德里克斯（Jimi Hendrix）等艺术家大量生产和全球发行的音乐作品。❶ 根据赖希（1971）❷ 的观点，非主流文化的定义特征是意识上的一代人的转变，年轻一代采用一种公开与父母文化相抗衡的新的生活方式价值观。

非主流文化意识形态的核心是反对先进西方社会的技术官僚原则。罗斯扎克认为，技术官僚制是工业社会达到组织整合顶峰的社会形态。这是男人在谈到现代化、更新、合理化、计划时通常想到的理想。❸ 非主流文化对社会中技术破坏倾向的反应有多种形式，包括乡村公社所概括的回归土地的哲学，❹ 以及对来自东方宗教的迷幻药、冥想和其他形式的唯心论的实验。❺ 根据威利斯（1978）❻ 的观点，非主流文化使用毒品的一

---

❶ Andy Bennett. Cultures of Popular Music [M]. Buckingham: Open University Press, 2001.

❷ Charles A. Reich. The Greening of America [M]. Middlesex, England: Allen Lane, 1971.

❸ Theodore Roszak. The Making of a Counter Culture: Reflections on the Technocratic Society and its Youthful Opposition [M]. London: Faber and Faber, 1969: 5.

❹ Colin Webster. Communes: A Thematic Typology [C] //S. Hall, T. Jefferson. Resistance Through Rituals: Youth Subcultures in Post - War Britain. London: Hutchinson, 1976.

❺ Stuart Hall. The Hippies: An American "Moment" [M]. Birmingham Centre for Contemporary Cultural Studies: University of Birmingham, 1968; Paul Willis. Profane Culture [M]. London: Routledge and Kegan Paul, 1978. 这些运动中的许多源于 20 世纪 80 年代末英国狂欢派对的场景，通过其对乡村地区的利用和对"部落主义"的强调，推动了后来政治化程度更高的群体所保留的回归土地的哲学。——作者注

❻ Paul Willis. Profane Culture [M]. London: Routledge and Kegan Paul, 1978.

个关键的理论基础是打破西方工业化社会的合理时间组织，并通过提高对声音和颜色的感官意识来达到另一个意识水平。这种对提高认识的渴望，以及随之而来的对工业社会日常生活的主要关注——工作、家庭承诺、个人利益等——的回避，也是非主流文化对以远东宗教实践为基础的冥想和唯心论形式感兴趣的核心。因此，正如霍尔所说：

> 东方宗教和神秘主义的神圣书籍、情色密码书、佛像和因果报应、卡什丹对东方哲学片段的运用、列瑞仪式化LSD表演的模拟东方主义、拉维香卡的音乐、循环缠绕式舞蹈，所有这些都是嬉皮士生活的折中东方主义的元素，代表着对沉思和神秘体验的回归。[1]

虽然非主流文化本身是一种相对短暂的现象，但它成了一系列后续运动的催化剂，这些运动以替代生活方式和信仰体系为基础，包括有机农业、替代医学和治疗实践，以及全球对环境保护主义和绿色政治的兴趣。虽然这种替代生活方式的基本商品现在很像其他产品一样被成功地推销，例如，越来越多的另类诊所和全木料超市就证明了这一点，但这类商品被有效地编入了生活方式项目中，这些项目保留了关键的，通常是物质的，与被视为更“主流”的消费者生活方式的距离。除了这些世俗的另类生活方式的例子外，20 世纪 90 年代出现了更激进的反对形式，反对当代社会对技术和理性科学解释的依赖和投

---

[1] Stuart Hall. The Hippies: An American “Moment” [A]. Birmingham Centre for Contemporary Cultural Studies: University of Birmingham, 1968: 8.

资。同样，这些运动中的一些都源于20世纪60年代末的非主流文化活动。[1]

二、"土地回归"运动

人们越来越担心工业污染和城市生活产生的大量垃圾对自然环境的威胁，导致了一系列"土地回归"运动。对城市生活的排斥是每一次运动的核心，这与20世纪60年代末的农村公社运动有着直接的联系。

根据韦伯斯特（Webster）的观点，支持公社运动的新绿色主义表达了一种"反技术偏见"，一种基于对其最终后果的幻灭和恐惧的集体拒绝和"退出"。[2] 因此，韦伯斯特认为：

> 乡村主题的末世论基础也采取了"世界末日"的形式，既有经验上的（辍学者经历了他或她的城市中产阶级的世界末日），也有环境污染、生态灾难、种族冲突、战争和支持它的"恶魔"技术官僚体系的意象。公社在这里变成了一个"拯救的余烬"，在仪式上和实际上都在期待着在恶魔的现实逝去之后会出现天堂。[3]

---

[1] George McKay. Senseless Acts of Beauty: Cultures of Resistance Since the Sixties [M]. London: Verso, 1996.

[2] Colin Webster. Communes: A Thematic Typology [C] //S. Hall, T. Jefferson. Resistance Through Rituals: Youth Subcultures in Post – War Britain. London: Hutchinson, 1976: 128.

[3] Colin Webster. Communes: A Thematic Typology [C] //S. Hall, T. Jefferson. Resistance Through Rituals: Youth Subcultures in Post – War Britain. London: Hutchinson, 1976: 128.

公社运动中的“回归土地”思想在当代运动中得到了保留，如“地球第一”，根据普洛斯（Plows）的说法，它“挑战”了主导范式，即促进和延续剥削性不可持续性的结构/价值观/结构螺旋，并将其称为“进步”（和）“发展”。❶ 同样，各种各样的活动，从独立农业（拒绝使用有机方法的工业耕作）到废弃土地的复垦，每一种活动都以各自的方式表达了“回归土地”的美学，强调尊重和欣赏自然环境的重要性。与公社一样，当代“土地回归”运动更激进的例子包括完全拒绝支持晚期现代城市生活的意识形态和实践，以及采用乡村或半乡村游牧的生活方式。❷

赫瑟林顿指出，一批被称为“新时代旅行者”的年轻群体，与“被视为比现代工业社会的社会性更真实的游牧民族之间的认同感”❸ 就是一个例证。马丁认为，新时代旅行者群体的集体游牧美学涉及他们自己和那些“居住在被视为人造和疏离环境的房屋”的人之间的有意识的区分。❹ 事实上，这就是新时代游民文化对回归大地哲学的投资，其个人与这种投资的“接合”水平已成为旅行者群体成员身份的重要标志。正如马丁所观察到的，居住在 benders（传统吉普赛帐篷）中的旅行者被认为比那些住在汽车里的人更真实，因为他们住在离地球更

---

❶ Alex Plows. Earth First! Defending Mother Earth, Direct - Style ［C］//G. McKay. DIY Culture: Party and Protest in Nineties Britain. London: Verso, 1998: 159.

❷ George McKay. Senseless Acts of Beauty: Cultures of Resistance Since the Sixties ［M］. London: Verso, 1996.

❸ Kevin Hetherington. Vanloads of Uproarious Humanity: New Age Travellers and the Utopics of the Countryside ［C］//T. Skelton, G. Valentine. Cool Places: Geographies of Youth Culture. London: Routledge, 1998: 335.

❹ Greg Martin. Conceptualizing Cultural Politics in Subcultural and Social Movement Studies ［J］. Social Movement Studies, 2002, 1 (1): 82.

近的地方。[1]

新时代旅行者群体的乡村生活方式，以及他们频繁占领绿地，在主流媒体上造成了相当大的负面影响，[2] 包括在20世纪90年代初的一次短暂尝试，即使新时代旅行者成为新的“道德恐慌”的中心，类似于在暴徒周围造成的那种恐慌以及20世纪60年代中期的摇滚乐。[3] 然而，正如赫瑟林顿指出的，土地占用是新时代旅行者反抗现代理性法律制度权威的一个核心方面。根据赫瑟林顿的说法，新时代的旅行者们共同认可现代性之前的信仰和实践，尤其是“地球之谜”，它将乡村重塑为一个“神圣而神秘的地方”：

> 地球之谜的信仰者采用了一种更全面的方法，即追溯到古代民间理解和解释景观的方式：用占卜杖探测、寻找地磁线、恢复与特定地点相关的民间传说与习俗。地球之谜的传统挑战了现代科学所提供的理解模式，并寻求在景观中找到被遗忘的认识和理解的实践。[4]

新时代旅行者选择乡村游牧生活方式的理由中，有相当一部分是试图重新调整自己的前现代知识和技能，这些人被认为

---

[1] Greg Martin. Conceptualizing Cultural Politics in Subcultural and Social Movement Studies [J]. Social Movement Studies, 2002, 1 (1): 82.

[2] George McKay. Senseless Acts of Beauty: Cultures of Resistance Since the Sixties [M]. London: Verso, 1996.

[3] Stanley Cohen. Folk Devils and Moral Panics: The Creation of the Mods and Rockers [M]. 3rd ed. Oxford: Basil Blackwell, 1987.

[4] Kevin Hetherington. Vanloads of Uproarious Humanity: New Age Travellers and the Utopics of the Countryside [C] //T. Skelton, G. Valentine. Cool Places: Geographies of Youth Culture. London: Routledge, 1998: 335.

处在一个与自然合一的世界。❶ 在同时，新时代的旅行者是一个草根阶层的抗议活动，抗议乡村继续被新道路、工业场所和购物中心所破坏。

“土地是我们的”（TLIO）运动同样关注城市决策者对土地的滥用。然而，不同于新时代旅行者为了回归农村土地而拒绝城市环境的抵抗者，TLIO 会回收和改造废弃的城市遗址。然后，通过修复建筑物，或使用环保材料建造新的住所，以及重新引入植物和树木，使这些地点变得宜居。TLIO 在主要城市郊区以及城市衰败地区的改造尤其有效。例如，蒙比尔特（Monbiot）观察到：

> 1996 年 5 月，“500 块土地是我们的”活动的激进参与者占领了旺兹沃斯泰晤士河岸边的 13 英亩荒废土地，彰显了令人震惊的城市土地滥用、能够负担得起的住房的缺乏以及城市环境的恶化。地点选定为半径 1.5 英里内的第九家大型超市。他们清理了现场的瓦砾和垃圾，用回收材料建造了一个村庄，并种植了花园。❷

TLIO 运动和类似的倡议，例如出埃及记集体行动❸，被相

❶ 新时代旅行者和相关团体所表达的“回归土地”美学，例如反公路抗议，也影响了越来越多的“新时代”文学。例如，参见彭德拉贡和斯通（2003）的《亚瑟的足迹》。——作者注

❷ George Monbiot. Reclaim the Fields and the Country Lanes! The Land is Ours Campaign [C] //G. McKay. DIY Culture: Party and Protest in Nineties Britain. London: Verso, 1998: 175 - 176.

❸ George McKay. Senseless Acts of Beauty: Cultures of Resistance Since the Sixties [M]. London: Verso, 1996; Tim Malyon. Tossed in the Fire and They Never Got Burned: The Exodus Collective [C] //G. McKay. DIY Culture: Party and Protest in Nineties Britain. London: Verso, 1998; Andy Bennett. Cultures of Popular Music [M]. Buckingham: Open University Press, 2001.

关人士认为是为失去权力和被剥夺权利的基层个人提供可靠的解决方案。由于缺乏国有住房、私人住房价格飙升以及以消费者为中心的开发项目（如购物中心和电影院）的扩张，这些运动使活动家能够以一种允许的新绿色主义哲学实践方式收回不受城市开发商和主流政党欢迎的空间。[1]

反公路抗议活动也对政府机构和规划部门对环境的忽视和滥用进行了类似的积极打击。这是一个依靠互联网专门破坏新道路建设的激进分子组织，例如，他们会占领需要清理的树林区域，并建造精心设计的隧道网络，活动者可以在这些隧道中藏身数周，从而推迟道路建设工作，直到隧道内的居民都被清除。正如这个简短的例子所揭示的，这就是反公路抗议活动人士的承诺，他们愿意采取一种颠覆性的生活方式策略，忍受相当多的个人不适和风险。根据马利恩（Malyon，1998）[2] 研究，活动者对反公路保护事业的承诺是由一种信念支撑的，这一信念与其他新绿色主义运动一致，即人类与自然环境是一体的；这种一致性直到最近才被现代化进程和现代国家的力量所掩盖。

针对国家以及国家通过理性和科学对环境破坏的合法化，“反对公路抗议者”通过采用其精神领袖亚瑟·彭德拉贡（Arthur Pendragon）的学说而加强了他们的反霸权立场。他相信自己是传说中的古不列颠亚瑟王转世的德鲁伊领袖。在最近一本关于亚瑟王生平的传记中，彭德拉贡和他的合著者 C. J. 斯

---

[1] 这些运动有很多都源于20世纪80年代末英国狂欢派对的场景，通过其对乡村地区的利用和对“部落主义”的强调，推动了后来政治化程度更高的群体所保留的回归土地的哲学。——作者注

[2] Tim Malyon. Tossed in the Fire and They Never Got Burned：The Exodus Collective［C］//G. McKay. DIY Culture：Party and Protest in Nineties Britain. London：Verso，1998.

通（C. J. Stone）注意到亚瑟王作为一个傀儡领袖的重要性，他的权威早于现代国家。彭德拉贡和斯通在书写反公路抗议活动试图阻止在英格兰东南部纽伯里镇附近修建一条新支路时，描述了亚瑟王传奇的前现代美学如何渗透到抗议者使用的话语中：

> 有很多人谈论着这片土地的精神，它神奇的重生。地方精神。古代战争重演。写在风景中的神话密码。在魔法层面上的黑暗阴谋。地球的能量和地球人。岩石和石头的力量。神秘的地方，神奇的地方。水的神奇力量。古老部落和他们不断地流浪。❶

三、巫术、异教徒和神秘力量

晚期现代性抵制对科学和技术的投资，以及技术对自然环境的明显漠视，也可以从人们对巫术和异教徒等前现代习俗和信仰的兴趣中看到。与那些奉行“回归土地”哲学的团体一样，女巫和新异教徒也强调地球的自然力量。然而，与新时代的旅行者和类似群体不同，女巫和新异教徒通常生活在城市地区，他们与自然世界的联系是通过后天的实践和信仰而不是完全另类的农村生活方式来表达的。❷ 此外，虽然各种“回归土地”的激进团体拥抱当代毒品文化，但他们认为现代化学生产的毒品和他们的反现代哲学之间没有明显的矛盾，巫术“拒绝

---

❶ Arthur Pendragon, Christopher James Stone. The Trails of Arthur: The Life and Times of a Modern - Day King [M]. Element: London, 2003 (126).

❷ Edward J. Moody. Urban Witches [C] //E. A. Tiryakian. On the Margin of the Visible: Sociology, the Esoteric, the Occult. New York: John Wiley and Sons, 1974.

毒品、致幻剂，或任何其他可能将理性人与物质环境分开的因素”。❶

格林伍德（Greenwood，2000）❷ 对英国当代巫术实践的研究表明，女巫如何通过学习和执行古代仪式，寻求利用地球的自然力量，作为实现精神力量与和谐的手段。根据吉登斯的著作，❸ 格林伍德认为，现代性晚期的日常生活表现出许多病态特征，其中包括“社会关系的脱离”和“传统”的消亡所带来的“个人无意义”。❹ 格林伍德认为，当代巫术被实践者视为治疗过程的一部分，是一种处理晚期现代性碎片效应的手段：

> 巫术修行（被认为）是一条精神之路，一条通往完整性的道路。巫术师通常将魔法视为一种将个人从支离破碎的理性主义和唯物主义世界治愈的方法——它是自我的一种再魅力……巫术仪式也可以被看作对日常世界的抵抗空间，在那里，替代性身份作为治疗的模式……可能会发挥作用。❺

格林伍德在这里提出的魔法和巫术提供抵抗空间的概念，

---

❶ Marcello Truzzi. Witchcraft and Satanism [C] //E. A. Tiryakian. On the Margin of the Visible: Sociology, the Esoteric, the Occult. New York: John Wiley and Sons, 1974.

❷ Susan Greenwood. Magic, Witchcraft and the Otherworld: An Anthropology [M]. Oxford: Berg, 2000.

❸ Anthony Giddens. Modernity and Self Identity: Self and Society in the Late Modern Age [M]. Cambridge: Polity, 1991.

❹ Susan Greenwood. Magic, Witchcraft and the Otherworld: An Anthropology [M]. Oxford: Berg, 2000: 118.

❺ Susan Greenwood. Magic, Witchcraft and the Otherworld: An Anthropology [M]. Oxford: Berg, 2000: 121.

为说明晚期现代人如何利用前现代的信仰体系和实践，作为颠覆或至少质疑主宰后现代性的理所当然的文化实践形式提供了另一个例证。然而，矛盾的是，与后现代性有关的特定日常文化习俗和习俗，尤其是消费主义，在使那些对巫术感兴趣的人能够获得知识和资源方面发挥了重要作用。因此，当代巫术的实践是由组织和协会、讲习班、研讨会、书籍以及专门的网站等促进的。类似地，专业商店在当代巫术实践中扮演着至关重要的角色，通常是唯一可以获得魔法仪式必要成分的地方。事实上，正如穆迪所观察到的那样，除了提供“原材料——油、香精、蜡烛、草药、羊皮纸等——用于魔法工作之外，（这些商店）也是神秘主义者的聚会场所”。❶ 这里描述的场景可以等同于其他与后现代性相关的休闲和生活方式。因此，像音乐和体育迷、漫画收藏家、攀岩者等经常使用俱乐部、零售店、互联网网站等作为发现和与其他有共同兴趣的人交流的手段，当代女巫利用自己作为现代晚期社会成员所熟悉的交流渠道和聚会场所，与其他志同道合的人取得联系。这一点通过格林伍德通过对他所说的伦敦“神奇亚文化”的识别进一步说明了这一点，伦敦是一个由不同阶层的城市居民组成的网络，他们因为对巫术有共同的兴趣而聚集在一起。❷ 然而，在这种“神奇的亚文化”中，巫术的实践被编织成一种抵抗策略，旨在颠覆现代晚期生活中不那么令人愉快的方面，同时保持那些被认为是可取的。

❶ Edward J. Moody. Urban Witches ［C］ //E. A. Tiryakian. On the Margin of the Visible：Sociology，the Esoteric，the Occult. New York：John Wiley and Sons. 1974：226.

❷ Edward J. Moody. Urban Witches ［C］ //E. A. Tiryakian. On the Margin of the Visible：Sociology，the Esoteric，the Occult. New York：John Wiley and Sons. 1974：18.

对近代思想和实践的一种类似的“选择性”拒绝，在异教徒日益增长的兴趣中显而易见。像巫术一样，异教徒的信仰集中在自然世界中起作用的力量上。异教徒不是将信仰投射于形而上学的神或其他神，而是将这种信仰铭刻在自然界中的实物上——动物、鸟类、树木、溪流等。在异教信仰的背景下，“人类被描绘成与自然密不可分，整个宇宙被想象成通过一个看似象征性的对应系统相互联系”。[1] 这些信仰被新异教徒团体接受并重新制定，试图重新建立与自然世界的和谐关系，他们认为这是现代晚期生活方式所没有的。然而，与当代巫术实践一样，新异教徒是一个复兴的前现代信仰体系的例子，它拒绝现代性晚期的理性科学知识基础，但在制定异教徒信仰和仪式时选择性地借鉴了现代晚期的消费实践。事实上，某些与后现代性更为密切相关的文化形式，尤其是以风格为基础的青年文化，本身已被证明是异教重新兴起的催化剂。马格里科（Magliocco）指出，在过去的15年里，文身和人体彩绘在异教徒群体中越来越流行，部分原因是他们已经被青年文化和其他社区所接受，“作为对立身份的象征”。[2] 新异教徒利用他们作为后现代社会成员获得的消费主义情感，这进一步证明了前现代和后现代之间的联系。正如马格里科所观察到的那样，在获

---

[1] Sabina Magliocco. Neo - Pagan Sacred Art and Altars：Making Things Whole [M]. Jackson：University Press of Mississippi，2001：66.

[2] Sabina Magliocco. Neo - Pagan Sacred Art and Altars：Making Things Whole [M]. Jackson：University Press of Mississippi，2001：48 -49. 另一个连接异教徒和青年文化的是1973年罗宾·哈迪的电影《柳条人》，它描绘了一个遥远的苏格兰岛屿上当今的异教徒社区。自上映以来，这部电影已经获得了崇拜的地位，以至于每年一度的柳条人节都会在苏格兰西南部的电影制作地举行，其中包括来自各种新民间和新时代艺术家的音乐。电影节的高潮是模仿电影的最后一幕，牺牲性燃烧一个巨大的柳条人。——作者注

得和/或制造用于仪式的魔法工具时，新异教徒经常“转换普通的商业物品……颠覆物品的原始意义和功能，或将新的深奥含义层层叠加到日常物品上”。[1]

对后现代主义强调科学进步和理性解释的另一种形式的抵制，可以从对神秘主义的兴趣的复苏中看到。正如坎贝尔（Campbell）和麦基弗（McIver）所指出的，科学有效地在理性和精神之间制造了一道楔子，它对宗教的攻击使现代晚期的个人感到越来越疏远于传统的宗教信仰。然而，与此同时，科学无法提供一套另类的想法来帮助个人寻求精神知识和理解。正是在这种情况下，最近对神秘主义兴趣的增长必须被理解。因此，根据坎贝尔和麦基弗的观点，从当代神秘主义者的角度来看，“神秘主义，只有神秘主义才能治愈现代意识中的这一巨大裂痕。这是一个科学和宗教都不能提出的主张，它是其力量和吸引力的主要来源”。[2] 从其追随者的角度来看，神秘主义提供了一种与精神自我保持联系的手段，从而颠覆了可能将个人吞没在精神失范状态的异化感，而这种精神失范正是后现代理性科学解释范式所产生的。

如同其他形式的反现代信仰和实践在这里审查，神秘主义在现代晚期的吸引力与它作为一种“大众”知识形式的地位有很大关系。与巫术、异教徒和其他反现代信仰形式一样，神秘主义通过其在电影、电视节目、通俗文学中的存在，以及近年来越来越多地出现在互联网上，进入了大众的领域。这种神秘

---

[1] Sabina Magliocco. Neo – Pagan Sacred Art and Altars：Making Things Whole［M］. Jackson：University Press of Mississippi，2001：23.

[2] Colin Campbell，Shirley McIver. Cultural Sources of Support for Contemporary Occultism［J］. Social Compass，1987，34（1）：49.

主义的普及在某些方面引起了批评。阿多诺认为，文化工业对神秘主义的占有剥夺了它对后现代性的任何对立性质，“流行”神秘主义被大众视为大众娱乐的另一种形式。阿多诺的观点得到了内德曼（Nederman）和古尔丁（Goulding）的认同。他们认为，通过它的普及，神秘主义仅仅是另一种话语手段，通过它，日常生活中被视为理所当然的秩序得以重现：“巫术板和水晶球观测者告诉我们，我们将要嫁给谁，我们的职业是什么。日常生活的基本结构，即我们所处的社会条件，是完好无损的。”❶ 因此，内德曼和古尔丁认为：“神秘主义最终是为了捍卫它想要反对的东西；给定的物质现实。”❷

然而可以说，神秘知识的普及也可以用另一种方式来解释。因此，通过融入大众领域，神秘主义已经成为个人可以借鉴的一系列另类知识基础之一。事实上，正如乔根森（Jorgensen）所观察到的那样，当代神秘主义位于一个“深奥共同体”中，“知识”来自几乎所有可以想象的来源，包括印度和东方宗教、希腊神话和哲学、早期基督教的异教徒幻象、异教徒、神秘、心理现象和研究，以及一个奇怪的分类异常（怪物、不明飞行物、亚特兰蒂斯和金字塔）。❸ 显然，在当代社会中，谈论神秘实践，是指一种实践，它可以结合和结合一系列不同的知识和

---

❶ Cary J. Nederman，James W. Goulding. Popular Occultism and Critical Theory：Exploring Some Themes of Astrology and the Occult［J］. Sociological Analysis，1981，42（4）：330.

❷ Cary J. Nederman，James W. Goulding. Popular Occultism and Critical Theory：Exploring Some Themes of Astrology and the Occult［J］. Sociological Analysis，1981，42（4）：331.

❸ Danny L. Jorgensen，Lin Jorgensen. Social Meanings of the Occult［J］. The Sociological Quarterly，1982（23）：379.

信仰，这取决于那些参与神秘主义的人的审美偏好和日常经验。

如上所述，神秘主义的大众化既扩大了神秘主义的吸引力，又对那些感到与后现代日益技术官僚话语疏远的个人更有意义和更容易被理解。神秘主义的这种当代魅力也通过相当多的年轻追随者得到了证明。正如埃利斯（Ellis）所观察到的，恐怖电影，如英国哈默电影制作有限公司在20世纪60年代和70年代初制作的恐怖电影，在年轻的电影观众中产生了神秘的魅力。根据埃利斯的说法，在这方面一部非常有影响力的电影是《魔鬼出击》，它是根据丹尼斯·惠特利1934年的同名小说改编的：

> 当哈默工作室发布了惠特利的电影版《魔鬼出击》……它是1967年向英国青少年介绍惠特利“黑色魔法小屋”的理想节点……［这部电影］获得了巨大的成功……而广受欢迎的出版商也很快推出了一系列惠特利“黑魔法小说”的廉价再版。❶

埃利斯继续思考，对于更年轻的受众来说，这种神秘“包装”反过来又如何让他们将这种信仰挪用为一种生活方式的宣示。这种生活方式在集体层面上的表述包括举办黑人弥撒仪式，其中最著名的仪式发生在20世纪70年代初英格兰西南部达特莫尔的万圣节上，并以《恶魔出击》中描述的场景为原型。❷

当代年轻人对神秘主义的兴趣也与摇滚和重金属音乐中的

---

❶ Bill Ellis. Raising the Devil: Satanism, New Religions and the Media [M]. Lexington: The University Press of Kentucky, 2000: 158.

❷ Bill Ellis. Raising the Devil: Satanism, New Religions and the Media [M]. Lexington: The University Press of Kentucky, 2000: 164.

神秘内容有关。20 世纪 70 年代初，英国重金属集团黑色安息日的首张同名专辑包含几首带有神秘含义的歌曲，而齐柏林飞艇乐队的吉他手吉米·佩奇则表示对阿利斯泰尔·克劳利（Alistair Crowley）的书感兴趣，他是黑魔法的主要实践者。[1]这反过来又引起了那些神秘团体的许多粉丝的兴趣。20 世纪 90 年代，黑色金属，一种更极端的重金属形式，[2] 将重金属与神秘的联系提升到了一个新的水平。在最极端的情况下，黑色金属粉丝亵渎教堂和其他圣地，而在挪威，则发生了大量的教堂焚毁事件。因参与教堂焚毁而被逮捕并经常被监禁的人参与这一活动的原因各不相同，但一些犯罪者利用从黑魔法仪式和信仰中借来的话语，描述了一种赋权感。例如，正在因谋杀罪入狱服刑的黑金属粉丝克里斯蒂安·维克内斯在一份报纸报道中说，“烧毁旧教堂，尤其是［原文如此］，建筑的力量将通过年龄积累传递给他”。[3]

多年来，重金属与神秘之间的联系被大大夸大了，尤其是因为媒体的耸人听闻的报道和几起针对美国重金属艺术家的高调法庭案件[4]之后，有人指控他们的音乐导致了几名青少年自

---

[1] Deena Weinstein. Heavy Metal：The Music and its Culture［M］. 2nd edn. New York：Da Capo Press，2000.

[2] Keith Harris. Roots?：The Relationship Between the Global and the Local Within the Extreme Metal Scene［J］. Popular Music，2000，19（1）：13－30.

[3] Viggo Vestel. Breakdance，Red Eyed Penguins，Vikings，Grunge and Straight Rock ‘n’ Roll：The Construction of Place in Musical Discourse in Rudenga，East Side Oslo［J］. Young：Nordic Journal of Youth Research，1999，7（2）：12.

[4] James T. Richardson. Satanism in the Courts：From Murder to Heavy Metal［C］//J. T. Richardson，J. Best，D. G. Bromley. The Satanism Scare. New York：Aldine de Gruyter，1991；Andy Bennett. Cultures of Popular Music［M］. Buckingham：Open University Press，2001.

杀。然而，与此同时，似乎很明显，重金属音乐中的神秘暗示加强了它作为一种对立音乐的吸引力，作为一种手段，年轻的歌迷可以象征性地拒绝他们日常生活的世俗可预测性，或者协调许多年轻人由于面临越来越大的风险和不确定性而产生的疏远效应。❶

占星术是当代日常生活中一种不那么有争议但同样受欢迎的神秘实践形式。正如特鲁齐（Truzzi）所说："与巫术或大多数神秘信仰不同，接受占星术几乎不会产生宗教冲突。"❷ 此外，占星术的理所当然被认为是天衣无缝地交织在日常生活的织物中。因此，据特鲁齐所说，20 世纪 60 年代的一项调查显示，53% 的法国人经常在报纸上读自己的星座运势，而德国在 20 世纪 50 年代进行的一项调查显示，10 万名受访者中，30% 的受访者认为男人的命运和星星之间有联系。❸ 正如特鲁齐所说，尽管占星术被科学界所拒绝，但占星术的魅力仍在继续。因此，以其独特的方式，占星术的解读也代表了一种个人能够寻找科学无法提供的答案的手段；它与其他形式的占星术实践一起，代表了科学不愿意参与的"对其追随者的普遍的形而上学世界观"。❹

❶ Ulrich Beck. The Risk Society：Towards a New Modernity［M］. trans. M. Ritter. London：Sage，1992.

❷ Marcello Truzzi. Astrology as Popular Culture［J］. Journal of Popular Culture，1975（8）：908.

❸ Marcello Truzzi. Astrology as Popular Culture［J］. Journal of Popular Culture，1975（8）：909.

❹ Marcello Truzzi. Astrology as Popular Culture［J］. Journal of Popular Culture，1975（8）：909.

四、超自然力量

现代晚期日常生活的循环化和可预测的模式也经常被鬼故事和其他超自然现象所颠覆。正如纳尔逊（Nelson）所说："精神体验似乎是所有人类社会的普遍特征。"[1] 在一项关于西方社会中超自然信仰的研究中，伍丝诺（Wuthnow，1976）[2] 认为，这种信仰主要是被边缘化的群体所持有，作为一种赋予自己权力的手段。然而，埃蒙斯和索巴尔（1981）发现超自然信仰和边缘化之间没有这种关联，他们认为社会阶层中的个体都对超自然现象表达信仰。事实上，格里利（Greeley）甚至认为超自然现象在当代社会是相对"正常"的，因为"大多数人都有过类似的经历"。[3] 对格里利来说，相信某种形式的来世的能力，其中鬼魂、幽灵和各种各样的游魂"被认为是提供证据的，本质上是人性的一部分，与一个普遍的问题有关，即死后会发生什么"。[4]

同样，对超自然现象的兴趣与它在大众媒体和消费文化中的表现之间有着明显的连续性。《X 档案》等电视节目的受欢迎程度，其故事情节主要集中在普通人在日常生活环境中遇到的莫名其妙的事情——通常是在自己家里的"安全"中——从而让人

[1] G. K. Nelson. Towards a Sociology of the Psychic [J]. Review of Religious Research, 1975, 16 (3): 167.

[2] Robert Wuthnow. Astrology and Marginality [J]. Journal for the Scientific Study of Religion, 1976 (15): 157 - 168.

[3] Andrew M. Greeley. The Sociology of the Paranormal: A Reconnaissance [M]. London: Sage, 1975: 7.

[4] Andrew M. Greeley. The Sociology of the Paranormal: A Reconnaissance [M]. London: Sage, 1975: 33.

们对超自然现象产生了浓厚的兴趣。此外，对于那些对超自然现象感兴趣的现代人来说，这种虚构的叙述是一种重要的处理策略，他们希望避免与公开宣称的对超自然现象的信仰有关的尴尬感和耻辱感。这与坎贝尔和麦基弗的观察一致，即当谈论超自然现象时，个人往往“感到有责任表达一些免责声明”。❶从这个意义上说，通过流行的虚构电视节目（如《X 档案》）来展示对超自然现象的兴趣，这为人们提供了一种合法化的形式，因为个人对超自然现象的兴趣可以表达出来，而不必声称个人对鬼魂和其他超自然现象的信仰。❷

上面提到的例子类似于拉巴对民俗信仰和习俗如何通过流行文化的媒介不断演变和传承的解释。拉巴在这里的论点的核心是对民间/大众区别的解构，以及对民间和通俗文化的重新评估，认为它们参与了一种永恒的对话形式，在某种程度上，一种是通过另外一种方式实现的：

> 当大众文化被概念化为一种以社会为基础的象征形式和人类活动的结构时，它就不能被看作技术本身的产物，而是各种人类互动、表达资源和交流模式的产物，这些互动、表达资源和交流模式支持并通过参与流行文化进程而形成。民俗文化与大众文化的本质联系在于社会领域……民俗传播的社会实践是由大众文化中的象征形式构成的，

❶ Colin Campbell, Shirley McIver. Cultural Sources of Support for Contemporary Occultism [J]. Social Compass, 1987, 34 (1): 47.

❷ 正如奈特（2000）所指出的，《X 档案》也助长了现代晚期个人对阴谋论日益浓厚的兴趣。《X 档案》的吸引力也可以部分归因于这样一个事实，即它部分地利用了超自然事件的实际指控和目击证人的报告（见戈德曼，1995）。——作者注

> 是个人和群体将其日常经验仪式化、组织化和意义化的一种手段。❶

同样地，我们对超自然现象的兴趣和知识，也可以通过它们在流行文化文本中的表现而合法化。除了对超自然现象的虚构叙述（在电视和广播中经常出现的深夜“鬼魂故事”）之外，它也是“严肃”纪录片节目和杂志文章的经常主题，因此提供了额外的途径，通过这些途径，人们可以日常讨论鬼魂和其他超自然现象，两者都会占据主要地位并找到合法性。

与巫术、异教和其他讨论的主题一样，现代性晚期对超自然现象的持续兴趣也可以被视为谈判合理的科学解释和技术过程的重要策略，这很少会给个人灌输一种无力感。因此，正如沃克（Walker）所说：

> 虽然科技是人类努力的成果，但对我们大多数人来说，诸如微电路、光纤甚至杂货店条形码阅读器等错综复杂的事物基本上超出了我们的直接理解范围。在这样一个世界里，个人可能会感觉到某种程度的失控，具有讽刺意味的是，相信超自然（它本身很可能超出我们的控制范围）会给人类带来更直接的力量……当与超自然现象并列时，技术是无能为力的，也许是无关紧要的……有些事情无法用

❶ Martin Laba. Popular Culture and Folklore: The Social Dimension [C] //P. Narváez, M. Laba. Media Sense: The Folklore – Popular Culture Continuum. Bowling Green, OH: Bowling Green State University Popular Press, 1986: 16 – 17.

逻辑或科学的思维来解释。❶

在对超自然现象的当代信仰的广泛研究工作中，埃利斯（Ellis）认为超自然现象的吸引力和吸引力的一个主要部分是被广泛接受的观念，❷ 即它就在我们中间，随时准备以自发和不可预测的方式破坏我们日常生活中公认的常规。埃利斯认为，出于这个原因，超自然现象的各个方面——鬼屋、幽灵和幽灵——都融入了当地的知识。他认为，每一个地方都可以吹嘘自己对无法解释的现象的特定描述，这种叙述在当地的话语中根深蒂固，后者表现为“奇怪的事情”的故事，在家庭餐桌上，在当地酒吧的朋友之间等。

根据埃利斯的观点，超自然事件以这种方式出现在特定的局部空间中，具有双重功能。第一，它给当地人一个重点，当他们之间和与外界讨论这类事件时。第二，它提供了一种谈判超自然现象的手段，将其分配到一个或多个特定地点。因此，埃利斯说：“生活中不可思议的一面……集中在文化上安全的地点和表达渠道。”❸ 幽灵漫步在老城区，长期以来一直利用这种超自然的“安全空间”来丰富游客的视线。❹ 然而，正如埃利斯所指出的，超自然现象融入日常生活的方式多种多样，其

❶ Barbara Walker. Out of the Ordinary：Folklore and the Supernatural［M］. Logan，UT：Utah State University Press，1995：5.

❷ Bill Ellis. Aliens，Ghosts，and Cults：Legends We Live［M］. Jackson：University Press of Mississippi，2001.

❸ Bill Ellis. Aliens，Ghosts，and Cults：Legends We Live［M］. Jackson：University Press of Mississippi，2001：117.

❹ John Urry. The Tourist Gaze：Leisure and Travel in Contemporary Societies［M］. London：Sage，1990.

中许多都集中在最不可能发生的地方。一个相关的例子是俄亥俄州中部一个小镇的必胜客的鬼魂出没事件。闹鬼已经成为当地民间传说的一个既定方面，镇上的许多居民都能讲述员工遭遇鬼魂的故事。正如埃利斯所观察到的，当地人构建这个鬼故事的方式，从严肃的信仰，伴随着轻微的恐惧，到怀疑，最后，毫不掩饰地不相信。然而，对于必胜客鬼魂故事的每一种眷恋方式中，最重要的一个过程就是将一个平凡的空间——一个与世界各地成千上万的连锁餐厅——象征性地转变为一个特殊的空间，这个空间已经成为当地传说的焦点，因此，对于一种局部知情的讲故事模式，在这种模式下，个人可以集体讨论鬼魂和超自然现象的主题，在其他会话和情景语境中，这一主题被视为禁忌。

皮普尔（Pimple）进一步解释了近代社会中鬼魂信仰的延续，认为这可以归结为近代晚期宗教的危机。皮普尔认为，这场危机是由于科学的日益普及以及对基督教和其他宗教所依据的形而上学前提的质疑。随着现代性的开始，科学取代了宗教，成为解释宇宙起源和地球生命进化的一种手段。从皮普尔的观点来看，当代的唯心论活动，也就是说，通过各种媒介与灵魂的交流，构成了一种“使科学与宗教相协调”的尝试。皮普尔表明，对唯心论者和他们的批评者来说，一个伟大的真理就是经验证据；宗教权威并不存在于一个有魅力的领袖，也不存在于一本书或一个教堂里，而是存在于圣母院不断提供的证据中。❶

❶ Kenneth, D. Pimple. Ghosts, Spirits, and Scholars: The Origins of Modern Spiritualism [C] //B. Walker. Out of the Ordinary: Folklore and the Supernatural. Logan, UT: Utah State University Press, 1995: 84.

近几十年来，在现代社会后期，人们对死后重生的信仰也在稳步增长。虽然这种信仰几乎没有科学依据，但与此同时，科学也无法对死亡之后的情况作出自己的解释。在没有这样的“官方”解释的情况下，个人会寻求自己对问题的答案，或者构建应对策略，帮助他们接受不可避免的死亡事实。在大众的层面上，这种对死后生命主题的兴趣和需求为灵媒和透视者创造了一个现成的市场，这些人自称有与“死后”灵魂接触和交流的天赋。❶ 对死后生命的痴迷同样导致许多西方个人选择性地拒绝基督教教义，并在转世的观念中寻求安慰，这种观念源自印度教和布德教，认为那些死去的人将以人类或动物的形式再次返回地球。西方个体对轮回概念的反应方式的重要意义在于，他们构建了一个特定的轮回话语，这种话语符合近代西方的情感。因此，尽管印度教和布德教派的转世版本认为个人对他们的转世将采取的形式没有影响，西方的信徒构建了一个转世的话语，其中心围绕着他们反射性的日常自我的保存和延续。正如沃尔特（Walter）所说：

> 现代［西方］人……为了寻找自我，或者至少为了肯定自我的不可毁灭性和连续性，可能会使用转世的思想……人们在过去或未来生活中所构建的身份将与他们现在的身份有着显著的连续性——至少他们将是人类而不是非人类的

❶ Robin Wooffitt. On the Analysis of Accounts of Paranormal Phenomena [J]. Journal of the Society for Psychical Research, 1988 (55): 139 - 149; Robin Woofitt. Telling Tales of the Unexpected: The Organisation of Factual Discourse [M]. Hemel Hempstead: Harvester Wheatsheaf, 1992; Robin Wooffitt. Analysing Verbal Accounts of Spontaneous Paranormal Phenomena [J]. European Journal of Parapsychology, 1994 (10): 45 -63.

身份，更具体地说，他们的个性将与他们感知到的现在的个性大体一致。❶

沃尔特的观察表明了本章已经指出的一种趋势，即所有形式的意识形态话语，无论其在文化、传统甚至宗教信仰的教义中的明显固定性，在现代社会后期都会受到一种反身选择性过程的影响。与进入全球信息流的所有形式的信息一样，这些话语在特定的地方语境中被改写，其方式与当地、日常经验的具体实例以及由此产生的集体知识、愿望和信仰相一致。

五、不明飞行物与外星生物遭遇者

外星人和不明飞行物（不明飞行物）的故事是日常谈话的另一个热门话题，在这一话题中，理性科学解释的“自以为是”受到了挑战。关于飞碟遭遇的描述，从目击者报告天空中奇怪的灯光，偶尔有摄像机拍摄到的现场镜头支持，到更令人痛心的外星人绑架故事。近年来，外星绑架问题得到了更广泛的关注，现在已成为众多书籍❷和几部电影的主题，其中包括根据小说家惠特利·斯特里伯（Whitley Strieber）自己被外星人绑架经历❸而改编的电影《灵异杀机》。

根据罗伊切维奇（Rojcewicz）的观点，对不明飞行物和外星人的信仰反映了一种延续的信念，这些信念早于现代，但以

---

❶ Tony Walter. Reincarnation, Modernity and Identity [J]. Sociology, 2001, 35 (1): 24 -25.

❷ John E. Mack. Abduction: Human Encounters with Aliens [M]. London: Simon and Schuster, 1994.

❸ Bill Ellis. Aliens, Ghosts, and Cults: Legends We Live [M]. Jackson: University Press of Mississippi, 2001.

符合现代晚期经验的方式加以调整。因此，正如罗伊切维奇所观察到的那样，与“微妙的生物”相遇的故事至少可以追溯到中世纪，在这个时期，宗教的主导地位在决定这些生物的起源和性质方面起着核心作用：“普通公民设定与被称为‘恶魔’的发光实体拥有互动的可能性。”[1] 罗伊切维奇进一步指出，对外星人和不明飞行物的描述基本上是早期对超自然生物的信仰的当代版本。马尔姆斯特隆（Malmstrom）和科夫曼（Coffman）[2] 提出了一个类似的观点，他们认为关于外星人的报道与古代文明的神灵之间存在连续性，其中许多人也被描绘成具有人类特征。

然而，值得注意的是，如果早期的遭遇外星人的故事借鉴了一个尚未被科学技术征服的世界的形而上学知识，那么当代对不明飞行物的描述就从一个由科学解释主导的世界的语境出发，以其他星球的生命问题作为对抗科学权威统治的一种手段。虽然外星人被描述为技术上优越的人，但他们同时站在科学技术的世界之外，因为他们超出了合理的科学解释的范围。罗伊切维奇认为，从这个意义上说，外星人成了一种流行的日常民间传说，就像当代人们对神仙、鬼魂和其他超自然现象的信仰一样，它可以被置于无法解释的领域：

---

[1] Peter M. Rojcewicz. Between One Eye Blink and the Next: Fairies, UFOs, and Problems ［C］ //P. Narávez. The Good People. Lexington, KY: The University Press of Kentucky, 1991: 488.

[2] Frederick V. Malmstrom, Richard M. Coffman. Humanoids Reported in UFOs, Religion and Folktales: Human Bias Towards Human Life Forms? ［C］ //R. F. Haines. UFO Phenomena and the Behavioral Scientist. Metuchen, NJ: The Scarecrow Press, 1979.

> 奇闻逸事和新兴的不明飞行物知识将主观和客观、看得见和看不见、事实和想象结合在一起，作为我们实体与世界之间正在进行的特定文化表述的一部分。科学的世界观将剥夺宇宙的精神和目标；仙女和不明飞行物重新迷住了世界，不是以“魅力”或“蛊惑”的方式，而是从这个意义上说，这个世界和我们在其中的位置比眼之所见更多，而不是更少。❶

这一观点得到了福克斯（Fox）的支持，她观察到许多不明飞行物的信徒正是通过指出当代科学知识的差距来证明他们的信仰是正确的。正如福克斯解释的那样，大多数人认为“科学还没有揭示宇宙的全部知识。我们大多数人都意识到，我们的科学知识储备正在变化和扩大。因此，虽然它目前还没有包括外星访客的知识，但有一天它可能会。”❷ 当代不明飞行物信徒与这一趋势的一个显著偏差是那些属于特定邪教和教派的人，对他们来说，不明飞行物具有准宗教意义，成为崇拜的对象或拯救的源泉。❸ 事实上，在许多方面，这种对不明飞行物及其居住者的解释与前工业社会的形而上学的信仰体系有着更密切的联系。因此，正如福克斯所观察到的：“不相信宇宙其他地

---

❶ Peter M. Rojcewicz. Between One Eye Blink and the Next：Fairies，UFOs，and Problems ［C］ //P. Narávez. The Good People. Lexington，KY：The University Press of Kentucky，1991：533.

❷ Phillis Fox. Social and Cultural Factors Influencing Beliefs About UFOs ［C］ // R. F. Haines. UFO Phenomena and the Behavioral Scientist. Metuchen，NJ：The Scarecrow Press，1979：26.

❸ Phillis Fox. Social and Cultural Factors Influencing Beliefs About UFOs ［C］ // R. F. Haines. UFO Phenomena and the Behavioral Scientist. Metuchen，NJ：The Scarecrow Press，1979：27.

方存在智慧生命，一些原教旨主义教派将不明飞行物解释为来自上帝或撒旦的天使。”❶

六、身与心

如果说当代对现代性的强烈反对产生了一系列的信念和意识形态，旨在用更深奥的认识和理解世界的形式颠覆占主导地位的理性科学话语，那么它也产生了关于健康和个人幸福的新论述。一个相关的例子是近年来越来越多的人转向替代药物和医疗保健。正如魏斯曼指出的，许多人现在利用“非传统”疗法，如“针灸、脊椎按摩、草药、精神康复［和］放松技巧”。❷ 现代晚期社会的这种趋势表明人们越来越不信任西方医学，尤其是它声称优于前现代和非西方的治疗方式，以及对大规模生产的化学药物的依赖。魏斯曼（Weissmann）认为，替代疗法的支持者认为“医学科学……它用自己的精英价值观取代了那些能更好地为个人的健康和福祉服务的价值观”。❸ 这种关于健康的另类论述被媒体进一步推向公共领域，媒体现在投入了相当大的篇幅来研究替代疗法与传统医疗相比的相对

❶ Phillis Fox. Social and Cultural Factors Influencing Beliefs About UFOs［C］// R. F. Haines. UFO Phenomena and the Behavioral Scientist. Metuchen, NJ: The Scarecrow Press, 1979: 27.

❷ Gerald Weissmann. “Sucking With Vampires”: The Medicine of Unreason［C］//P. R. Gross, N. Levitt, M. W. Lewis. The Flight From Science and Reason. New York: The New York Academy of Sciences, 1996: 183.

❸ Gerald Weissmann. “Sucking With Vampires”: The Medicine of Unreason［C］//P. R. Gross, N. Levitt, M. W. Lewis. The Flight From Science and Reason. New York: The New York Academy of Sciences, 1996: 185.

优势。❶

人们对健康和幸福的态度正在转变，另一个迹象是购买和准备食品的模式正在发生变化，特别是有机食品产品的日益普及。尽管有机农业可以追溯到20世纪60年代末的农村公社，但最近一段时间，由于公众普遍不信任新的耕作方法，有机农产品的市场有了很大的增长。近年来，由于发现了牛海绵状脑病（BSE）及与人类相当的CJD（克雅氏病），这种不信任加剧了，据信这是由于在工业养殖过程中，将屠宰动物的废物部分引入牲畜的食物链而引起的。除了专门的有机食品商店和"超市"，一些老牌的商业街连锁超市现在的特色是有限的新鲜和罐装有机食品，特别是水果和蔬菜。有机食品的论点是，它是用传统的农业方法生产的，从而避免了被认为是由杀虫剂和其他与现代工业农业相关的化学物质引起的健康风险。❷ 同样，有机农产品声称不受基因改造的影响，这种基因改造现在越来越多地出现在工业生产的蔬菜和水果中。有机农产品在过去十年里如此受欢迎的另一个原因是人们相信有机农产品比工业种植的产品对环境更为友好，因为使用化学肥料和不良的作物轮作会破坏土壤，并有可能使数英亩的农田长时间无法耕种。

素食或纯素饮食习惯的采用也象征着对现代晚期农业和食物准备的合理化方法的拒绝；这种拒绝是双重的，既涉及个人健康和福利问题，也涉及素食主义者眼中的对动物的剥削和虐

---

❶ Wallace Sampson. Antiscience Trends in the Rise of the "Alternative Medicine" Movement [C] //P. R. Gross, N. Levitt, M. W. Lewis. The Flight From Science and Reason. New York: The New York Academy of Sciences, 1996.

❷ David Chaney. Lifestyles [M]. London: Routledge, 1996: 124.

待。❶ 随着麦当劳等快餐店在世界各大城市的知名度和吸引力的不断提高，大规模屠宰动物以获取食物的现象日益增多。从这个意义上说，素食主义可以看作对西方文化中占主导地位的“食物意识形态”的直接挑战❷以及将关注转化为行动的尝试。❸正如比尔德沃斯（Beardsworth）和凯尔（Keil）所指出的，西方社会在餐桌上准备肉类的合理化方式使得整个过程不被公众看到，并且不会被考虑：

> 目前，食用动物的杀戮和加工是通过专业屠宰场或加工厂的墙壁提供的物理屏蔽而远离公众视线的事件……消费者通常只会看到经过消毒、包装之后的可供烹饪和食用的动物。❹

素食主义者积极地试图解构这一既定的、理所当然地认为肉是食物的观念，将注意力重新集中在动物的命运上，“把它们想象成道德上的病人”。❺ 事实上，近年来，强调动物有不被用作食物的权利的立场越来越激进，例如，在大城市举行的反资本主义示威中，快餐店遭到袭击就是一个信号。考虑到素食

---

❶ Pete Singer. A Vegetarian Philosophy［C］//S. Griffiths，J. Wallace. Consuming Passions：Food in the Age of Anxiety. Manchester：Mandolin，1998.

❷ Nicki Charles and Masion Kerr. Women，Food and Families［M］. Manchester：Manchester University Press，1988：4.

❸ Alan Beardsworth，Teresa Keil. The Vegetarian Option：Varieties，Conversions，Motives and Careers［J］. The Sociological Review，1992，40（2）：284.

❹ Alan Beardsworth，Teresa Keil. The Vegetarian Option：Varieties，Conversions，Motives and Careers［J］. The Sociological Review，1992，40（2）：286.

❺ Alan Beardsworth，Teresa Keil. The Vegetarian Option：Varieties，Conversions，Motives and Careers［J］. The Sociological Review，1992，40（2）：284.

者行为中所包含的各种意识形态立场，这些立场包含哲学、道德和健康相关问题的不同组合，因此可以将素食主义视为一系列相互关联的替代生活方式实践中可能的核心要素。这一观点得到了沃德（Warde）的支持：

> 作为当代英国另类生活方式的一种表现，素食主义的道德因素的中心地位是很重要的。我们可以把素食主义看作一种社会运动，从这个意义上说，它是一种风格化的一部分，作为一个群体的出现，由他们的专业消费行为定义，以一种与生活方式政治观念相一致的方式。有一些证据表明，另类饮食、使用替代疗法、健康意识和精神追求之间存在关联。❶

沃德还指出素食主义和“政治、伦理或宗教承诺”之间的联系。❷ 沃德的研究结果与汉克（Hanke）认为食物的准备和食用是一种与“城市”生活方式新思想相呼应的话语实践。❸ 汉克认为，近几十年来，食物和饮食的意义发生了根本性的转变，从家庭领域转向公共领域。食物和饮食现在被列为高度视觉化的身份和观点的社会描述符，与时尚、风格和一系列其他生活方式资源一起被个人用来在特定的社会群体中定位自己，并向他人传达关于自己的信息。

---

❶ Alan Warde. Consumption, Food and Taste: Culinary Antinomies and Commodity Culture [M]. Sage: London, 1997: 87.

❷ Alan Warde. Consumption, Food and Taste: Culinary Antinomies and Commodity Culture [M]. Sage: London, 1997: 32.

❸ Robert Hanke. Mass Media and Lifestyle Differentiation: An Analysis of the Public Discourse About Food [J]. Communication, 1989 (11): 229.

七、结论

本章探讨了一系列前现代主义和反现代主义作为后现代主义背景下的另类生活方式策略的意义。从研究各种新绿色主义运动开始，人们注意到，每一种运动都以各自的方式促使人们日益关注城市发展和工业废物处理等对环境造成的威胁。还有人指出，新绿色主义运动是如何接纳关于自然世界力量的前现代知识的。这种敏感性与巫术和异教徒是共享的，这些做法在现代晚期得到了新的支持，因为它们强调自然的力量，可以治愈晚期现代存在的严酷对个人造成的精神和身体伤害。异教和巫术也被用作颠覆理性科学解释的主导地位及其对社会生活制度不断蚕食的手段。个人使用的其他颠覆策略包括对超自然现象的兴趣/信仰，如鬼魂、鬼魂和外星人。正如本章所考察的，后者被后现代个人用作挑战理性科学解释的参数和权威的手段，超自然现象超越了这种解释形式。最后，研究还探讨了精神和身体的新感觉，特别是替代药物和有机/素食饮食，如何为现代晚期个人提供资源，挑战科学方法和工业生产在日常生活、健康和福祉的另一个关键领域的主导地位。

参考文献

[1] Abbott, Chris. 'Web Publishing by Young People', in J. Sefton – Green (ed.) *Young People, Creativity and New Technologies: The Challenge of Digital Arts.* London: Routledge, 1999.

[2] Abercrombie, Nicholas. 'Authority and Consumer Society', in R. Keat, N. Whiteley and N. Abercrombie (ed.) *The Authority of the Consumer.* London: Routledge, 1994.

[3] Abrams, Mark. *The Teenage Consumer.* London: London Press Exchange, 1959.

[4] Adorno, Theodore W. 'On Popular Music', in S. Frith and A. Goodwin (ed.) *On Record: Rock, Pop and the Written Word.* London: Routledge, 1990.

[5] Adorno, Theodore W. and Horkheimer, Max. *The Dialectic of Enlightenment.* London: Allen Lane, 1969.

[6] Alasuutari, Pertti. 'Introduction: Three Phases of Reception Studies', in P. Alasuutari (ed.) *Rethinking the Media Audience.* London: Sage, 1999.

[7] Allen, Robert C. 'Bursting Bubbles: "Soap Opera", Audiences, the Limits of Genre', in E. Sieter, H. Borchers, G. Kreutzner and E. M. Warth (ed.) *Remote Control: Television, Audiences, and Cultural Power.* London: Routledge, 1988.

[8] Alneng, Victor '"What the Fuck is a Vietnam?" Touristic Phantasms and the Popcolonization of (the) Vietnam (War)', *Critique of Anthropology*,

22 (4): 461 -489, 2002.

[9] Ang, Ien. *Living Room Wars: Rethinking Audiences for a Postmodern World.* London: Routledge, 1996.

[10] Appadurai, Arjun. 'Disjuncture and Difference in the Global Cultural Economy', in M. Featherstone (ed.) *Global Culture: Nationalism, Globalisation and Modernity.* London: Sage, 1990.

[11] Atton, Chris. *Alternative Media.* London: Sage, 2002.

[12] Back, Les. 'Race, Identity and Nation within an Adolescent Community in South London', *New Community*, 19 (2): 217 -233, 1993.

[13] Back, Les. *New Ethnicities and Urban Culture: Racisms and Multiculture in Young Lives.* London: UCL Press, 1996.

[14] Bakhtin, Mikhai M. *Rabelais and his World.* trans. H. Isowolsky. Cambridge, MA: MIT Press, 1984.

[15] Ballaster, Ros, Beetham, Margaret, Frazer, Elizabeth and Hebron, Sandra. *Women's Worlds: Ideology, Femininity and the Woman's Magazine.* Basingstoke: Macmillan, 1991.

[16] Banerji, Sabita and Baumann, Gerd. 'Bhangra 1984 - 1988: Fusion and Professionalization in a Genre of South Asian Dance Music', in P. Oliver (ed.) *Black Music in Britain: Essays on the Afro - Asian Contribution to Popular Music.* Milton Keynes: Open University Press, 1990.

[17] Barker, Chris and Andre, Julie. 'Did You See? Soaps, Teenage Talks and Gendered Identity', *Young: Nordic Journal of Youth Research*, 4 (4): 21 -38, 1996.

[18] Barnard, Malcolm. *Fashion as Communication.* London: Routledge, 1996.

[19] Barthes, Roland. *Mythologies.* London: Paladin, 1972.

[20] Bassett, Caroline. 'Virtually Gendered: Life in an on - line world', in K. Gelder and S. Thornton (ed.) *The Subcultures Reader.* London: Routledge, 1991.

[21] Baudrillard, Jean. *Simulations.* New York: Semiotext (e), 1983.

[22] Baudrillard, Jean. *America.* trans. C. Turner. London: Verso, 1988.

[23] Baudrillard, Jean. 'The Reality Gulf', The *Guardian*, 11 January: 25, 1991.

[24] Baudrillard, Jean. 'Simulacra and Simulations', in P. Brooker (ed.) *Modernism/Postmodernism.* London: Longman, 1992.

[25] Bauman, Zygmunt. *Intimations of Postmodernity.* London: Routledge, 1992.

[26] Bauman, Zygmunt. *Postmodernity and its Discontents.* Cambridge: Polity, 1997.

[27] Baumann, Gerd. 'The Re – Invention of Bhangra: Social Change and Aesthetic Shifts in a Punjabi Music in Britain', *Journal of the International Institute for Comparative Music Studies and Documentation*, 32 (2): 81 –95, 1990.

[28] Baumann, Gerd. 'Dominant and Demotic Discourses of Culture: Their Relevance to Multi – Ethnic Alliances', in P. Werbner and T. Modood (ed.) *Debating Cultural Hybridity: Multi – Cultural Identities and the Politics of Anti – Racism.* London: Zed Books, 1997.

[29] Bausinger, Hermann. 'Media, Technology and Daily Life', *Media, Culture and Society*, 6: 343 –351, 1984.

[30] Beardsworth, Alan and Keil, Teresa. 'The Vegetarian Option: Varieties, Conversions, Motives and Careers', *The Sociological Review*, 40 (2): 253 –293, 1992.

[31] Beattie, Geoffrey. *England After Dark.* London: Weidenfeld and Nicolson, 1990.

[32] Beck, Ulrich. *The Risk Society: Towards a New Modernity.* trans. M. Ritter. London: Sage, 1992.

[33] Beck, Ulrich. 'Politics of Risk Society', in J. Franklin (ed.) *The Politics of Risk Society.* Cambridge: Polity, 1998.

[34] Becker, Howard S. 'The Professional Jazz Musician and his Audience', in R. S. Denisoff and R. A. Peterson (ed.) *The Sounds of Social Change.* Chicago: Rand McNally and Company, 1951.

[35] Bell, Claudia. 'The Big "OE": Young New Zealand Travellers as Secular Pilgrims', *Tourist Studies*, 2 (2): 143 – 145, 2002.

[36] Bell, Daniel. *The Cultural Contradictions of Capitalism.* London: Heinemann, 1976.

[37] Bennett, Andy. '"Going Down the Pub": The Pub Rock Scene as Resource for the Consumption of Popular Music', *Popular Music*, 16 (1): 97 – 108, 1997.

[38] Bennett, Andy. 'Hip Hop am Main: The Localisation of Rap Music and Hip Hop Culture', *Media, Culture and Society*, 21 (1): 77 – 91, 1999.

[39] Bennett, Andy. *Popular Music and Youth Culture: Music, Identity and Place.* Basingstoke: Macmillan, 2000.

[40] Bennett, Andy. 'Plug in and Play! UK Indie Guitar Culture', in A. Bennett and K. Dawe (ed.) *Guitar Cultures.* Oxford: Berg, 2001.

[41] Bennett, Andy. *Cultures of Popular Music.* Buckingham: Open University Press, 2001.

[42] Bennett, Andy. 'Music, Media and Urban Mythscapes: A Study of the
[43] Canterbury Sound', *Media, Culture and Society*, 24 (1): 107 – 120, 2002.

[44] Bennett, Andy. 'New Tales from Canterbury: The Making of a Virtual Music Scene', in A. Bennett and R. A. Peterson (ed.) *Music Scenes: Local, Trans – Local and Virtual.* Nashville, TN: Vanderbilt University Press, 2004.

[45] Bennett, Andy and Peterson, Richard A. (ed.) *Music Scenes: Local, Trans-local and Virtual.* Nashville, TN: Vanderbilt University

Press, 2004.

[46] Bennett, Tony. 'Introduction: Popular Culture and the Turn to Gramsci', in T. Bennett, C. Mercer and J. Woolacott (ed.) *Popular Culture and Social Relations*. Milton Keynes: Open University Press, 1986.

[47] Bennett, Tony. 'The Politics of the "Popular" and Popular Culture', in T. Bennett, C. Mercer and J. Woolacott (ed.) *Popular Culture and Social Relations*. Milton Keynes: Open University Press, 1986.

[48] Bennett, Tony, Martin, Graham, Mercer, Colin and Woollacott, Janet (ed.) *Culture, Ideology and Social Process*. London: Open University Press, 1981.

[49] Berger, Harris M. *Metal, Rock and Jazz: Perception and the Phenomenology of Musical Experience*. Hanover, NH: Wesleyen University Press, 1999.

[50] Berman, Marshall. 'Why Modernism Still Matters', in S. Lash and J. Friedman (ed.) *Modernity and Identity*. Oxford: Blackwell, 1992.

[51] Best, Steven and Kellner, Douglas. *The Postmodern Turn*. London: The Guildford Press, 1997.

[52] Bhachu, Parminder. 'Culture, Ethnicity and Class Among Punjabi Sikh Women in 1990s Britain', *New Community*, 17 (3): 401 - 412, 1991.

[53] Bhatt, Chetan. *Liberation and Purity: Race, New Religious Movements and the Ethics of Postmodernity*. London: UCL Press, 1997.

[54] Björnberg, Alf and Stockfelt, Ola. 'Kristen Klatvask fra Vejle: Danish Pub Music, Mythscapes and "Local Camp"', *Popular Music*, 15 (2): 131 - 147, 1996.

[55] Bjurström, Erling. 'The Struggle for Ethnicity: Swedish Youth Styles and the Construction of Ethnic Identities', *Young: Nordic Journal of Youth Research*, 5 (3): 44 - 58, 1997.

[56] Bocock, Robert. *Consumption.* London: Routledge, 1993.

[57] Borden, Iain. *Skateboarding, Space and the City: Architecture and the Body.* Oxford: Berg, 2001.

[58] Bottomore, Tom. *The Frankfurt School.* London: Tavistock Publications Ltd., 1984.

[59] Bourdieu, Pierre. *Distinction: A Social Critique of the Judgement of Taste.* trans. R. Nice. London: Routledge and Kegan Paul, 1984.

[60] Bradley, Dick. *Understanding Rock 'n' Roll: Popular Music in Britain* 1955—1964. Buckingham: Open University Press, 1992.

[61] Breward, Christopher. *The Culture of Fashion: A New History of Fashionable Dress.* Manchester: Manchester University Press, 1995.

[62] Brown, Adam (ed.) *Fanatics! Power, Identity and Fandom in Football.* London: Routledge, 1998.

[63] Brydon, Anne and Niessen, Sandra (ed.) *Consuming Fashion: Adorning the Transnational Body.* Oxford: Berg, 1998.

[64] Bryman, Alan. 'Theme Parks and McDonaldization', in B. Smart (ed.) *Resisting McDonaldization.* London: Sage, 1999.

[65] Bryman, Alan. 'The Disneyization of Society', *The Sociological Review*, 47 (1): 25 – 47, 1999.

[66] Buck – Morss, Susan. *The Dialectics of Seeing: Walter Benjamin and the Arcades Project.* Cambridge, MA: MIT Press, 1989.

[67] Bull, Michael. *Sounding Out the City: Personal Stereos and the Management of Everyday Life.* Oxford: Berg, 2000.

[68] Calabrese, Andrew. 'Why Localism? Communication Technology and the Shifting Scales of Political Community', in J. Gregory and E. W. Rothenbuhler (ed.) *Communication and Community.* London: Lawrence Erlbaum, 2001.

[69] Callinicos, Alex. *Against Postmodernism: A Marxist Critique.* London:

Polity, 1989.

[70] Campbell, Colin and McIver, Shirley. 'Cultural Sources of Support for Contemporary Occultism', *Social Compass*, 34 (1): 41 – 60, 1987.

[71] Cannon, Aubrey. 'The Cultural and Historical Contexts of Fashion', in A. Brydon and S. Niessen (ed.) *Consuming Fashion: Adorning the Trans – national Body*. Oxford: Berg, 1998.

[72] Carrington, Ben and Wilson, Brian. 'Global Clubcultures: Cultural Flows and Late Modern Dance Music Culture', in M. Cieslik and G. Pollock (ed.) *Young People in Risk Society: The Restructuring of Youth Identities and Transitions in Late Modernity*. Aldershot: Ashgate, 2002.

[73] Carter, Erica. 'Alice in the Consumer Wonderland: West German Case Studies in Gender and Consumer Culture', in A. McRobbie and M. Nava (ed.) *Gender and Generation*. Basingstoke: Macmillan, 1984.

[74] Carter, Erica, James, Donald and Squires, Judith (ed.). *Space and Place: Theories of Identity and Location*. London: Lawrence and Wishart, 1993.

[75] Cashmore, Ellis. *Rastaman: The Rastafarian Movement in England*. London: George Allen and Unwin Ltd., 1983.

[76] Cashmore, Ellis. *No Future: Youth and Society*. London: Heinemann, 1984.

[77] Chambers, Iain. *Urban Rhythms: Pop Music and Popular Culture*. Basingstoke: Macmillan, 1985.

[78] Chambers, Iain. *Border Dialogues: Journeys in Postmodernity*. London: Routledge, 1990.

[79] Chaney, David. *The Cultural Turn: Scene Setting Essays on Contemporary Cultural History*. London: Routledge, 1994.

[80] Chaney, David. *Lifestyles*. London: Routledge, 1996.

[81] Chaney, David. *Cultural Change and Everyday Life*. Basingstoke: Pal-

grave, 2002.

[82] Chaney, David. 'The Power of Metaphors in Tourism Theory', in S. Coleman and M. Crang (ed.) *Tourism: Between Place and Performance.* Oxford: Berghahn Books, 2002.

[83] Charles, Nicki and Kerr, Masion. *Women, Food and Families.* Manchester: Manchester University Press, 1988.

[84] Clarke, John. 'The Skinheads and the Magical Recovery of Community', in S. Hall and T. Jefferson (ed.) *Resistance Through Rituals: Youth Subcultures in Post – War Britain.* London: Hutchinson, 1976.

[85] Clarke, John, Hall, Stuart, Jefferson, Tony and Roberts, Brian. 'Subcultures, Cultures and Class: A Theoretical Overview', in S. Hall and T. Jefferson (ed.) *Resistance Through Rituals: Youth Subcultures in Post – War Britain.* London: Hutchinson, 1976.

[86] Cohen, Phil. *Subcultural Conflict and Working Class Community.* Working Papers in Cultural Studies 2. Birmingham: University of Birmingham, 1972.

[87] Cohen, Sara. *Rock Culture in Liverpool: Popular Music in the Making.* Oxford: Clarendon Press, 1991.

[88] Cohen, Sara. 'More than the Beatles: Popular Music, Tourism and Urban Regeneration', in S. Abram, J. Waldren and D. V. L. Macleod (ed.) *Tourism and Tourists: Identifying with People and Places.* Oxford: Berg, 1997.

[89] Cohen, Stanley. *Folk Devils and Moral Panics: The Creation of the Mods and Rockers.* 3rd ed. Oxford: Basil Blackwell, 1987.

[90] Cohen, Stanley and Taylor, Laurie. *Escape Attempts: The Theory and Practice of Resistance to Everyday Life.* London: Penguin, 1976.

[91] Connor, Steven. *Postmodern Culture: An Introduction to Theories of the Contemporary.* Oxford: Blackwell, 1989.

[92] Craik, Jennifer. *The Face of Fashion: Cultural Studies in Fashion.* London: Routledge, 1994.

[93] Craik, Jennifer. 'The Culture of Tourism', in C. Rojek and J. Urry (ed.) *Touring Cultures: Transformations of Travel and Theory.* London: Routledge, 1997.

[94] Crawshaw, Carol and Urry, John. 'Tourism and the Photographic Eye', in C. Rojek and J. Urry (ed.) *Touring Cultures: Transformations of Travel and Theory.* London: Routledge, 1997.

[95] Creeber, Glen. '"Taking Our Personal Lives Seriously": Intimacy, Continuity and Memory in the Television Drama Serial', *Media, Culture and Society*, 23 (4): 439-455, 2001.

[96] Crook, Stephen. 'Minotaurs and Other Monsters: "Everyday Life" in Recent Social Theory', *Sociology*, 32 (2): 523-540, 1998.

[97] Crouch, David, Aronsson, Lars and Wahlström, Lage. 'Tourist Encounters', *Tourist Studies*, 1 (3): 253-270, 2001.

[98] Dawe, Kevin and Bennett, Andy. 'Introduction: Guitars, People and Places', in A. Bennett and K. Dawe (ed.) *Guitar Cultures.* Oxford: Berg, 2001.

[99] Denisoff, R. S. and Romanowski, William D. *Risky Business: Rock in Film.* New Jersey: Transaction, 1991.

[100] de Certeau, Michel. *The Practice of Everyday Life.* London: University of California Press, 1984.

[101] Denisoff, R. S. and Peterson, R. A. (ed.) *The Sounds of Social Change.* Chicago: Rand McNally and Company, 1972.

[102] DeNora, Tia. *Music in Everyday Life.* Cambridge: Cambridge University Press, 2000.

[103] Denzin, Norman K. 'Paris, Texas and Baudrillard on America', *Theory, Culture and Society*, 8 (2): 121-133, 1991.

[104] Desforges, Luke. '"Checking Out the Planet": Global Representations/Local Identities and Youth Travel', in T. Skelton and G. Valentine (ed.) *Cool Places: Geographies of Youth Culture*. London: Routledge, 1998.

[105] Douglas, Mary. *Risk and Blame: Essays in Cultural Theory*. London: Routledge, 1992.

[106] Drew, Robert S. 'Embracing the Role of the Amatuer: How Karaoke Bar Patrons Become Regular Performers', *Journal of Contemporary Ethnography*, 25 (4): 449-468, 1997.

[107] Drew, Rob. *Karaoke Nights: An Ethnographic Rhapsody*. Walnut Creek, CA: Alta Mira Press, 2001.

[108] Drew, Rob. '"Scenes" Dimensions of Karaoke in the US', in A. Bennett and R. A. Peterson (ed.) *Music Scenes: Local, Trans-local and Virtual*. Nashville, TN: Vanderbilt University Press, 2004.

[109] Drotner, Kirstin. 'Difference and Diversity: Trends in Young Danes' Media Uses', *Media, Culture and Society*, 22 (2): 149-166, 2000.

[110] Duncombe, Stephen. *Notes from the Underground: Zines and the Politics of Alternative Culture*. London: Verso, 1997.

[111] Dürrschmidt, Jörg. *Everyday Lives in the Global City: The Delinking of Locale and Milieau*. London: Routledge, 2000.

[112] Dwyer, Claire. 'Contested Identities: Challenging Dominant Representations of Young British Muslim Women', in T. Skelton and G. Valentine (ed.) *Cool Places: Geographies of Youth Culture*. London: Routledge, 1998.

[113] Eade, John. 'Adventure Tourists and Locals in a Global City: Resisting Tourist Performances in London's "East End"', in S. Coleman and M. Crang (ed.) *Tourism: Between Place and Performance*. Oxford:

Berghahn Books, 2002.

[114] Eco, Umberto. *Travels in Hyperreality.* London: Picador, 1987.

[115] Eicher, Joanne B. and Sumberg, Barbara. 'World Fashion, Ethnic and National Dress', in J. B. Eicher (ed.) *Dress and Ethnicity: Change Across Space and Time.* Oxford: Berg, 1995.

[116] Eldridge, John (ed.) *The Glasgow University Media Group Reader: News Content, Language and Visuals.* London: Routledge, 1995.

[117] Ellis, Bill. *Raising the Devil: Satanism, New Religions and the Media.* Lexington: The University Press of Kentucky, 2000.

[118] Ellis, Bill. *Aliens, Ghosts, and Cults: Legends We Live.* Jackson: University Press of Mississippi, 2001.

[119] Elsrud, Torun. 'Risk Creation in Traveling: Backpacker Adventure Narration', *Annals of Tourism Research*, 28 (3): 597 –617, 2001.

[120] Emmons, Charles F. and Sobal, Jeff. 'Paranormal Beliefs: Testing the Marginality Hypothesis', *Sociological Focus*, 14 (1): 49 –56, 1981.

[121] Entwistle, Joanne. *The Fashioned Body: Fashion, Dress and Modern Social Theory.* Cambridge: Polity, 2000.

[122] Eyerman, Ron and Jamison, Andrew. *Music and Social Movements: Mobilizing Traditions in the Twentieth Century.* Cambridge: Cambridge University Press, 1998.

[123] Facer, Keri and Furlong, Ruth. 'Beyond the Myth of the "Cyberkid": Young People at the Margins of the Information Revolution', *Journal of Youth Studies*, 4 (4): 451 –469, 2001.

[124] Featherstone, Mike. 'In Pursuit of the Postmodern: An Introduction', *Theory, Culture and Society*, 5 (2): 195 –215, 1988.

[125] Featherstone, Mike. *Consumer Culture and Postmodernism.* London: Sage, 1991.

[126] Featherstone, Mike. *Undoing Culture: Globalization, Postmodernism and Identity*. London: Sage, 1995.

[127] Filipucci, Paolo. 'Acting Local: Two Performances in Northern Italy', in S. Coleman and M. Crang (ed.) *Tourism: Between Place and Performance*. Oxford: Berghahn Books, 2002.

[128] Finkelstein, Joanne. *After a Fashion*. Melbourne: Melbourne University Press, 1996.

[129] Finkelstein, Joanne. 'Chic – A Look That's Hard to See', *Fashion Theory*, 3 (3): 363 – 386, 1999.

[130] Finnegan, Ruth. *The Hidden Musicians: Music – Making in an English Town*, Cambridge University Press, Cambridge, 1989.

[131] Fiske, John. *Understanding Popular Culture*. London: Routledge, 1989.

[132] Fiske, John. *Reading the Popular*. London: Routledge, 1989.

[133] Fonarow, Wendy. 'The Spatial Organisation of the Indie Music Gig', in K. Gelder and S. Thornton (ed.) *The Subcultures Reader*. London: Routledge, 1997.

[134] Fornäs, Johan. 'Karaoke: Subjectivity, Play and Interactive Media', *Nordicom Review*, 1: 87 – 103, 1994.

[135] Forrest, Emma. 'Generation X', *The Sunday Times*, 10 July: 17, 1994.

[136] Fountain, Nigel. *Underground: The London Alternative Press* 1966 – 1974. London: Comedia/Routledge, 1988.

[137] Fowler, David. 'Teenage Consumers? Young Wage – Earners and Leisure in Manchester, 1919 – 1939', in A. Davies and S. Fielding (ed.) *Workers' Worlds: Cultures and Communities in Manchester and Salford*, 1880 – 1939. Manchester: Manchester University Press, 1992.

[138] Fox, Phillis. 'Social and Cultural Factors Influencing Beliefs About

UFOs', in R. F. Haines (ed.) *UFO Phenomena and the Behavioral Scientist.* Metuchen, NJ: The Scarecrow Press, 1979.

[139] Frisby, David and Featherstone, Mike. *Simmel on Culture: Selected Writings.* London: Sage, 1997.

[140] Frith, Simon. 'The Magic That Can Set You Free: The Ideology of Folk and the Myth of Rock', *Popular Music*, 1: 159 – 168, 1981.

[141] Frith, Simon. *Sound Effects: Youth, Leisure and the Politics of Rock.* London: Constable, 1983.

[142] Frith, Simon. 'Towards an Aesthetic of Popular Music', in R. Leppert and S. McClary (ed.) *Music and Society: The Politics of Composition, Performance and Reception.* Cambridge: Cambridge University Press, 1987.

[143] Frith, Simon. 'Video Pop: Picking Up the Pieces', in S. Frith (ed.) *Facing the Music: Essays on Pop, Rock and Culture.* London: Mandarin, 1990.

[144] Froehling, Oliver. 'Internauts and Guerrilleros: The Zapatista Rebellion in Chipas, Mexico and its Extension into Cyberspace', in M. Crang, P. Crang and J. May (ed.) *Virtual Geographies: Bodies, Space and Relations.* London: Routledge, 1999.

[145] Fruehling Springwood, Charles. 'Farming, Dreaming, and Playing in Iowa: Japanese Mythopoetics and Agrarian Utopia', in S. Coleman and M. Crang (ed.) *Tourism: Between Place and Performance.* Oxford: Berghahn Books, 2002.

[146] Furedi, Frank. *The Culture of Fear: Risk – Taking and the Morality of Low Expectation.* London: Cassell, 1997.

[147] Ganetz, Hillevi. 'The Shop, the Home and Feminity as a Masquerade', in J. Fornäs and G. Bolin (ed.) *Youth Culture in Late Modernity.* London: Sage, 1995.

[148] Gardiner, Michael E. *Critiques of Everyday Life*. London: Routledge, 2000.

[149] Gauntlett, David and Hill, Annette. *TV Living: Television Culture and Everyday Life*. London: Routledge/British Film Institute, 1999.

[150] Geraghty, Christine. 'The Continuous Serial – A Definition', in R. Dyer, C. Geraghty, M. Jordan, T. Lovell, R. Paterson and J. Stewart (ed.) *Television Monograph: Coronation Street*. London: BFI, 1981.

[151] Geraghty, Christine. *Women and Soap Opera: A Study of Prime Time Soaps*. Cambridge: Polity, 1991.

[152] Geraghty, Christine. 'British Soaps in the 1980s', in D. Strinati and S. Wagg (ed.) *Come on Down?: Popular Media Culture in Post – War Britain*. London: Routledge, 1992.

[153] Gergen, Kenneth J. 'Postmodern Culture and the Revision of Alienation', in F. Geyer (ed.) *Alienation, Ethnicity, and Postmodernity*. London: Greenwood Press, 1996.

[154] Giddens, Anthony. *Modernity and Self Identity: Self and Society in the Late Modern Age*. Cambridge: Polity, 1991.

[155] Giddens, Anthony. 'Risk Society: The Context of British Politics', in J. Franklin (ed.) *The Politics of Risk Society*. Cambridge: Polity, 1998.

[156] Gill, Alison. 'Deconstruction Fashion: The Making of Unfinished, Decomposing and Re – assembled Clothes', *Fashion Theory*, 2 (1): 25 – 50, 1998.

[157] Gillespie, Marie. *Television, Ethnicity and Cultural Change*. London: Routledge, 1995.

[158] Gilroy, Paul. *The Black Atlantic: Modernity and Double Consciousness*. London: Verso, 1993.

[159] Gledhill, Christine (ed.). *Stardom: Industry of Desire.* London: Routledge, 1991.

[160] Gold, John and Gold, Margaret. *Cities of Culture: Tourism, Promotion and Consumption of Spectacle in Western Cities Since* 1851. Aldershot: Ashgate, 2000.

[161] Goldman, Jane. *The X Files: Book of the Unexplained.* Volume 1. London: Simon and Schuster, 1995.

[162] Goffman, Erving. *The Presentation of the Self in Everyday Life.* Harmondsworth: Penguin, 1959.

[163] Gramsci, Antonio. *Selections From the Prison Notebooks.* London: Lawrence and Wishart, 1971.

[164] Grazian, David. *Blue Chicago: The Search for Authenticity in Urban Blues Clubs.* Chicago: University of Chicago Press, 2003.

[165] Greeley, Andrew M. *The Sociology of the Paranormal: A Reconnaissance.* Sage: London, 1975.

[166] Greenwood, Susan. *Magic, Witchcraft and the Otherworld: An Anthropology.* Oxford: Berg, 2000.

[167] Gregson, Nicky, Brooks, Kate and Crewe, Louise. 'Bjorn Again? Rethinking 70s Revivalism through the Reappropriation of 70s Clothing', *Fashion Theory*, 5 (1): 3-28, 2001.

[168] Grossberg, Lawrence. 'Is There Rock After Punk?', *Critical Studies in Mass Communication*, 3 (1): 50-57, 1986.

[169] Grossberg, Lawrence. *We Gotta Get Out Of This Place: Popular Conservatism and Postmodern Culture.* London: Routledge, 1992.

[170] Grossberg, Lawrence. 'Is Anybody Listening? Does Anybody Care?: On Talking About "The State of Rock"', in A. Ross and T. Rose (ed.) *Microphone Fiends: Youth Music and Youth Culture.* London: Routledge, 1994.

[171] Habermas, Jürgen. *The Theory of Communicative Action* (*Vol.* 2). Cambridge: Polity, 1987.

[172] Hall, Roz and Newbury, Darren. '"What Makes You Switch On?" Young People, the Internet and Cultural Participation', in J. Sefton – Green (ed.) *Young People, Creativity and New Technologies: The Challenge of Digital Arts.* London: Routledge, 1999.

[173] Hall, Stuart. 'The Hippies: An American "Moment"', Birmingham Centre for Contemporary Cultural Studies: University of Birmingham, 1968.

[174] Hall, Stuart. 'Technics of the Medium', in J. Corner and S. Harvey (ed.) *Television Times: A Reader.* London: Arnold, 1971.

[175] Hall, Stuart. 'Encoding and Decoding in the Television Discourse', CCCS Stencilled Paper 7, University of Birmingham, 1973.

[176] Hall, Stuart. 'Cultural Studies: Two Paradigms', in T. Bennett, G. Martin, C. Mercer and J. Woollacott (ed.) *Culture, Ideology and Social Process.* London: Open University Press/Batsford, 1980.

[177] Hall, Stuart and Jefferson, Tony (ed.) *Resistance Through Rituals: Youth Subcultures in Post – War Britain.* London: Hutchinson, 1976.

[178] Hamilton, Peter. 'The Street and Everyday Life', in T. Bennett and D. Watson (ed.) *Understanding Everyday Life.* Oxford: Open University and Blackwell, 2002.

[179] Hanke, Robert. 'Mass Media and Lifestyle Differentiation: An Analysis of the Public Discourse About Food', *Communication*, 11: 221 – 238, 1989.

[180] Hanna, Judith Lynne. 'Moving Messages: Identity and Desire in Popular Music and Social Dance', in J. Lull (ed.) *Popular Music and Communication*, 2nd ed. London: Sage, 1992.

[181] Hannerz, Ulf. 'Cosmopolitans and Locals in World Culture', in M.

Featherstone（ed.）*Global Culture*：*Nationalism*，*Globalisation and Modernity*. London：Sage，1990.

[182] Hardin，Michael. 'Mar（k）ing the Objected Body：A Reading of Contemporary Female Tattooing'，*Fashion Theory*，3（1）：81－108，1999.

[183] Harrell，Jack. 'The Poetics of Destruction：Death Metal Rock'，*Popular Music and Society*，18（1）：91－107，1994.

[184] Harris，David. *From Class Struggle to the Politics of Pleasure*：*The Effects of Gramscianism on Cultural Studies*. London：Routledge，1992.

[185] Harris，Keith. 'Roots?：The Relationship Between the Global and the Local Within the Extreme Metal Scene'，*Popular Music*，19（1）：13－30，2000.

[186] Havens，Timothy. '"The Biggest Show in the World"：Race and the Global Popularity of The Cosby Show'，*Media*，*Culture and Society*，22（4）：371－391，2000.

[187] Healy，Dave. 'Cyberspace and Place：The Internet as Middle Landscape on the Electronic Frontier'，in D. Porter（ed.）*Internet Culture*. London：Routledge，1997.

[188] Hebdige，Dick. 'The Meaning of Mod'，in S. Hall and T. Jefferson（ed.）*Resistance Through Rituals*：*Youth Subcultures in Post－War Britain*. London：Hutchinson，1976.

[189] Hebdige，Dick. *Subculture*：*The Meaning of Style*. London：Routledge，1979.

[190] Hebdige，Dick. *Cut 'n' Mix*：*Culture*，*Identity and Caribbean Music*. London：Routledge，1987.

[191] Hebdige，Dick. *Hiding in the Light*：*On Images and Things*. London：Routledge，1988.

[192] Heller，Agnes. *Everyday Life*. trans. G. L. Campbell. London：Rout-

ledge and Kegan Paul, 1984.

[193] Hermes, Joke. *Reading Women's Magazines: An Analysis of Everyday Media Use*. Cambridge: Polity, 1995.

[194] Hetherington, Kevin. 'Stonehenge and its Festival: Spaces of Consumption', in R. Shields (ed.) *Lifestyle Shopping: The Subject of Consumption*. London: Routledge, 1992.

[195] Hetherington, Kevin. 'Vanloads of Uproarious Humanity: New Age Travellers and the Utopics of the Countryside', in T. Skelton and G. Valentine (ed.) *Cool Places: Geographies of Youth Culture*. London: Routledge, 1998.

[196] Highmore, Ben. *Everyday Life and Cultural Theory: An Introduction*. London: Routledge, 2002.

[197] Hobson, D. 'Soap Operas at Work', in E. Sieter, H. Borchers, G. Kreutzner and E. M. Warth (ed.) *Remote Control: Television, Audiences, and Cultural Power*. London: Routledge, 1989.

[198] Hodkinson, Paul. *Goth: Identity, Style and Subculture*. Oxford: Berg, 2002.

[199] Hodkinson, Paul. 'Trans – Local Connections in the Goth Scene', in A. Bennett, and R. A. Peterson (ed.) *Music Scenes: Local, Trans – local and Virtual*. Nashville, TN: Vanderbilt University Press, 2004.

[200] Hoggart, Richard. *The Uses of Literacy*. Harmondsworth: Penguin, 1957.

[201] Holton, Robert J. and Turner, Bryan S. *Max Weber on Economy and Society*. London: Routledge, 1989.

[202] Hosokawa, Shuhei. 'The Walkman Effect', *Popular Music*, 4 (4): 165 – 180, 1984.

[203] Huq, Rupa. 'Asian Kool? Bhangra and Beyond', in S. Sharma, J. Hutnyk and A. Sharma (ed.) *Dis – Orienting Rhythms: The Politics of*

the New Asian Dance Music. London: Zed Books, 1996.

[204] Huq, Rupa. 'Living in France: The Parallel Universe of Hexagonal Pop', in A. Blake (ed.) *Living Through Pop*. London: Routledge, 1999.

[205] Inglis, David and Hughson, John. *Confronting Culture: Sociological Vistas*. Cambridge: Polity, 2003.

[206] Jackson, Peter, Stevenson, Nick and Brooks, Kate. *Making Sense of Men's Magazines*. Cambridge: Polity, 2001.

[207] Jameson, Fredric. 'Postmodernism or the Cultural Logic of Late Capitalism', *New Left Review*, No. 146, 1984.

[208] Jameson, Fredric. 'Postmodernism and Consumer Society', in P. Brooker (ed.) *Modernism/Postmodernism*. London: Longman, 1992.

[209] Jay, Martin. *The Dialectical Imagination: A History of the Frankfurt School and the Institute of Social Research 1923 – 1950*. London: Heinemann Educational Books, 1973.

[210] Jenks, Chris. *Culture*. London: Routledge, 1993.

[211] Jones, Steve (ed.) *Virtual Culture: Identity and Communication in Cybersociety*. London: Sage, 1997.

[212] Jorgensen, Danny L. and Jorgensen, Lin. 'Social Meanings of the Occult', *The Sociological Quarterly*, 23: 373 – 389, 1982.

[213] Kaplan, E. Ann. *Rocking Around the Clock: Music Television, Postmodernism and Consumer Culture*. London: Methuen, 1987.

[214] Kahn, Naseem. 'Asian Women's Dress: From Burqah to Bloggs: Changing Clothes for Changing Times', in J. Ash and E. Wilson (ed.) *Cheap Thrills: A Fashion Reader*. Berkeley and Los Angeles: University of California Press, 1993.

[215] Kaur, Raminder and Kalra, Virinder S. 'New Paths For South Asian Identity and Creativity', in S. Sharma, J. Hutnyk and A. Sharma

(ed.) *Dis – Orienting Rhythms: The Politics of the New Asian Dance Music.* London: Zed Books, 1996.

[216] Kaya, Ayhan. '*Sicher in Kreuzberg*' – *Constructing Diasporas: Turkish Hip-Hop Youth in Berlin.* Piscataway: Transaction Publishers, 2001.

[217] Kellner, Douglas. 'Popular Culture and the Construction of Postmodern Identities', in S. Lash and J. Friedman (ed.) *Modernity and Identity.* Oxford: Blackwell, 1992.

[218] Kellner, Douglas. *Media Culture.* London: Routledge, 1995.

[219] Kibby, Marjorie D. 'Home on the Page: A Virtual Place of Music Community', *Popular Music*, 19 (1): 91 – 100, 2000.

[220] Knight, Peter. *Conspiracy Culture: From Kennedy to the X Files.* London: Routledge, 2000.

[221] Kotarba, Joseph A. 'The Postmodernization of Rock 'n' Roll Music: The Case of Metallica', in J. Epstein (ed.) *Adolescents and their Music: If it's too Loud you're too Old.* New York: Garland, 1994.

[222] Kraidy, Marwan M. 'The Local, the Global and the Hybrid: A Native Ethnography of Glocalization', *Critical Studies in Media Communication*, 16 (4): 456 – 477, 1999.

[223] Kumar, Krishan. *From Post – Industrial to Post – Modern Society: New Theories of the Contemporary World.* Oxford: Blackwell, 1995.

[224] Laba, Martin. 'Popular Culture and Folklore: The Social Dimension', in P. Narváez and M. Laba (ed.) *Media Sense: The Folklore – Popular Culture Continuum.* Bowling Green, OH: Bowling Green State University Popular Press, 1986.

[225] Laing, Dave. 'Scrutiny to Subcultures: Notes on Literary Criticism and Popular Music', *Popular Music*, 13 (2): 179 – 190, 1994.

[226] Langman, Lauren. 'Neon Cages: Shopping for Subjectivity', in R. Shields (ed.) *Lifestyle Shopping: The Subject of Consumption.* Lon-

don: Routledge, 1992.

[227] Langman, Lauren and Scatamburlo, Valerie. 'The Self Strikes Back: Identity Politics in the Postmodern Age', in F. Geyer (ed.) *Alienation, Ethnicity and Postmodernity.* London: Greenwood Press, 1996.

[228] Lanza, Joseph. *Elevator Music: a Surreal History of Muzak, Easy – Listening and other Moodsong.* London: Quartet, 1994.

[229] Lash, Scott. *Sociology of Postmodernism.* London: Routledge, 1990.

[230] Lefebvre, Henri. *Everyday Life in the Modern World.* trans. S. Rabinovitch. London: Penguin, 1971.

[231] Lefebvre, Henri. *Critique of Everyday Life.* Volume 1, trans. J. Moore. London: Verso, 1991.

[232] Lewis, George H. 'Who Do You Love?: The Dimensions of Musical Taste', in J. Lull (ed.) *Popular Music and Communication*, 2nd edn. London: Sage, 1992.

[233] Lewis, Lisa A. (ed.) *The Adoring Audience: Fan Culture and Popular Media.* London: Routledge, 1992.

[234] Liebes, Tamar and Katz, Elihu. 'On the Critical Abilities of Television Viewers', in E. Sieter, H. Borchers, G. Kreutzner and E. M. Warth (ed.) *Remote Control: Telvision, Audiences, and Cultural Power.* London: Routledge, 1989.

[235] Lipsitz, George. *Dangerous Crossroads: Popular Music, Postmodernism and the Poetics of Place.* London: Verso, 1994.

[236] Lockard, Joseph. 'Progressive Politics, Electronic Individualism and the Myth of Virtual Community', in D. Porter (ed.) *Internet Culture.* London: Routledge, 1997.

[237] Lopes, Paul. *The Rise of a Jazz Art World.* Cambridge: Cambridge University Press, 2002.

[238] Löwith, Karl. *Max Weber and Karl Marx.* London: Routledge, 1993.

[239] Lull, James (ed.) *World Families Watch Television.* London: Sage, 1988.

[240] Lull, James. *Media, Communication, Culture: A Global Approach.* Cambridge: Polity Press, 1995.

[241] Lury, Celia. 'Everyday Life and the Economy', in T. Bennett and D. Watson (ed.) *Understanding Everyday Life.* Oxford: Open University and Blackwell, 2002.

[242] Lyotard, Jean – François. *The Postmodern Condition: A Report on Knowledge.* trans. G. Bennington and B. Massumi. Manchester: Manchester University Press, 1984.

[243] Lyotard, Jean – François. 'Rules and Paradoxes or Svelt Appendix', *Cultural Critique*, 5: 209 – 219, 1986 – 1987.

[244] MacCannell, Dean. *The Tourist: A New Theory of the Leisure Class.* London: The Macmillan Press Ltd., 1976.

[245] MacCannell, Dean and Flower MacCannell, Juliet. 'Social Class in Postmodernity: Simulacrum or Return of the Real?', in C. Rojek and B. S. Turner (ed.) *Forget Baudrillard?* London: Routledge, 1993.

[246] Macdonald, Dwight. 'A Theory of Mass Culture', in B. Rosenberg and D. White (ed.) *Mass Culture: The Popular Arts in America.* Glencoe, IL: The Free Press, 1953.

[247] MacKinnon, Niall. *The British Folk Scene: Musical Performance and Social Identity.* Buckingham: Open University Press, 1993.

[248] MacLeod, Donald V. L. 'Alternative Tourists on a Canary Island', in S. Abram, J. Waldren and D. V. L. Macleod (ed.) *Tourism and Tourists: Identifying with People and Places.* Oxford: Berg, 1997.

[249] McGuigan, Jim. *Modernity and Postmodern Culture.* Buckingham: Open University Press, 1999.

[250] McKay, George. *Senseless Acts of Beauty: Cultures of Resistance Since*

the Sixties. London: Verso, 1996.

[251] McKay, George (ed.) *DIY Culture: Party and Protest in Nineties Britain*. London: Verso, 1998.

[252] McRobbie, Angela. 'Settling Accounts with Subcultures: A Feminist Critique', in S. Frith and A. Goodwin (ed.) *On Record: Rock Pop and the Written Word*. London: Routledge, 1980.

[253] McRobbie, Angela. 'Dance and Social Fantasy', in A. McRobbie and M. Nava (ed.) *Gender and Generation*. London: Macmillan, 1984.

[254] McRobbie, Angela. *Feminism and Youth Culture: From Jackie to Just Seventeen*. Basingstoke: Macmillan, 1991.

[255] McRobbie, Angela. *Postmodernism and Popular Culture*. London: Routledge.

[256] McRobbie, Angela. 'New Sexualities in Girls' and Women's Magazines', in A. McRobbie (ed.) *Back to Reality? Social Experience and Cultural Studies*. Manchester: Manchester University Press, 1994.

[257] McRobbie, Angela and Garber, Jenny. 'Girls and Subcultures: An Exploration', in S. Hall and T. Jefferson (ed.) *Resistance Through Rituals: Youth Subcultures in Post-War Britain*. London: Hutchinson, 1976.

[258] Mack, John E. *Abduction: Human Encounters with Aliens*. London: Simon and Schuster, 1994.

[259] Maffesoli, Michel. *The Time of the Tribes: The Decline of Individualism in Mass Society*. trans. D. Smith. London: Sage, 1996.

[260] Magliocco, Sabina. *Neo-Pagan Sacred Art and Altars: Making Things Whole*. Jackson: University Press of Mississippi, 2001.

[261] Malbon, Ben. *Clubbing: Dancing, Ecstasy and Vitality*. London: Routledge, 1999.

[262] Malmstrom, Frederick V. and Coffman, Richard M. 'Humanoids Reported in UFOs, Religion and Folktales: Human Bias Towards Human

Life Forms?', in R. F. Haines (ed.) *UFO Phenomena and the Behavioral Scientist.* Metuchen, NJ: The Scarecrow Press, 1979.

[263] Malyon, Tim. 'Tossed in the Fire and They Never Got Burned: The Exodus Collective', in G. McKay (ed.) *DIY Culture: Party and Protest in Nineties Britain.* London: Verso, 1998.

[264] Marcuse, Herbert. *One – Dimensional Man.* Boston: Beacon Press, 1964.

[265] Martin, Greg. 'Conceptualizing Cultural Politics in Subcultural and Social Movement Studies', *Social Movement Studies*, 1 (1): 73 – 88, 2002.

[266] Massey, Doreen. 'Power – Geometry and a Progressive Sense of Place', in J. Bird, B. Curtis, T. Putnam, G. Robertson and L. Tickner (ed.) *Mapping the Futures: Local Cultures, Global Change.* London: Routledge, 1993.

[267] May, Tim. *Situating Social Theory.* Buckingham: Open University Press, 1996.

[268] Melechi, Antonio. 'The Ecstasy of Disappearance', in S. Redhead (ed.) *Rave Off: Politics and Deviance in Contemporary Youth Culture.* Aldershot: Avebury.

[269] Melley, George. *Revolt into Style: The Pop Arts in Britain.* London: Allen Lane, 1993.

[270] Mercer, Kobena. 'Black Hair/Style Politics', in K. Gelder and S. Thornton (ed.) *The Subcultures Reader.* London: Routledge, 1987.

[271] Miles, Steven. *Consumerism as a Way of Life.* London: Sage, 1998.

[272] Miles, Steven. *Youth Lifestyles in a Changing World.* Buckingham: Open University Press, 2000.

[273] Miller, Toby and McHoul, Alec. *Popular Culture and Everyday Life.* London: Sage, 1998.

[274] Miller, Daniel and Slater, Don. *The Internet: An Ethnographic Ap-*

proach. Oxford: Berg, 2000.

[275] Mitchell, Tony. *Popular Music and Local Identity: Rock, Pop and Rap in Europe and Oceania.* London: Leicester University Press, 1996.

[276] Monbiot, George. 'Reclaim the Fields and the Country Lanes! The Land is Ours Campaign', in G. McKay (ed.) *DIY Culture: Party and Protest in Nineties Britain.* London: Verso, 1998.

[277] Moody, Edward J. 'Urban Witches', in E. A. Tiryakian (ed.) *On the Margin of the Visible: Sociology, the Esoteric, the Occult.* New York: John Wiley and Sons, 1974.

[278] Moores, Shaun. *Interpreting Audiences: The Ethnography of Media Consumption.* London: Sage, 1993.

[279] Morley, David. *The 'Nationwide' Audience: Structure and Decoding.* London: British Film Institute, 1980.

[280] Morley, David. *Family Television: Cultural Power and Domestic Leisure.* London: Comedia, 1986.

[281] Morley, David. *Television, Audiences and Cultural Studies.* London: Routledge, 1992.

[282] Morley, David. 'Theories of Consumption in Media Studies', in D. Miller (ed.) *Acknowledging Consumption: A Review of New Studies.* London: Routledge, 1995.

[283] Morley, David. 'The Geography of Television: Ethnography, Communications and Community', in J. Hay, L. Grossberg and E. Wartella (ed.) *The Audience and its Landscape.* Boulder, CO: Westview Press, 1996.

[284] Morley, David and Robins, Kevin. 'Spaces of Identity', *Screen*, 30 (4): 10-34, 1989.

[285] Morrison, Ken. *Marx, Durkheim, Weber.* London: Sage, 1995.

[286] Mort, Frank. *Cultures of Consumption: Masculinities and Social Space in*

Late Twentieth – Century Britain. London: Routledge, 1996.

[287] Muggleton, David. *Inside Subculture: The Postmodern Meaning of Style.* Oxford: Berg, 2000.

[288] Mutsaers, Lutgard. 'Indorock: An Early Eurorock Style', *Popular Music*, 9 (3): 307 – 320, 1990.

[289] Nederman, Cary J. and Goulding, James W. 'Popular Occultism and Critical Theory: Exploring Some Themes of Astrology and the Occult', *Sociological Analysis*, 42 (4): 325 – 332, 1981.

[290] Negus, Keith. *Producing Pop: Culture and Conflict in the Popular Music Industry.* London: Edward Arnold, 1992.

[291] Nelson, G. K. 'Towards a Sociology of the Psychic', *Review of Religious Research*, 16 (3): 166 – 173, 1975.

[292] Nippert-Eng, Christine. *Home and Work: Negotiating Boundaries Through Everyday Life.* Chicago: University of Chicago Press, 1996.

[293] Nixon, Sean. 'Have You Got The Look? Masculinities and Shopping Spectacle', in R. Shields (ed.) *Lifestyle Shopping: The Subject of Consumption.* London: Routledge, 1992.

[294] Nixon, Sean. 'Designs on Masculinity: Menswear Retailing and the Role of Retail Design', in A. McRobbie (ed.) *Back to Reality: Social Experience and Cultural Studies.* Manchester: Manchester University Press, 1997.

[295] Novack, Cynthia J. *Sharing the Dance: Contact Improvisation and American Culture.* Madison, Winsconsin: The University of Wisconsin Press, Wisconsin, 1990.

[296] Nuttall, Mark. 'Packaging the Wild: Tourism Development in Alaska', in S. Abram, J. Waldren and D. V. L. MacLeod (ed.) *Tourism and Tourists: Identifying with People and Places.* Oxford: Berg, 1997.

[297] O' Shea Borrelli, Laird. 'Dressing Up and Talking About It: Fashion

Writing in Vogue from 1968 to 1963', *Fashion Theory*, 1 (3): 247 - 260, 1997.

[298] Paddison, Max. *Adorno, Modernism and Mass Culture: Essays on Critical Theory and Music*. London: Kahn and Averill, 1996.

[299] Partington, Angela. 'Popular Fashion and Working - Class Affluence', in J. Ash and E. Wilson (ed.) *Cheap Thrills: A Fashion Reader*. Berkeley and Los Angeles: University of California Press, 1993.

[300] Peel, Frank. *The Risings of the Luddites, Chartists and Plug - Drawers*. 4th ed. London: Cass, 1968.

[301] Pendragon, Arthur and Stone, Christopher, James. *The Trails of Arthur: The Life and Times of a Modern - Day King*. Element: London, 2003.

[302] Peterson, Richard A. and Bennett, Andy (ed.). 'Introducing Music Scenes', in A. Bennett and R. A. Peterson (ed.) *Music Scenes: Local, Trans - local and Virtual*. Nashville, TN: Vanderbilt University Press, 2004.

[303] Perry, Nick. *Hyperreality and Global Culture*. London: Routledge, 1998.

[304] Pickering, Michael. 'Popular Song at Juniper Hill', *Folk Music Journal*, 4 (5): 481 - 503, 1984.

[305] Pickering, Michael and Green, Anthony. 'Towards a Cartography of the Vernacular Milieu', in M. Pickering and A. Green (ed.) *Everyday Culture: Popular Song and the Vernacular Milieu*. Milton Keynes: Open University Press, 1987.

[306] Pieterse, Jan Nederveen. 'Globalization as Hybridization', in M. Featherstone, S. Lash and R. Robertson (ed.) *Global Modernities*. London: Sage, 1995.

[307] Pimple, Kenneth, D. 'Ghosts, Spirits, and Scholars: The Origins of Modern Spiritualism', in B. Walker (ed.) *Out of the Ordinary: Folklore and the Supernatural.* Logan, UT: Utah State University Press, 1995.

[308] Pini, Maria. 'Women and the Early British Rave Scene', in A. McRobbie (ed.) *Back to Reality: Social Experience and Cultural Studies.* Manchester: Manchester University Press, 1997.

[309] Plows, Alex. 'Earth First! Defending Mother Earth, Direct – Style', in G. McKay (ed.) *DIY Culture: Party and Protest in Nineties Britain.* London: Verso, 1998.

[310] Polhemus, Ted. 'In the Supermarket of Style', in S. Redhead, D. Wynne and J. O' Connor (ed.) *The Clubcultures Reader: Readings in Popular Cultural Studies.* Oxford: Blackwell, 1997.

[311] Porter, Roy. 'Baudrillard: History, Hysteria and Consumption', in C. Rojek and B. S. Turner (ed.) *Forget Baudrillard?* London: Routledge, 1993.

[312] Potter, Russell, A. *Spectacular Vernaculars: Hip Hop and the Politics of Postmodernism.* New York: State University of New York Press, 1995.

[313] Price, Ken. 'Black Identity and the Role of Reggae', in D. Potter (ed.) *Society and the Social Sciences: An Introduction.* London: Routledge/Open University Press, 1981.

[314] Pritchard, Annette. 'Tourism and Representation: A Scale for Measuring Gender Portrayals', *Leisure Studies*, 20 (2): 79 – 94, 2001.

[315] Redhead, Steve. *The End – of – the – Century Party: Youth and Pop Towards 2000.* Manchester: Manchester University Press, 1990.

[316] Redhead, Steve. *Post – Fandom and the Millenial Blues: The Transformation of Soccer Culture.* London: Routledge, 1997.

[317] Regan Shade, Leslie. 'Is there Free Speech on the Net? Censorship in

the Global Information Infrastructure', in R. Shields (ed.) *Cultures of Internet: Virtual Spaces, Real Histories, Living Bodies.* London: Sage, 1996.

[318] Reich, Charles A. *The Greening of America.* Middlesex, England: Allen Lane, 1971.

[319] Reimer, Bo. 'Youth and Modern Lifestyles', in J. Fornaäs and G. Bolin (ed.) *Youth Culture in Late Modernity.* London: Sage, 1995.

[320] Reimer, Bo. 'The Media in Public and Private Spheres', in J. Fornaäs and G. Bolin (ed.) *Youth Culture in Late Modernity.* London: Sage, 1995.

[321] Rheingold, Howard. *The Virtual Community: Finding Connection in a Computerized World.* London: Secker and Warburg, 1994.

[322] Richardson, James T. 'Satanism in the Courts: From Murder to Heavy Metal', in J. T. Richardson, J. Best and D. G. Bromley (ed.) *The Satanism Scare.* New York: Aldine de Gruyter, 1991.

[323] Ritzer, George. *The McDonaldization of Society: An Investigation Into the Changing Character of Contemporary Social Life.* London: Pine Forge Press, 1993.

[324] Ritzer, George and Liska, Allan. '"McDisneyization" and "Post – Tourism"', in C. Rojek and J. Urry (ed.) *Touring Cultures: Transformations of Travel and Theory.* London: Routledge, 1997.

[325] Roberts, Robert. *The Classic Slum.* Manchester: Manchester University Press, 1971.

[326] Robertson, Roland. 'Glocalization: Time – Space and Homogeneity – Heterogeneity', in M. Featherstone, S. Lash and R. Robertson (ed.) *Global Modernities.* London: Sage, 1995.

[327] Rojek, Chris. *Ways of Escape: Modern Transformations in Leisure and Travel.* Basingstoke: Macmillan, 1993.

[328] Rojek, Chris. *Decentring Leisure: Rethinking Leisure Theory*. London: Sage, 1995.

[329] Rojcewicz, Peter M. 'Between One Eye Blink and the Next: Fairies, UFOs, and Problems', in P. Narávez (ed.) *The Good People*. Lexington, KY: The University Press of Kentucky, 1991.

[330] Rose, Tricia. *Black Noise: Rap Music and Black Culture in Contemporary America*. London: Wesleyan University Press, 1994.

[331] Rosen, Ruth. 'Soap Operas: Search for Yesterday', in T. Gitlin (ed.) *Watching Television*. New York: Pantheon, 1986.

[332] Ross, Andrew. 'Introduction', *Microphone Fiends: Youth Music and Youth Culture*. London: Routledge, 1994.

[333] Roszak, Theodore. *The Making of a Counter Culture: Reflections on the Technocratic Society and its Youthful Opposition*. London: Faber and Faber, 1969.

[334] Rucker, Margaret, Anderson, Elizabeth and Kangas, April. 'Clothing, Power and the Workplace', in K. K. P. Johnson and S. J. Lennon (ed.) *Appearance and Power*. Oxford: Berg, 1999.

[335] Saldanha, Arun. 'Music Tourism and Factions of Bodies in Goa', *Tourist Studies*, 2 (1): 43-62, 2002.

[336] Sampson, Wallace. 'Antiscience Trends in the Rise of the "Alternative Medicine" Movement', in P. R. Gross, N. Levitt and M. W. Lewis (ed.) *The Flight From Science and Reason*. New York: The New York Academy of Sciences, 1996.

[337] Sánchez Taylor, Jaqueline. 'Dollars are a Girl's Best Friend? Female Tourists' Sexual Behaviour in the Carribean', *Sociology*, 35 (3): 749-764, 2001.

[338] Sardiello, Robert. 'Identity and Status Stratification in Deadhead Subculture', in J. S. Epstein (ed.) *Youth Culture: Identity in a Post-*

modern World. Oxford: Blackwell, 1998.

[339] Saussure, Ferdinand de. *Course in General Linguistics.* London: Fontana, 1974.

[340] Savage, Jon. 'The Enemy Within: Sex, Rock and Identity', in S. Frith (ed.) *Facing the Music: Essays on Pop, Rock and Culture.* 2nd edn. London: Mandarin, 1990.

[341] Savan, Leslie. 'Commercials Go Rock', in S. Frith, A. Goodwin and L. Grossberg (ed.) *Sound the Vision: The Music Video Reader.* London: Routledge, 1993.

[342] Schacht, Richard. 'Alienation Redux: From Here to Postmodernity', in F. Geyer (ed.) *Alienation, Ethnicity, and Postmodernity.* London: Greenwood Press, 1996.

[343] Schechner, Richard. 'Restoration of Behavior', *Studies in Visual Communication*, 7: 2-45, 1981.

[344] Schmalenbach, Herman. *On Society and Experience.* edited by G. Lüschen and G. P. Stone. Chicago: The University of Chicago Press, 1977.

[345] Shank, Barry. *Dissonant Identities: The Rock 'n' Roll Scene in Austin, Texas.* London: Wesleyan University Press, 1994.

[346] Sharma, Sanjay, Hutnyk, John and Sharma, Ashanwi (ed.) *Dis-Orienting Rhythms: The Politics of the New Asian Dance Music.* London: Zed Books, 1996.

[347] Shields, Rob. *Places on the Margin: Alternative Geographies of Modernity.* London: Routledge, 1991.

[348] Shields, Rob. 'Spaces for the Subject of Consumption', in R. Shields (ed.) *Lifestyle Shopping: The Subject of Consumption.* London: Routledge, 1992.

[349] Shields, Rob. 'The Individual, Consumption Cultures and the Fate of

Community', in R. Shields (ed.) *Lifestyle Shopping: The Subject of Consumption.* London: Routledge, 1992.

[350] Shumway, David. 'Rock and Roll as a Cultural Practice', in A. DeCurtis (ed.) *Present Tense: Rock and Roll and Culture. Durham*, NC: Duke University Press, 1992.

[351] Singer, Pete. 'A Vegetarian Philosophy', in S. Griffiths and J. Wallace (ed.) *Consuming Passions: Food in the Age of Anxiety.* Manchester: Mandolin, 1998.

[352] Smart, Barry. *Postmodernity.* London: Routledge, 1993.

[353] Smart, Barry. 'Europe/America: Baudrillard's Fatal Comparison', in C. Rojek and B. S. Turner (ed.) *Forget Baudrillard?* London: Routledge, 1993.

[354] Smith, Jackie. 'Globalizing Resistance: The Battle of Seattle and the Future of Social Movements', *Mobilization: An International Journal*, 6 (1): 1-19, 2001.

[355] Spark, Ceridwen. 'Brambuk Living Cultural Centre: Indigenous Culture and the Production of Place', *Tourist Studies*, 2 (1): 23-42, 2002.

[356] Stevenson, Nick. *Understanding Media Cultures.* London: Sage, 1995.

[357] Stokes, Martin (ed.). *Ethnicity, Identity and Music: The Musical Construction of Place.* Oxford: Berg, 1994.

[358] Storry, John. *An Introduction to Cultural Theory and Popular Culture.* 2nd ed. London: Prentice Hall, 1997.

[359] Storrey, Mike and Childs, Peter (ed.) *British Cultural Identities.* London: Routledge, 1997.

[360] Straw, Will. 'Systems of Articulation, Logics of Change: Communities and Scenes in Popular Music', *Cultural Studies*, 5 (3): 368-388, 1991.

[361] Street, John. 'Local Differences?: Popular Music and the Local State', *Popular Music*, 12 (1): 43 – 54, 1993.

[362] Strinati, Dominic. *An Introduction to Theories of Popular Culture.* London: Routledge, 1995.

[363] Sweeting, Adam. 'Wall of Sound', *The Guardian*, 10 October: 8 – 9, 1994.

[364] Sweetman, Paul. 'Tourists and Travellers? "Subcultures", Reflexive Identities and Neo – Tribal Sociality', in A. Bennett and K. Kahn – Harris (ed.) *After Subculture: Critical Studies in Contemporary Youth Culture.* London: Palgrave, 2004.

[365] Swingewood, Alan. *The Myth of Mass Culture.* London: Macmillan, 1977.

[366] Syversten, Trine. 'Ordinary People in Extraordinary Circumstances: A Study of Participants in Television Dating Games', *Media, Culture and Society*, 23 (3): 319 – 337, 2001.

[367] Szostak – Pierce, Suzanne. 'Even Further: The Power of Subcultural Style in Techno Culture', in K. K. P. Johnson and S. J. Lennon (ed.) *Appearance and Power.* Oxford: Berg, 1999.

[368] Thomas, Helen. *The Body, Dance and Cultural Theory.* Basingstoke: Palgrave, 2003.

[369] Thompson, Dorothy. *The Chartists: Popular Politics in the Industrial Revolution.* New York: Pantheon Books, 1984.

[370] Thompson, John, B. *The Media and Modernity: A Social Theory of Modernity.* Cambridge: Polity Press, 1995.

[371] Thornton, Sarah. 'Moral Panic, the Media and British Rave Culture', in A. Ross and T. Rose (ed.) *Microphone Fiends: Youth Music and Youth Culture.* London: Routledge, 1994.

[372] Thornton, Sarah. *Club Cultures: Music, Media and Subcultural Cap-*

ital. Cambridge: Polity Press, 1995.

[373] Tomlinson, John. *Cultural Imperialism: A Critical Introduction.* London: Pinter, 1991.

[374] Truzzi, Marcello. 'Witchcraft and Satanism', in E. A. Tiryakian (ed.) *On the Margin of the Visible: Sociology, the Esoteric, the Occult.* New York: John Wiley and Sons, 1974.

[375] Truzzi, Marcello. 'Astrology as Popular Culture', *Journal of Popular Culture*, 8: 906 - 911, 1975.

[376] Tsitsos, William. 'Rules of Rebellion: Slamdancing, Moshing and the American Alternative Scene', *Popular Music*, 18 (3): 397 - 414, 1999.

[377] Tulloch, Carol. 'Rebel Without a Pause: Black Street Style and Black Designers', in J. Ash and E. Wilson (ed.) *Cheap Thrills: A Fashion Reader.* Berkeley and Los Angeles: University of California Press, 1993.

[378] Turner, Bryan S. 'Cruising America', in C. Rojek and B. S. Turner (ed.) *Forget Baudrillard?* London: Routledge, 1993.

[379] Urry, John. *The Tourist Gaze: Leisure and Travel in Contemporary Societies.* London: Sage, 1990.

[380] Urry, John. *Consuming Places.* London: Routledge, 1995.

[381] Van den Bulck, Hilde. 'Public Service Television and National Identity as a Project of Modernity: The Example of Flemish Television', *Media Culture and Society*, 23 (1): 53 - 69, 2001.

[382] Van Zoonen, Liesbet. 'Desire and Resistance: Big Brother and the Recognition of Everyday Life', *Media, Culture and Society*, 23 (5): 669 - 677, 2001.

[383] Veblen, Thorstein. *The Theory of the Leisure Class: An Economic Study of Institutions.* New York: Mentor Books, 1994.

[384] Vestel, Viggo. 'Breakdance, Red Eyed Penguins, Vikings, Grunge and Straight Rock 'n' Roll: The Construction of Place in Musical Discourse in Rudenga, East Side Oslo', *Young: Nordic Journal of Youth Research*, 7 (2): 4-24, 1999.

[385] Wakeford, Nina. 'Gender and the Landscapes of Computing in an Internet Café', in M. Crang, P. Crang and J. May (ed.) *Virtual Geographies: Bodies, Space and Relations.* London: Routledge, 1999.

[386] Walker, Barbara (ed.). *Out of the Ordinary: Folklore and the Supernatural.* Logan, UT: Utah State University Press, 1995.

[387] Walter, Tony. 'Reincarnation, Modernity and Identity', *Sociology*, 35 (1): 21-38, 2001.

[388] Warde, Alan. *Consumption, Food and Taste: Culinary Antinomies and Commodity Culture.* Sage: London, 1997.

[389] Watkins, Craig S. *Representing: Hip Hop Culture and the Production of Black Cinema.* Chicago: University of Chicago Press, 1998.

[390] Wearing, Stephen and Wearing, Betsy. 'Conceptualizing the Selves of Tourism', *Leisure Studies*, 20 (2): 143-159, 2001.

[391] Weber, Max. *Economy and Society.* Volumes 3. Totowa, New Jersey: Bedminster Press, 1968.

[392] Weber, Max. 'The Distribution of Power Within the Political Community: Class, Status, Party', in *Economy and Society: An Outline of Interpretive Sociology.* Berkeley, CA: University of California Press, 1978.

[393] Webster, Colin. 'Communes: A Thematic Typology', in S. Hall and T. Jefferson (ed.) *Resistance Through Rituals: Youth Subcultures in Post-War Britain.* London: Hutchinson, 1976.

[394] Weinstein, Deena. *Heavy Metal: The Music and its Culture.* 2nd edn. New York: Da Capo Press, 2000.

[395] Weissmann, Gerald. '"SuckingWith Vampires": The Medicine of Unreason', in P. R. Gross, N. Levitt, M. W. Lewis (ed.) *The Flight From Science and Reason.* New York: The New York Academy of Sciences, 1996.

[396] Welsh, Ian. 'New Social Movements', *Developments in Sociology*, 16: 43-60, 2000.

[397] Wilbur, Shawn P. 'An Archaeology of Cyberspaces: Virtuality, Community, Identity', in D. Porter (ed.) *Internet Culture.* London: Routledge, 1997.

[398] Williams, Raymond. *Culture and Society 1780—1950.* London: Chatto & Windus, 1958.

[399] Williams, Raymond. *The Long Revolution.* Harmondsworth: Pengiun, 1961.

[400] Willis, Paul. *Profane Culture.* London: Routledge and Kegan Paul, 1978.

[401] Willis, Paul. *Common Culture: Symbolic Work at Play in the Everyday Cultures of the Young.* Milton Keynes: Open University Press, 1990.

[402] Wilson, Elizabeth. 'Bohemian Dress and the Heroism of Everyday Life', *Fashion Theory*, 2 (3): 225-244, 1998.

[403] Winship, Janice. *Inside Women's Magazines.* London: Pandora, 1987.

[404] Wooffitt, Robin. 'On the Analysis of Accounts of Paranormal Phenomena', *Journal of the Society for Psychical Research*, 55: 139-149, 1988.

[405] Woofitt, Robin. *Telling Tales of the Unexpected: The Organisation of Factual Discourse.* Hemel Hempstead: Harvester Wheatsheaf, 1992.

[406] Wooffitt, Robin. 'Analysing Verbal Accounts of Spontaneous Paranormal Phenomena', *European Journal of Parapsychology*, 10: 45-63, 1994.

[407] Wuthnow, Robert. 'Astrology and Marginality', *Journal for the Scientific Study of Religion*, 15: 157-168, 1976.

[408] Young, T. 'The Shock of the Old', *New Society*, 14 February: 246, 1985.

[409] Zdatny, Steven. 'The Boyish Look and the Liberated Woman: The Politics and Aesthetics of Women's Hairstyles', *Fashion Theory*, 1(4): 367-398, 1997.

[410] Zweig, Ferdinand. *The Worker in an Affluent Society: Family Life and Industry*. London: Heinemann, 1961.